国家社科基金项目"数字时代青年红色记忆实践中的国家认同培育路径"(21CXW022)的研究成果

上海外国语大学新闻传播学院学科建设成果

GLOBAL DISCOURSE
& MEDIA STUDIES
全球话语与媒介研究

The Continuation of Memory:
Youth Identity and Cultural Practice

记忆的赓续：
青年认同与文化实践

王 润 著

上海交通大学出版社
SHANGHAI JIAO TONG UNIVERSITY PRESS

内容提要

本书以新闻传播学、社会学、思想政治教育等跨学科理论为基础，探索全球化、数字化背景下青年群体国家认同的内涵重塑和实践转向，重点从主题教育、空间消费、短视频翻拍、亚文化社群等题材类型进行经验研究，揭示青年文化互动、认同建构与历史记忆唤起的动态机制，提出培育青年群体国家认同的文化记忆实践路径。本书基于本土历史资源的文化记忆研究，旨在赓续红色血脉，有助于推进区别于西方记忆研究的范式，深化中国自主知识体系的建立。

图书在版编目(CIP)数据

记忆的赓续 : 青年认同与文化实践 / 王润著.
上海 : 上海交通大学出版社，2025. 6. -- ISBN 978-7
-313-32453-5

Ⅰ. G219. 2

中国国家版本馆 CIP 数据核字第 20253Z55G0 号

记忆的赓续：青年认同与文化实践
JIYI DE GENGXU: QINGNIAN RENTONG YU WENHUA SHIJIAN

著　　者：王　润
出版发行：上海交通大学出版社　　　　　　地　　址：上海市番禺路 951 号
邮政编码：200030　　　　　　　　　　　　电　　话：021 - 64071208
印　　制：上海万卷印刷股份有限公司　　　经　　销：全国新华书店
开　　本：710 mm×1000 mm　1/16　　　　印　　张：15
字　　数：234 千字
版　　次：2025 年 6 月第 1 版　　　　　　印　　次：2025 年 6 月第 1 次印刷
书　　号：ISBN 978 - 7 - 313 - 32453 - 5
定　　价：68.00 元

宏大叙事背后的记忆张力

——《记忆的赓续：青年认同与文化实践》序

黄顺铭*

    王润教授的这部书稿《记忆的赓续：青年认同与文化实践》将我的思绪拉回到 2017 年中国传媒大学举办的第十届中国青年传播学者论坛。当时，这位85 后青年学者报告了一篇关于"恢复高考 40 周年"的媒体记忆的研究，我作为点评人在谈及他文章理论运用和经验材料分析的同时，也就这一主题的拓展与延伸提了一些肤浅的建议。然而后来他却告诉我，正是我的建议让他决定在记忆研究领域中进行长期耕耘。从某种意义上说，这部书稿是那篇"高考记忆"研究的美好延续。

    这部沉甸甸的书稿在以下几方面给我留下了深刻的印象。

    一是记忆实践的动态性。集体记忆究竟是什么？在当前的记忆研究中是一个有争议的问题，可以是隐喻，也可以是文本、权力……，而在本书中，集体记忆是一种实践。正是确立了"记忆是一种实践"的视角，也就连通了本书红色文化与青年国家认同的关系，从而在红色记忆实践中培养青年国家认同。当然，也正是在文化的实践中，红色文化不再是以往印象中固定不变的存在，而是一种动态的、具身的、与大众文化交织的存在。基于此，本书中的红色文化并非传统严肃、主流革命文化的代名词，而是与青年文化、消费文化等元素的混杂，呈现为青年创新实践中的红色文化新形态。同时，数字时代的红色文化实践连通着线上与线下、虚拟与现实，也使记忆实践呈现出一幅更加多元、能动、立体的面貌。

    二是红色记忆实践的日常化。以往国内外记忆研究总体上是对"逢五逢十"的神圣时刻或重要典礼的研究，我国对重大历史事件的纪念，包括南京大

---

* 黄顺铭，四川大学文学与新闻学院教授、博士生导师，教育部青年长江学者。

屠杀事件的记忆研究也大体如此。本书所研究的红色文化是基于建党百年和改革开放周年纪念的背景，除了传统革命文化的纪念形式之外，本书还注意到红色记忆实践的日常化形式，比如在数字空间的红军长征视频弹幕实践、建党短视频翻拍、《觉醒年代》同人文亚文化社群、以红色怀旧为题材的消费空间互动，以及诸多主流影视剧的网络互动。这些新型的红色文化互动形式不仅在主题日前后推出以营造纪念氛围，还以新媒体、影视题材和消费空间等形式得以延续，从而更加全面地展现了热点事件的公众纪念和日常实践。

三是红色文化与大众文化的张力。以往这两种文化可能是非此即彼的存在，在形成方式、特征功能等方面各有不同，但如何在保持红色文化既有的政治和教化功能基础上推进其大众化和创新性发展，这本身就是一个值得思考的问题。本书在数字时代和青年实践的背景下，考察红色文化发生的重构和转型，作者试图在青年记忆实践的经验研究中考察国家规训、资本渗入、社交空间与红色文化的互动关系，揭示红色记忆实践唤起历史记忆和建构情感的可能性机制，从而也反映出红色文化在记忆实践中的表达空间和施展尺度。在某种程度上，这是考察红色文化"国家在场"与社会能动之间的张力，强化了对记忆建构与实践的反思，也是本书区别于其他记忆研究的一个方面。

四是国家认同培育的文化策略。集体记忆的建构机制与路径已经成为记忆研究中的重要议题，但既有研究对于机制与路径分析后又意味着什么很难给出具体的解答。本书从应用层面上提供了通过记忆建构和实践来培育青年国家认同的现实路径，找到了"记忆"与"认同"之间的关系，将记忆实践视为一种文化策略，以红色象征符号建构和记忆实践，提升青年群体的社会凝聚力和国家认同感。国家认同感的培养显然包含制度和社会结构层面的整体推进，就记忆实践的角度而言，本书是从软性的价值观、历史记忆的形塑出发，强调文化的内化和国家归属感的提升。在此过程中，积极调用中国的历史文化和实践资源成为形塑集体记忆的重要来源，这也是本书书名强调"记忆的赓续"区别于其他国家记忆建构的独特之处。

祝贺王润教授大作出版，并期待他继续深耕记忆研究，佳作迭出。

2025 年 5 月 18 日于成都自在居

前 言

　　随着现代社会的发展、全球一体化程度的加深,由此引发的国家认同问题日益突出,逐渐成为一个世界性话题。在数字时代,网络新媒体和社交媒体的发展,加速了全球化进程,打破以往国家和地域的界线,各种具有冲突的文化价值观念不断涌入网络空间,直接或间接地影响到公众,特别是随网络兴起的青年一代。在此背景下,构成国家认同基石的核心价值面临着挑战,"青年兴则国兴,青年强则国强",加强青年群体国家认同意识的培养成为需要迫切解决的现实问题。

　　本书成书的背景,一方面是来自全球化和数字化背景下青年群体价值观培育的需要,另一方面的契机是中国共产党成立 100 周年前后的庆祝氛围。建党百年是重要的纪念时刻,也是"大力发扬红色传统、传承红色基因,赓续共产党人精神血脉"的重要契机。红色文化资源,不仅在革命时期引领中国人民排除万难、奋勇争先,在如今建设中国特色社会主义新时代的和平年代,也依然是推进民族复兴和改革发展的思想来源。在当前的时代背景下,如何通过红色文化的记忆实践推进青年群体国家认同感的提升是本书的基本立足点。

　　以往传统的红色文化研究,较为注重考察红色文化的历史发展、思想渊源和内涵功能,或以新媒体时代为背景,阐述红色文化数字化带来的社会影响,本书在内容设计之初也是按照红色文化大众化、数字化与媒介融合的常规思路进行,毕竟红色文化作为主流价值和革命文化在历史教育和公民教育已经在笔者的脑海中埋下了深深的烙印。然而,随着对红色文化的深入思考和广泛关注,笔者发现如今红色文化的内涵和边界发生了变化。比如,关于建党百年的周年纪念必须是庆典当天的呈现吗? 基于纪念主题的翻拍是否可以算作建党百年题材的一部分？此外，同人文社群对建党历史剧《觉醒年代》的改编，以及红军长征视频的弹幕互动是否属于红色文化题材？这些问题的错综复杂进一步表明，红色文化已不再是抽象的符号和官方话语的表征，而是成为双向互动、具身实践和数字化的文化交往形式，是公众在日常生活和数字空间中能动地展开互动和实践，与红色对象物展开的深层次的文化记忆实践。

在此基础上，本书聚焦的红色文化形态，既涉及传统红色文化的实践方式，又涉及红色文化的创造性转化和青年的能动性实践，涵盖数字化、亚文化和消费空间等新型红色文化形式，主要包括英烈主题教育、红色怀旧空间实践、红军长征视频弹幕实践、建党短视频翻拍、《觉醒年代》同人文社群历史书写、主流影视剧《大江大河》《我和我的家乡》用户评论和 B 站"激荡四十年"弹幕互动等 8 种形式、4 种类型。这些不同层面、多元主体的红色文化实践形式，试图呈现出数字时代多样化的红色文化类型，以充分反映建党百年前后各地各部门、传媒影视界和新媒体平台开展的一系列纪念活动，以及当下青年群体日常化的红色文化参与和实践行为。

本书旨在加强新闻传播学与思想政治教育、党史党建和社会学的跨学科研究，以记忆实践为研究视角，动态地把握青年认同与红色文化实践的互动关系；立足于重大历史事件的纪念背景和红色文化的多元传播形式，深化红色文化大众化、数字化和记忆实践的研究；加强红色文化和文化记忆的学理研究，综合考察青年红色记忆实践的方式与国家认同形成机制；通过理论与经验相结合的研究，展开基于中国本土和历史文化题材的记忆研究，试图推进新闻传播学自主知识体系的建设；以"记忆的赓续"探索国家认同培育的红色记忆实践路径，形塑记忆共同体、赓续红色血脉，唤起广大青年的爱国情怀和社会凝聚力。

目录

绪 论

第一节　研究背景与研究意义

一、研究背景

（一）数字时代国家认同培育的困境与必要性

第一，数字时代网络环境复杂，多元思潮泛滥。全球化进程中，互联网突破多元文化壁垒的同时，也模糊和重构着传统民族与国家的清晰边界，甚至可能带来国家认同的危机（卡斯特，2006），在异国文化的渗透下，青年群体对国家和民族的认知逐渐模糊，影响着自身身份认同的建构。此外，网络谣言、极端化言论等大量负面信息伴随着西方文化的渗透而不断涌现。具体表现为，在互联网舆论场中诋毁我国社会主义制度，推销资产阶级个人主义、"普世主义"价值观念，企图混淆公众视听，怂恿历史虚无主义、无政府主义等价值观念，助长和强化极端言论（杨中启，任娜，2022）。由于主体差异性，青年群体对外界事物的理解力不同，面对铺天盖地的多元信息，容易因缺乏甄别力而产生认知偏差，在外部环境和网络空间的诱导下，青年群体的价值观很容易产生动摇，进而被负面舆论裹挟，悄然影响青年群体的国家意识和认同观念。

第二，亚文化持续扩张，主流文化遭遇冲击。中国网民群体基数庞大、构成复杂，在多种因素的影响下产生了众多不同的亚文化。亚文化以较为前卫的、新奇的内容作为噱头，通过病毒式传播形成具有明显边界区隔的青年亚文化社群。技术的普及使得信息圈层被打破，大多数用户更容易被娱乐化的大众信息吸引，投入大量时间浏览亚文化内容，追逐前卫、虚幻的个人意志，崇尚极端个人主义，失去对主流文化和核心价值观的接触机会，减少对正确价值观和中华优秀传统文化的学习。而红色文化和革命文化是中国革命和社会主义现代化建设过程中的主流文化，在凝聚公民国家认同方面有着重要作用。数字化环境中，边缘文化宛如附着于温床，过多挤占青年群体将造成主流文化的式微，冲击着主流文化的主体地位，对核心价值观的宣扬带来不利影响，久而久之将消解国家认同的社会心理基础。

第三，主题教育方式受限，传播创新有待提升。技术的广泛普及使公众能便捷地获取来自世界各地的信息，极大地丰富了社会资讯和外部资源的获取。然而，现如今，数字技术并未广泛地运用于学校的主题教育。一方面，教学内容主要来自教科书，多为宏观、理论性的宣传话语，较少结合生动鲜活的实时热点，评判青少年历史知识和思想道德状况的主要标准仍然是书面考试成绩，难以客观反映青年群体思想和认同感的实际情况；另一方面，主题教育依然以课堂的灌输式教学为主，尚未摆脱相对封闭的传统教学方式，主要停留于图片、视频、文字的展示而非充分运用数字化时代的学习强国、微信公众平台、抖音等新平台进行线上线下相结合的创新教学。教学内容和教学方式不能根据时事热点实时更新，无法让受教育者在领会民族精神和国家政策的同时，自觉生发出对国家的归属感与认同感，这在一定程度上导致与青年群体的实际需求脱节，直接影响着主题教育和国家认同教育的成效。

第四，社会转型期舆论复杂，消解公民国家认同。中国社会正处于转型的关键时期，社会矛盾复杂多元，负面舆论层出不穷，不乏有心人拿部分领域发生的少数事件做文章，在故作声势和群情激愤中将其转化为热点事件和舆论焦点。在数字技术的裹挟下，"信息茧房""群体极化"撕裂主流舆论，离间公众对国家的认同。由于大数据算法的加持，青年群体倾向于根据自己的个人喜好定制内容，容易接收到同质化信息，失去与不同观点交换意见的机会，陷入信息茧房中不能自拔，从而舆论最终向一侧倾倒，对主流文化产生影响。青年群体较难在复杂偏激的网络舆论场域中正确看待转型期出现的相关事件，容易消解爱国主义情感，导致认同危机，对青年群体树立正确的核心价值观带来不利影响。

作为中国特色社会主义意识形态教育的重要组成部分，国家认同教育在

维系社会关系、促进社会繁荣中发挥着重要作用(张成尧,周雨,2020)。加强
对公民的国家认同教育有积极意义,不仅能增强公民对国家的凝聚力、认同感
和自豪感,还能深化公民对中国社会主义革命和建设时期历史的了解。数字
时代和网络技术环境下,进一步激发青年群体的使命与担当,规避互联网对青
年群体带来的不利影响,转危为机。着力培育和提升青年群体国家认同是现
阶段的重要任务,也是本书的重要出发点和实践方向。

(二)红色记忆实践培育青年国家认同的可能方式

习近平总书记强调,历史是最好的教科书,"要大力发扬红色传统、传承红
色基因,赓续共产党人精神血脉"。建党百年来,红色记忆代表共产党人的价
值追求和精神境界,构成中国人民百年的集体记忆,具有唤起历史记忆和凝聚
国家认同的功能。伟大建党精神植根于红色文化之中,贯穿于实现中华民族
伟大复兴的全过程,深度诠释了马克思主义政党在建党、建立新中国过程中铸
就的灿烂品格和辉煌成就,彰显着中国共产党人的崇高理想信仰和坚强的意
志品质,是中国共产党永葆生机与活力的精神密钥。

第一,红色文化是培育青年国家认同的重要素材。从百年奋斗史来看,红
色文化是中国共产党奋斗历程和伟大成就的历史积淀,映射出中国共产党人
的优良作风和光荣传统,为实现中华民族伟大复兴提供了强大精神动力和情
感内核,是培育青年国家认同的重要素材。从新时代中国特色社会主义发展
的现实状况来看,青年群体作为社会变革的力量源泉,在中国共产党成立以来
的百年奋斗历史中发挥着中流砥柱的作用。中国共产党的红色奋斗史,也是
中国青年的锤炼史。当代青年应该重温百年建党历史中先辈凝结的红色文
化,感悟青年在新时代所承担的重要角色和历史使命,并在此基础上全面阐述
新时代青年所应完成的自我修养,在学习习近平新时代中国特色社会主义思
想的过程中续写华章、奉献自己的青春力量。

第二,建党百年历史时刻是形塑国家认同的重要契机。2021年是中国共
产党建党100周年,全国上下组织和举办各种形式的纪念活动,热烈庆祝建党
百年这一重要的历史时刻。回顾建党100年来中国的革命史,一代又一代革
命先烈和改革先驱为党的事业做出了重要贡献,成为中国人民值得牢记的光
辉历史。红色文化正是在马克思主义中国化进程中,在中国共产党的领导和

影响下，在民族文化基础上创造出来的崭新文化形态，它代表着中华文化发展的主流和前进方向，是中国广大公民特别是青年群体值得牢记和追溯的历史传统。建党百年这一历史时刻，是党和国家隆重庆祝中国共产党成立的伟大时刻，也是形塑和培育青年群体国家认同的重要契机，各地抓住建党百年这一难得的历史机遇，开展纪念庆典仪式、实践活动，并借助媒体宣传和新媒体手段集中宣扬红色文化，推进红色文化的传播与青年实践。

第三，数字时代红色文化正面临数字文化的重构。互联网技术的发展提供了新的信息传播和互动场域，形成以数字技术为主导的赋权机制，为教育者创新教育方式提供了灵活、新颖的技术支撑，为当代青年展开红色记忆实践提供可能。因而，坚持以红色文化为重要资源，充分抓住数字时代的数字化转型的机遇，建立高效的红色文化资源库，加强红色文化与网络亚文化、网络空间的结合，使红色文化潜移默化地嵌入青年群体的日常生活、历史学习和思政教育中，促进红色文化在网络空间的创新化表达与资源调用，实现更深层次的红色文化交流与共享，有助于实现青年个体日常体验与国家主流价值体系的全面融合，也为形塑国家认同提供了多元化路径。

总之，数字时代应借助纪念重大历史事件的时刻，运用数字化技术和网络空间，加强青年群体的红色记忆实践培育国家认同，做到既发扬和传承建党百年来的革命传统，为坚持和发展红色文化凝聚精神力量，又通过红色资源和数字技术唤起广大青年的爱国主义情怀，树立正确的党史观，培育国家认同意识。

二、研究意义

（一）学术价值

第一，从动态实践的视角把握青年数字化实践与红色记忆形塑的交织，深化红色文化大众化、数字文化和政治传播的研究。

第二，加强新闻传播学、社会学、历史学和思想政治教育等跨学科研究，综合考察青年红色记忆实践的方式与机制，深化红色文化和文化记忆的学理研究，探索国家认同研究的历史记忆路径和基于中国革命历史题材的集体记忆研究。

（二）应用价值

第一，整理和保存建党百年、改革开放周年纪念期间形塑和传播的红色文化记忆资料，形成宝贵的历史资料，为今后类似红色文化题材的周年纪念提供参考。

第二，创新数字时代青年群体社会价值观和国家认同培育的新模式，指引树立正确的党史观、核心价值观和公民意识，为相关部门提供国家认同培育的红色记忆实践路径和对策方案。

第二节　文献综述

一、国家认同的建构与重塑研究

（一）国家认同的内涵与类型

就国家认同的定义而言，国家认同是指一个国家的公民对自己祖国的历史文化传统、道德价值观、理想信念、国家主权等的认同；实质上是一个民族确认自己的国族身份，将自己的民族自觉归属于国家，形成捍卫国家主权和民族利益的主体意识（贺金瑞，燕继荣，2008）。从国家认同的内涵而言，国家认同包含政治—法律身份的赞同性国家认同与文化心理身份的归属性国家认同两方面。前者是对现代国家公民具有排他性的公民认同形式，而后者是基于共同的语言、文化、风俗和记忆的族裔认同形式（肖滨，2010）。

就现代民族国家而言，公民身份是政治共同体成员进行交往的共同身份，超越群体的身份认同是解决分歧和实现平等的身份机制，成为一种与族属意识、族籍身份分离的政治认同（格罗斯，2003）。国家认同尽管区别于民族认同，但在具体实践过程中，公民认同与族裔认同交织与混杂，总是处于并存和互为前提的两个方面（江宜桦，1998：199），现代民族国家要求国家认同高于民族（族群）认同的地位，不断引导公民从民族认同上升到国家认同（韩震，2010），并建构一种能够与其他文化互动涵化的更高层次的国族（袁娥，2011）。

当然，现代国家认同的建构与维系，不仅包含公民身份和民族身份两方面的源头，也包含个体建构自己的国家认同，是人们在与社会、国家的互动中自我建构起来的，在自我与国家之间存在的内在一体性的认同（林尚立，2013）。还有学者从政治认同的主体、客体、资源及其内在关系，探讨政治认同建构与培育的路径，分别从历史记忆、现实利益、价值观念和话语体系展开论述（常轶军，2020）。因而，国家认同的建构，不仅涉及政治共同体的强制性制度规范形式，还涉及历史共同体的文化内化与渗透过程，是公民与国家政权长期互动的过程。

（二）国家认同建构的文化策略

尽管有学者总结归纳了社群与民族国家认同产生的三种范式，即原生论、工具主义论和建构论，但建构论强调国家认同的形成是历史和政治的情境事件和过程的观点更被学界广泛接受。较有代表性的是安德森提出的"想象的共同体"观点，认为民族国家是建立在一定客观历史基础上的想象，是现代社会随语言和文字而来的产物（Anderson，1991），史密斯提出民族和族群是一个建立在共同的神话和记忆之上的共同体（Smith，1991）均强调民族国家通过神话象征和文化整合维系社群凝聚和认同建构，布鲁纳指出国家认同建构中的公共记忆议题和修辞策略（Bruner，2002）。

此外，以文化象征和社会建构的视角对国家认同的考察，国内外学者基于象征符号在国家仪式中的建构和运用展开研究，比如"传统的发明"旨在对过往仪式、节日和服饰等的现代调用来考察国族认同的建构（霍布斯鲍姆，2004），国家纪念日中政治仪式的权力嵌入等（科泽，2015）。因而，国家象征和文化符号成为考察国家认同建构的文化逻辑和研究视角（殷冬水，2016；赵超，青觉，2018）。一方面，大众传媒和新媒体成为国家认同建构的重要载体（刘燕，2011）；另一方面，历史记忆往往也运用相应的话语、文化符号进行国家认同的建构，通过设立纪念日、开展纪念仪式形塑国家认同（吴玉军，顾豪迈，2018）。

（三）全球化时代国家认同的重塑

随着全球化的推进，文化多元、政治合作和跨区域交往已成为不可阻挡的趋势，新技术和时代背景下国家认同面临着重塑。在有线和卫星通信的全球电子媒介背景下,大卫·莫利基于交流的跨区域和国家边界突破,较为乐观地展望集体文化认同的重新塑造和一体化过程(莫利,2001),而史密斯提出,即使世界已进入全球一体化时代,但建立一种超民族的、统一的全球文化仅仅是乌托邦式的梦想,民族主义仍深植于地区的高度特性化的文化遗产中(史密斯,2002)。尽管全球化时代存在对文化认同的不同观点,但基于新的文化形态有助于社群对自我文化进行审视(弗里德曼,2004),与此同时,也有学者指出,集体记忆是缓解全球一体化和维系社群的有效方式(费瑟斯通,2009)。

国内学者基于全球化背景的讨论指出,文化认同是构成族群认同和国家认同的中介形式,全球化时代应将国家认同放在高于民族(族群)认同的地位,强化各民族成员的中华民族共同体意识(韩震,2010)。中国发展面临着外力推动和内在转型的双重压力,提出国家认同的建构应加强经济激励、政治价值与制度组织系统等多方面的结构支撑和功能匹配(金太军,姚虎,2014),提出国家认同边界应当采取不同的认识和应对策略,即坚守清晰的自然地理边界,灵活调整政治法律边界,接纳模糊的历史文化边界,赋予民族国家成员以新的文化身份和政治身份(陈华,2017)。

近年来,学者们也展开了对数字时代国家认同的危机和文化建构的讨论,通信和新媒体技术既引起学者们对全球化时代信息通畅传播、文化交流的憧憬,又存在对跨地域传播、民族国家认同的隐忧(卡斯特,2003)。有国内学者指出,全球化过程中,特别是后发展国家面临着"去中心化"的威胁,国家安全面临挑战,国家认同出现严重危机(郭艳,2004)。从网络传播的视角而言,网络社会带来的全新交往方式重塑着用户的身份认同,网络节点的去中心化建立起一种"超域化连接"和离散的现代认同(吴志远,2019;李剑,2022),还有学者从新媒体使用与国家认同的关系来实证考察两者的影响机制(许亚锋,2017;杜兰晓,2019)。而当前中国的国家认同研究充满历史文化的复杂性与社会情境的差异,不仅面临着全球化背景下的重构,其本身与欧美的民族国家建设也有着较大的不同(许纪霖,2005;王柯,2020;任剑涛,2022),因而学者们需要基于本土情境和历史文化展开具体的研究。

可见,数字时代与全球化时代有着相似之处,国家认同是双向互动的过程,体现为国家对民众的认同建构与个人建构自身的国家认同感,具有"政治—文化"双重维度的特征,但如何审视数字媒介环境和中国社会情境下国家认同的重塑，值得基于中国本土化情境进行全面细致的探讨。

二、红色文化形塑与认同建构研究

红色文化是基于中国共产党和中国革命进程建立起来的心理映像和意象展现，是植根于中国本土的历史文化和社会情境的现实认同来源（梁银湘，2010；龙柏林，潘丽文，2018）。红色文化是建构国家认同的重要资源，对培养公民国家认同感有着重要作用。

（一）红色文化的内涵价值和功能的研究

厘清红色记忆的概念内涵、价值和社会功能，是数字时代进一步研究红色文化和红色记忆的基石。红色文化既蕴含着理想信念、集体主义、艰苦奋斗、爱国主义等核心价值（李康平，2007；马强，2008；高翔，2019），又包含随着社会发展延续的红色精神和时代精神（渠长根，2013；彭正德，江桑榆，2020），具体表现为物质层面的红色报刊、影像、纪念空间（汤红兵，2006；高月，翟光勇，2020），以及精神层面的红色精神、文化基因和制度层面的架构、规范等多个层面（曾喜云，2008；沈成飞，连文妹，2018）。此外，有学者考察了红色文化的社会功能和时代价值研究。红色文化和红色记忆既有夯实政权的合法性、反对历史虚无主义、凝聚民族精神、打造社会核心价值的作用（李水弟，2009；孙艳丽，2020），又能提供红色旅游开发、红色符号展演、公众的社会参与等功能（刘琨，2012；徐克帅，2016），还有德育价值，具有坚定理想信念、陶冶道德情操、增强爱国情怀、促进情感体验的功能（徐永健，李盼，2016；王春霞，2018；王炳林，张泰城，2020）。

（二）红色文化的传播研究

数字时代红色文化的传播研究正从传统的大众媒体向新媒体过渡。传统红色文化是基于大众媒体的传播方式，基于红色区域的报刊和宣传特征，考察江西苏区红色标语的传播功能以及红色报刊的宣传鼓动功能（陈信凌等，2007），考察新中国成立初期打造红色记忆的传播策略和阐释机制（郭剑敏，2006；周海燕，2017)考察视觉建构和历史形塑的方式（杨乃乔，2014）。基于传统红色文化的传播和记忆建构,有学者提出发挥红色文化的历史文化价值和精神内涵,实现有效传播(曾振华,2008;肖发生,2012;李强,2020)。此外,有学者认同网络新媒体是推进红色文化传播和记忆建构的有效途径,提出通过数字化和新媒体方式改变红色文化资源效用面临的困境(徐朝亮,周琰培,2009),提出创新红色文化资源的融媒体传播方式,运用新型数字技术和构建红色文化网络传播机制(张绍荣,2011;吴太宇,2018;张文等,2020)。当然,红色文化的代际隔阂对红色文化传播提出了新的要求,须增强红色文化传播的感染力、贴近性(刘波亚,2016;付小颖,王志立,2020),通过叙事话语转型,创新话语表达(马静,2019;邓鹏,2020),挖掘可视化元素,讲好红色故事,增加情感体验(张荣军,刘金,2019)。

（三）红色文化与国家认同的关联研究

关于当代青年国家认同的培育,有学者提出须强化红色文化的历史记忆和价值引导,增强红色文化的大众化和话语转换(张首先,2013;王振杰,张贵星,2018),遵循青年群体的心理生成、情感价值规律等,建构符合青年政治认同的红色记忆路径(周艳红,2014;潘丽文,2018)。有学者强调通过公共事件或纪念议题,形成网络社群、凝聚情感(胡百精,2014;刘海龙,2017),采用符号唤醒和记忆内化的文化建构路径(吴娜,2017),形成公共协商和网络互动机制,推进社会共同体和国家认同的构建(徐明华,李丹妮,2020)。而红色文化新媒体产品、公共事件与亚文化的结合既面临挑战,又带来机遇,重构着青年群体的国家认同(林品,2016;王朔,2020)。

尽管当前已有的相关研究,一方面,探讨红色文化的内涵功能与传播,推进红色文化的大众化与创新表达方式;另一方面,通过红色文化建构与网络互动,提升国家认同,但现有的研究缺乏深入探讨数字时代红色文化的记忆建构与社会实践和青年群体认同感培育之间的深层机制,需要基于红色文化记忆与数字媒介实践的研究加以探索。

（四）文化记忆实践与认同建构研究

法国社会学家哈布瓦赫早在 20 世纪 20 年代沿袭涂尔干有关集体意识的分析框架,提出"集体记忆"(collective memory)的概念(1992/1925),认为个人只有作为群体成员，才能在社会情境中获得记忆，强调集体记忆的社会建构特征。康纳顿(1989)和阿斯曼(1995)展开对集体记忆传承方式和记忆实践的思考，而后者强调文化因素对集体记忆的影响，提出"文化记忆"概念。随着集体记忆研究的深入，诺拉(1997)提出的"记忆之场"则将记忆的空间进一步扩展到博物馆、纪念碑、档案馆等现代的记忆建构场所，而当前媒介化和数字化环境下，大众传媒和新媒体逐渐成为传播、重构集体记忆的重要载体，形成中介化的集体记忆(Neiger,2011；周海燕,2014)。在数字媒介环境下，互联网改造了人类的时空观和现代社会的权力关系，集体记忆的书写和阐释面临着重构和挑战(胡百精,2014)。

国外学界对集体记忆与认同建构形成较为系统的研究，关于集体记忆的运作机制，是记忆研究的核心问题，涉及现在与过去关系的形塑、记忆的传承以及记忆与认同的关系(Zelizer,1995；钱力成，张翮翾,2015)。一方面，体现为集体记忆的生成与遗忘机制。权力因素是研究者在考察记忆运作过程中的关键因素，形成了不同记忆类型的争夺与竞争、遮蔽与扩大(景军,1998)，而话语的社会实践和建构性进而影响了集体记忆话语的生成(周海燕,2012；宋少鹏,2016)，因而大多数研究认为现在对过去的选择、建构与重构是权力博弈的过程和权力支配的结果。而也有学者认为，集体记忆并非基于权力和当下情形的凭空构建，而是社会变迁和既有记忆建构路径依赖的产物(Schwartz,1991；Olick，Robbins,1998)。世代差异和生命历程也是个体记忆与社会变迁共同建构作用的产物，成为部分学者关注的视角(Schuman，Scott,1989；周雪光,2015)。就记忆主体而言，集体记忆建构过程中个体的反馈、记忆实践和文化互动也逐渐被认识，超越记忆研究"建构论"的束缚，揭示多元主体互动与意义生产的互动关系(Rauf,2009；李里峰,2012)；另一方面，体现为集体记忆机制运作的社会影响，考察集体记忆对社会认同的影响。有学者分析历史记忆、集体记忆与政治认同、国族认同的关系(王明珂,1997；常轶军,2014)，还有学者从具体的社会历史事件，如香港回归、美丽岛事件分析话语建构在民族认同叙事中的作用(潘忠党,2000；翁秀琪,2011)，考察集体记忆到政治认同演进的机制，稳固和提升社会认同的实效性(詹小美，康立芳,2015)。

此外，记忆研究往往与历史事件联系紧密，重大事件成为集体记忆研究重要的形式与内容，国内关于集体记忆的研究题材涵盖南京大屠杀、抗日战争、上山下乡及知青经历及其他革命记忆等(郭于华,2003;王汉生,刘亚秋,2006;刘燕军,2009;高蕊,2015),反映出底层群体、受害者、特殊历史阶段经历者相对苦难、悲惨的记忆,而对建党百年、改革开放和社会发展等正面题材的记忆较少。而国外记忆研究的历史事件题材也反映出类似的状况,研究犹太大屠杀、世界大战、恐怖袭击等事件(Koonz,1994;Sturken,1997;Somerstein,2015)。国内外集体记忆研究总体上反映出创伤叙事的特点,呈现文化创伤的再现和实践过程(Alexonder,2004;王欣,2013);此外,记忆研究往往运用文学作品、媒体报道、影像、历史档案等来反映历史事件的记忆建构和再现,历史事件与记忆话语的建构形成互构关系。国内外学者展开对纪念空间主题呈现、场景实践的研究(Atkinson,2007;Hoteit,2015;李红涛,黄顺铭,2017;张铮,刘钰潭,2023),以及对新媒体空间和短视频等的记忆展演的研究(周海燕,2019),纪念空间和新媒体平台也成为记忆研究新的研究对象,逐渐跳脱文本,扩大了既有的记忆建构和实践的载体。

综上所述,国内外研究现有成果为本书提供了良好的理论支撑和研究视角,但仍存在一些不足。一是已有的研究或是对红色记忆和红色文化本身内涵、功能的考察,或是对青年国家认同必要性的研究,较少从红色记忆实践的视角考察青年国家认同的培育;二是对红色记忆的传播研究仅从网络化转型和实施策略展开,较少在数字化背景下对红色文化重构和青年红色记忆实践的机制予以全面认识和经验研究;三是国外集体记忆与认同建构的研究,缺乏从基于中国本土的红色记忆生产和实践考察红色记忆实践的国家认同形塑和培育。

因而,本书将立足于重大历史事件纪念背景和红色文化的多元传播形式,考察数字时代青年红色记忆实践对国家认同的影响和形成机制,将理论与经验研究相结合,展开基于中国本土和历史文化题材的集体记忆实践研究。

第三节　研究问题、框架与研究方法

一、总体研究问题

本书以"青年红色记忆实践与国家认同培育"为主要研究议题,以红色文化传播和数字时代青年国家认同培育的现状为研究背景，遵循"提出问题—分析问题—解决问题"的思路展开全书研究，提出以下总的研究问题：① 数字时代红色文化发生怎样的重构与转向；② 青年群体如何基于不同的红色文化形态展开红色记忆实践；③ 数字时代红色文化实践形塑青年国家认同是怎样的机制。

二、具体实施框架

首先，基于数字时代青年国家认同的现状与困境提出研究问题，创建青年红色记忆实践与国家认同培育的理论架构；其次，阐述红色文化的内涵与功能、数字时代红色文化的数字化转向；最后，着重考察数字时代红色文化实践的不同形式。就红色文化的历史阶段而言，既包括革命时期的红色文化，又包括社会主义发展时期（改革开放以来）和新时代的红色文化。就红色文化的形式而言，包括红色文化的主题教育、影视题材、红色空间和红色短视频等。就红色文化的表现方式，既有主流的红色文化传播，又有弹幕互动、用户评论、亚文化、消费空间等多种传播形式。

因而，将红色主题历史教育、红色消费空间、数字空间红色历史教育、红色亚文化历史书写、建党短视频翻拍、改革开放电视剧网络舆论、国庆影片用户评论、企业改革影像表征 8 种形式作为数字时代青年红色记忆实践的具体类型（见表 0 - 1），并分析红色记忆实践提升国家认同的成因；最后从宏观、中观和微观层面培育青年国家认同的形成机制，提出具体的实施对策。

表 0 - 1　数字时代青年红色记忆实践的具体类型

	线　　下	线　　上
神圣	红色主题历史教育 （第二章）	建党短视频翻拍（第六章）、主流影视剧社会共情（第七章）、新主流电影媒介怀旧（第八章）
世俗	红色消费空间 （第三章）	数字空间红色历史教育（第四章）、红色亚文化历史书写（第五章）、企业改革发展影像表征（第九章）

具体章节安排如表 0 - 1 所示。

绪论：对本书的研究背景、研究意义做总括性介绍，对前人有关国家认同、红色文化和集体记忆的研究进行相关梳理和文献综述,提出总体的研究问题、研究框架和研究方法,对全书的架构进行说明。

第一章:基于红色文化的定义、内涵与功能,揭示红色文化形成的历史背景、理论渊源和实践基础,阐述红色文化在当代的历史延续和时代价值。此外,以实践转向的视角,从红色文化的数字媒介实践和具身化实践两个维度,架构数字时代重构红色文化的类型。

第二章:以"迎接建党百年,为百位烈士画像"为研究对象,考察建党百年纪念时刻青年群体绘制烈士画像、参加现场仪式等进行的具身认知与情感体验,研究红色主题历史教育的具身实践和国家认同提升的创新模式。

第三章:以红色消费空间"黑白电视"老长沙餐饮小吃铺为研究对象,基于日常化和商业资本渗透下的红色怀旧元素在消费空间的再生产,青年消费者置身红色消费空间的情感体验和记忆实践,以及升华出的地域认同和国家认同。

第四章:以 B 站视频合集《再现中国工农红军史实般的长征全历程》为研究案例,探讨青年趣缘群体如何通过红军长征视频的弹幕互动,展开对"红军长征"这一红色历史事件的集体回溯,以及在长征的数字媒介实践中提升国家认同。

第五章:以建党百年前夕播出的革命历史剧《觉醒年代》为背景,剖析LOFTER(乐乎)平台上青年亚文化群体展开的同人文历史书写的案例,是对网络亚文化空间与红色文化结合现象的考察,研究数字平台维系青年亚文化社群和主流文化传播的文化策略。

第六章:以建党百年前夕《人民日报》推出的《少年》短视频为背景,通过多案例比较研究考察建党短视频翻拍活动烘托出的纪念仪式、营造社会认同的氛围,分析短视频翻拍的文化展演与情感凝聚机制。

第七章:主流电视剧《大江大河》集中反映人民群众在改革开放大潮下的美好生活故事,播出后网民结合剧情进行网络表达。通过本案例展开对两个舆论场和网民社会心理的探究,考察非突发类热点事件网络舆论背后的社会共情机制。

第八章:以与集体记忆理论相关的怀旧视角切入,将用户在新浪微博上发布的国庆影片《我和我的家乡》的评论作为研究对象,对影评中所呈现的个人怀旧及国家认同话语进行文本分析，探究作为大众文化产业的国庆电影如何唤起观众的怀旧情感和国家认同感。

第九章：以 B 站"激荡四十年"系列视频节目为研究对象，考察全球化时代网民对本国和跨国企业改革发展历程的记忆唤起和身份认同建构过程，探究企业形象的影像表征，以及网民对不同企业的认知差异和矛盾性情感表达的成因。

第十章：归纳数字时代重大历史事件纪念背景下红色文化和记忆实践提升青年国家认同的形成机制，深化对红色文化与亚文化、文化记忆建构的研究，基于"制度—观念—技术"的实施架构，提出进一步优化与提升青年国家认同的对策。

三、研究方法

本部分对本书涉及的研究方法做整体的说明，每种研究方法的应用将分布在各章，再做更加具体细致的说明。

（1）深度访谈法。本书主要采用线下深度访谈的方法，对红色消费空间消费者和运营者（第三章）、对《觉醒年代》同人文群体（第五章）进行深度访谈，以期挖掘有价值的经验材料，把握红色文化实践和国家认同形塑的社会机制，考察建党百年背景下红色文化的运作逻辑和实施策略。

（2）参与式观察。展开线下参与式观察，对红色主题教育活动进行实地调研（第二章），对重要的红色消费空间进行观察（第三章），通过细致观察实体空间和纪念过程中的流程，从而理解红色文化的生产和用户感知。

（3）网络民族志。数字空间的特殊性，要求研究者基于网络社区和数字平台进行网络民族志观察。比如 B 站红军长征的弹幕互动（第四章）、《觉醒年代》同人文网络亚文化社群互动（第五章）、建党短视频翻拍（第六章）、电视剧《大江大河》网络舆论、国庆影片《我和我的家乡》用户评论（第八章）和 B 站"激荡四十年"弹幕互动（第九章）均需进行网络民族志观察，从而把握数字文化实践背后的网民应用和互动传播机制。

（4）文本分析。基于大量红色文化素材（第二—九章）、数字空间的网民评论（第四章、第六—九章），需要进行必要的文本分析、词频归纳等，对揭示重大历史事件的纪念背景和红色文化实践的特征提供论证依据。

第一章

数字时代红色文化的
重构与实践转向

　　伟大的中国革命孕育出红色文化,推动了中国的社会主义现代化建设、改革开放、现代国家制度以及现代文明的形成,是中华文化发展的现代阶段,也是 20 世纪以来现代中国的主流文化,更是世界红色文化发展进程中的重要组成部分(张曙光,2020)。建党百年来,中国社会的发展离不开红色文化的根基和革命血脉,而作为一种先进的革命文化,红色文化在不同历史时期都被赋予特定的时代内涵,不仅在革命时期,在社会主义现代化建设时期、改革开放新时期和中国特色社会主义新时代也都发挥着重要作用,展现出不同的历史面貌。

　　伴随着红色文化的发展和技术进步,红色文化的大众化形式和主题教育类型不断丰富创新。特别是数字时代的到来,红色文化在网络技术、社交媒体平台推出各类新型文化互动类产品,内涵和形式逐渐多样化,开创出红色文化的数字化发展趋势。本章将在梳理红色文化基本概念范畴的基础上,探讨红色文化在新技术和用户群体的实践之下面临的重构和实践转向。

第一节　红色文化的定义与内涵

一、红色文化的概念界定

　　由于范畴和视角的差异,对红色文化的概念界定存在广义和狭义之分。

广义上来看,红色文化可归纳为世界社会主义运动和国际共产主义运动进程中人们的物质、精神力量能够达到的程度、方式及成果;狭义上来看,可以将红色文化理解为在中国共产党领导下,于中国新民主主义革命、社会主义建设和改革开放期间形成并发展的以马克思列宁主义为基础,结合中国革命的具体实际、中华民族优秀传统文化和世界优秀文化创造的、反帝反封建的、先进的无产阶级政治文化(李水弟,傅小清,杨艳春,2008),是中国共产党在领导中国人民实现民族解放与自由,以及全面建设社会主义现代化国家的历史实践过程中凝结而成的观念意识形态(邓显超,邓海霞,2016)。

作为红色文化成长壮大最为重要的时期,大部分学者认为红色文化主要由革命文化构成(赖宏,刘浩林,2006)。革命文化这一概念最早由毛泽东在《新民主主义论》中提到,革命文化就是"新民主主义的文化"(毛泽东,1951)。这一观点与红色文化的时代背景和直接目的相呼应。红色文化在创建时的直接目的就是摧毁封建文化和买办文化(李水弟,傅小清,杨艳春,2008),因而将红色文化限定为在新民主主义革命时期背景下产生的政治文化。革命年代是一段"抛头颅、洒热血"的时期,体现出强烈的民族精神、艰苦奋斗的创业精神等。从字面意义上来看,"红色"反复印证那段热血澎湃的记忆,"红色"代表着热血激情和生命的再造功能,象征着充满生机活力的发展(周宿峰,2014),体现出中国共产党在革命时期形成的文化中蕴涵着强烈的人文内涵。

在红色文化研究中,红色旅游和红色资源开发是重要的研究领域,也是界定红色文化的重要参考因素。许多学者将红色文化理解为红色资源,是由精神内核和物质载体构成的红色文化统一体(李实,2005;肖发生,2009)。红色旅游资源的物质形态主要以红色革命文物、历史博物馆、烈士纪念馆、红色遗迹等形式呈现。即便与红色文化相关的红色历史在时光流转中成为过去,但在长期的革命建设进程中,全国各地以物质形态留存下来的历史空间成为中国革命历史的重要见证。红色文化的精神形态集中融合了中华优秀传统文化与革命精神,红色文化物化形态上所承载的精神形态即是红色文化之"魂"。

红色旅游的研究进一步强调对物质载体,尤其是不同地理位置下的红色资源的关注,例如井冈山精神、延安精神、长征精神等红色精神谱系中体现出关键的地理名称,每一个地理位置都承载着重要的事件节点和深厚的历史经验,成为转化红色文化的重要表征。有学者以地理位置为切入口,将红色文化界定为在第二次国内革命战争时期诞生于井冈山和以瑞金为核心的中央苏区"红土地"之上的人民大众反帝反封建的革命文化(刘寿礼,2004)。中国共产党发展壮大的不同时期在中国区域内不断流动的足迹,意味着不同阶段的革命精神、奋斗理念在不同地区的撒播,活动中形成的文化作品、文化遗产不断继承至今,形成了不同区域的红色资源和红色文化(余凤龙,陆林,2005)。从记忆研究的视角来看,红色资源和红色文化的地理景观随着时代的发展,成为具有纪念意味的"记忆之场"。

革命时期形成的文化是红色文化中不可或缺的组成部分,而对红色文化起源的探求还可以回溯到更久远的历史时期,从鸦片战争时期、旧民主主义革命时期、马克思主义传入中国时期再到五四新文化运动等各个时期都有提及,共同构成了如今的红色文化。在新民主主义革命前及至中国共产党成立前,国人为救国而上下求索的道路已然展开,从林则徐虎门销烟、魏源提出"师夷长技以制夷"、严复翻译《天演论》,到洋务运动、百日维新……各类爱国进步人士所做的奋斗探索是开启国人觉醒、中华民族复兴的重要环节,为中国共产党的崛起发展提供了民族养分。这些探索过程中形成的思想、观念、理论是红色文化不断延续的精神内核。同时,诸如空想社会主义、巴黎公社运动、十月革命等国际社会主义运动,共产主义运动在传入中国的过程中成为先进文化基因,促进了红色文化在中国的萌芽(沈成飞,连文妹,2018)。马克思主义学说传入中国直接刺激了中国共产党的成立,成为红色文化的关键理论内核。

一定的文化是对一定政治和经济生活的反映。红色文化随着中国共产党和中国社会的发展而弘扬,在历史变迁中不断与时俱进、更新自身的内涵和表现形式。时代变迁下,红色文化兼收并蓄,以海纳百川的气魄吸收多种文化成分,汲取古今中外各类优秀文化,实现自身的积累与蜕变,红色文化传承优秀的传统文化,贯彻民族精神,与现代文化、外来文化交融,表现出开放的姿态与气度。从本质上来看,红色文化以红色精神为核心(荣开明,2012),是适应革命时期和不同社会主义建设时期的社会核心价值体系。具体而言,红色文化在新民主主义革命时期表现为红船精神、长征精神、延安精神等;在社会主义建设时期表现为雷锋精神、"两弹一星"精神等;在改革开放时期由抗洪精神、非典精神等呈现,形成了一系列"精神图谱"(李强,2020),这些红色精神在新时代将会产生新的传递和延续。此后,红色文化不仅是革命时期的精神象征,新中国成立后，在中共领导下，全国人民进行了社会主义建设的不断探索发展，社会主义建设时期、改革开放时期、新时代背景下又不断发展出的新的红色文化，也即新中国成立之后各阶段的红色文化是对革命时期红色文化的延续和发展，共同构成红色文化的重要发展与体系脉络。

可见，红色文化实际包含的范围十分广泛，生根于近代救国图存的不懈探索，又吸收了马克思列宁主义，在革命年代生长壮大，红色文化内在的精神信念被中国共产党人不断吸收和继承，逐渐发展为中国革命时期的重要精神支柱。新中国成立后，中国共产党和中国人民在社会主义建设时期进行了不断的探索，特别是改革开放和新时代以来红色文化形成新的时代精神和先进典范（石书臣，张朋林，2019）。红色文化在革命时期生长壮大与社会主义建设时期、改革开放时期和新时代的不断发展，共同构成了现代红色文化体系脉络。

因而，通过全面地认识红色文化的形成、发展和延续，本书将红色文化界定为在中国共产党领导下，以马克思主义为指导，在中国人民群众共同实践下创建的从革命时期、建设时期和改革开放时期，并在新时代下持续发展的先进政治文化。

二、红色文化的内涵和功能

一般来说，可以将红色文化的具体内涵划分为物质、制度、思想三个层面。在过往的研究中，对红色文化内涵构成研究包含以下几种观点，红色文化基本被认为是基于中国共产党和中国革命进程建立起来的心理映像和意象展现，是植根于中国本土的历史文化和社会情境的现实认同来源（梁银湘，2010；龙柏林，潘丽文，2018），赋予红色文化在革命、建设时期形成的理论、经验和精神传统的特质，也有学者将其归纳为物质形态和精神传统的结合体，将其划分为物质资源和红色精神，即"人、物、事、魂"（李水弟，2007）。

当然，就任何一种文化物而言，既不能只侧重文化物的物质层面，也不能仅侧重文化物的精神层面，文化物由物质与意识两种因素共同构成的精神文化是物质文化的内核，物质承载着精神的外在表达，缺少其中的任何一类，都无法形成文化物。可见，红色文化的内涵形式包括物质形态内涵和精神形态两种形式（刘琨，2013）。精神文化，尤其是制度文化可以理解为上层建筑。在红色文化中,制度文化和思想文化集中表现在意识层面,是红色文化中占主导地位的成分;物质文化是意识内容的承载符号,是红色文化依存的方式。无论是红色资源与红色精神的划分,抑或物质文化、制度文化、思想文化的划分,都在表现形式上体现出红色文化在精神性和物质性的统一。因而,较多研究将红色文化概括为由物质文化、制度文化和精神文化组成的有机统一体(王以第,2007),认同红色文化由红色物质文化、制度文化、精神文化三部分组成(邓显超,邓海霞,2016)。

红色文化的价值并未随时间流逝而衰退,其内涵反而在实践中被日益丰富。如今,通过红色文化资源开展思想品德教育是新时期、新形势下进行教育工作的重点。大力弘扬红色文化可以厚植人们的爱国情怀、培育人们的坚韧信念、铸就人们的改革创新精神、加强和拥护党的领导(程东旺,黄伟良,2006)。红色文化蕴含中国共产党人在革命年代创造的政治追求、爱国情愫、价值准绳和道德规范,记录着中国共产党人排除万难、艰苦卓绝的奋斗历史,集中体现中国共产党人的优良作风和中华民族的宝贵品格。红色文化的孕育史,也是中国共产党的发展史,红色文化的丰富内涵与深刻意义反映了中国共产党人实现社会主义的必然信心,昭示着中国革命和建设取得成功的必然道路。红色文化属于先进的社会意识范畴,具有丰富的科学内涵,不仅在革命时期引领中国人民排除万难,奋勇争先,在如今建设新时代中国特色社会主义的和平年代,红色文化依然闪烁着精神的光芒,发挥着推动中华民族伟大复兴的重要作用。

在革命战争时期,红色文化有助于唤醒中华民族救亡图存的爱国情怀,提高中国共产党人和人民群众的思想政治觉悟,为各项战斗的胜利打下坚实的思想基础。在建设时期,红色文化内化先进分子的行动方针和行为准则,以强大的凝聚力和感召力使人民群众达成思想与行动上的统一。在改革发展道路上,红色文化是中国共产党日益成熟的重要见证,弘扬红色文化成为开展爱国主义教育和历史革命教育的重要方针。红色记忆是革命亲历者与非亲历者对革命事件积淀形成的含有政治价值取向和政治心理的集体记忆,是推动中国共产党人和人民群众进一步统一思想、意志和行动的宝贵精神财富(黄煌华,2022)。

当然,红色记忆随着时间的推移而衰变,且非亲历的青年群体难以获得亲身经历般的深刻情感体验，而成为需要接受红色文化教育的重要主体。当前红色文化传承的困境和认同危机成为事关国家命运和个体生命的共同难题，通过红色符号唤醒记忆、利用话语沟通记忆、打造场域复归记忆成为建构红色记忆和红色文化认同的有效进路(潘丽文，2018)。红色符号包括文字、声音等多种类型，能在潜移默化中带领人们回顾历史、领会政治意图、感悟政治情感，从而激发国家认同。"记忆之场"是承载着一定的历史现实的物理空间或仪式场域，通过提供空间在场感实现参与者对于红色文化的情感链接，使红色文化的历史价值得以重生。在与红色文化的互动中，非亲历者能将个体生命与国家、民族命运紧密相连，通过激发对社会现实的神圣体验，形塑基于红色文化、红色精神的红色记忆，从而达成社会认同和国家认同。

红色文化具有优化群众认知的重要功能。一是形塑价值认知。红色文化书写中国共产党人艰苦的奋斗历程，反映中国共产党人始终将最广大人民的根本利益置于首位的社会价值观，为当代人民尤其是青年群体提供了价值引领。二是优化历史认知。正确历史观的形成离不开对历史的客观认知，红色文化有着深厚且清晰的历史脉络，学习红色文化有利于国人厘清党与国家的历史、摈弃历史虚无主义。三是强化国家认同。国民如何看待自己的国家、能否发自内心地爱护国家取决于他们对国家的认知，中国共产党人为实现国家富强和民族独立过程中诞生的红色文化，是强化国家认同的重要历史资源。

当前，中国正处于改革攻坚的关键时期，人们的思想观念面临西方思潮不断入侵、亚文化强势涌现的严酷局面，呈现多样化趋势。基于此，红色文化是在革命文化的基础上产生，又超越革命文化的新形态，已经内化为中国共产党人代代相传的行动方式和意识理念，成为中国现代国家建构的基本价值和道德感召(张侃，2017)。红色文化蕴藏的价值观念和精神旗帜对中国特色社会主义文化建设和党的建设具有重要的指导意义，成为形塑红色记忆、阐释社会主义核心价值观、培育政治认同的重要资源(潘丽文，2018)。

红色文化的政治价值具体表现为传播政治意识、鼓励并引导正确的政治行为、打造能引领正确导向的政治人才、和谐政治关系、推动政治稳定、促进政治发展等(陈世润，李根寿，2009)。充分发挥红色文化对人民群众的教化和引领作用，必须着力多样的实践路径。通过对其物质形态或者精神内涵的把握，强化对红色精神的领会、理解和践行，是红色文化的当代使命所在。具体而言,就是要积极调动红色文化资源,既从历史源流中汲取社会主义核心价值观的深刻内涵,并将其转化为人们内心的坚实信仰,又不断从当代中国特色社会主义建设事业中汲取新鲜养分,督促人民群众坚定社会主义信仰,自觉抵制西方错误、腐朽思想的影响,不断推广、培育社会主义核心价值观,通过宣传红色文化中革命先辈的真实事迹,让人民群众知悉社会主义道路的正确性和可行性(何其鑫,向国华,余雪源,2013)。

总之,红色文化包含着中国共产党人和人民群众的爱国理念、价值体系、道德观念、政治追求、理想信念等价值理念,体现了实现中国人民解放和中华民族伟大复兴的民族精神,这些精神信念在政治活动和革命活动中以政治文献、制度文化呈现,是红色精神在政治层面的呈现。同时这些强烈的红色精神通过各种文艺作品、革命遗址等客观载体传递给世人,是红色精神在物质层面的呈现,也是最低层面的精神体现,能够使公众一窥革命先辈、发扬躬行之人矢志不渝的信念。当然,在数字时代,数字技术同样成为红色文化的新型物质载体和传承形式。

第二节　红色文化在数字时代的实践转向

一、红色文化传统传播方式的困境

在红色文化研究领域中,红色文化具有宝贵的政治价值、文化价值、经济价值,如何利用好红色文化,传播红色价值,即红色文化的传播问题,是学者们关注的重点。红色文化的传播主要通过教育、媒体、旅游三种方式(李强,2020),其中,学校红色教育、红色旅游依托具体的红色资源,如红色遗址、红色展馆来开展传播教育,参与者获得了切身的体验感和感触,传播效果良好,但受限于地理位置、空间大小,影响的范围相对有限。大众传播媒介影响范围广,内容触达的层面多,是最适合广泛传播红色文化的方式。在数字时代普遍到来之前,媒体制作的红色产品内容比较简单,传播载体以报纸、电视为主,传播的实际效果不够显著,对国家认同的建构不足,红色文化的传统传播方式面临着困境。

红色文化的传统传播主要通过教育、媒体、旅游等三种方式,其中大众传媒是大众化的传播方式。有学者从受众视角出发,认为红色文化传播能够满足受众"追求崇高的心理需求、求知探索的心理需求、娱乐缓释的心理需求"(洪芳,王政,2011);目前有学者总结红色文化传播不力的原因为"缺乏传播内在动力、庸俗化的传播现象、布道式说教、传播模式不够全面"(褚凰羽,洪芳,2011)。而随着数字技术的推广,传播红色文化的方式变得更加多元化,接触的渠道也日益丰富,结合网络技术的优势,红色文化在网络上的传播表现出"信息展示多样性、红色信息永久性、多样化,信息的便捷性、及时性及传播的绿色性"等特征(徐芳,杨扬,2009)。当前红色文化在数字化发展过程中存在红色资源保护力度不足、宣传方式单一、红色资源创新建设滞后等问题,地方红色文化如西柏坡、沂蒙等红色资源丰富的地区,在网络开发中面临许多类似的情况,包括对外传播的模式单一,方法简单;对地方资源的开发挖掘有限(王雪梅,李依溪,2016)。然而,在红色文化"热潮"出现后,出现批量的红色作品,也使得传播门槛降低,出现网友恶搞红色文化的现象;西方文化伴随网络传入中国,带来强势的价值观、文化、思想入侵等问题。可见,红色文化传统传播方式面临的困境,要求不断加强和规范红色文化的大众化、创新化发展。

二、红色文化的大众化与创新化发展

近年来,红色文化的传播和传承不断大众化,传媒影视界和网络新媒体平台不断挖掘红色资源,将抽象的红色精神内核用具体的故事情节、叙事手法和现实表征物进行表达,加强主流影视风格的转变,融入亚文化元素,逐步推进红色文化的大众化与创新化发展。

(一)大众化创新:影视风格转变

近年来,火热的红色电视剧在制作手法、拍摄班底、展映等方面都呈现出新的变化,影视公司稳保内容质量,突破传统风格,推进流量入场下的年轻化内容生产。有别于经典红色电视剧《亮剑》《北平无战事》等严肃、厚重的内容风格,观众更倾向于在轻松的观影中感受红色革命精神,加深对红色文化的理解。2015年播出的《伪装者》至今依然是广大年轻受众喜爱的谍战片,其演员队伍选择了大量偶像派演员,吸引了大批年轻受众的关注,而戏剧化的情节设置、还原的服化道、紧凑的剧情留住了大批观众,内容配置年轻化、偶像化,受众同样表现出年轻化的倾向。从《战狼》到《建党伟业》《长津湖》,近年来,红色电影也表现出相同的特质,易烊千玺、欧豪等偶像派演员为红色电影创作带来新鲜血液,轻松的表现手法削弱主题的沉重感,塑造出有血有肉的革命人物形象,深度挖掘了红色精神,这表明表现形式的创新与主旋律的内容并不完全矛盾,"只有自身满足社会文化积极意义的电视剧作品,才具备蓬勃的生命力和长久的文化价值"(段祎,2016)。

此外,市场需求成为影响红色文艺作品生产的重要因素,但坚守积极的价值观念,需要摒弃快消电视剧低俗、快节奏的倾向,塑造观众的价值观念、促进行动的内驱动力,是评价红色影视剧成功的真正标准。从深层次来看,偶像派演员的加入意味着年轻粉丝的涌入,也意味着流量的入场,有助于推进红色文化的创新化发展与传播扩散。2021年,顺应建党百年,献礼建党百年的电视剧《觉醒年代》火爆"出圈",真正打破圈层壁垒,获得了青年群体的喜爱,引发青年群体追剧、学党史。通过一部革命历史剧,让青年群体真实感受到革命先驱们诚挚热烈的爱国热情和民族情怀,真正点燃了他们的爱国精神、民族精神,将红色精神内化于心、外化于行。

(二)青年网络实践:亚文化元素融入

红色文化的内容生产与传播,不仅体现出大众文化的创新,在亚文化领域早有内容作品呈现,表现出反叛、戏谑与追捧杂糅的特征。伴随着大众作品质量提升,更多优秀的大众作品吸引着青年群体的观看,对其文本进行改编,掀起追随、喜爱的潮流。在B站早期火热的鬼畜视频中,创作者通过对各种原创素材的编辑和改写,带来洗脑、嘲讽的戏剧效果,彰显出青年亚文化反叛、戏谑的特质。《亮剑》中的各类剧情片段频繁出现在各类鬼畜视频中,该剧为亚文化群体所关注起源于主角李云龙的台词"拿老子的意大利炮来",在庄肃的红色影视剧中被单独截取出来后,体现出磅礴的气势和无所谓的嘲讽态度,在鬼畜视频中一经循环加速,带有强烈的洗脑性,成为鬼畜视频中的经典素材。李云龙的原型为中将王近山将军,故事情节中包含大量史实,在被引用为鬼畜视频时,人物事迹中保家卫国、慷慨奋战的精神反而被忽略,成为青少年群体表达反叛、对抗的一个衍生符号。

原创作品成为亚文化社区中的新风尚。动画《那年那兔那些事儿》是一个典型案例，采取动画与史实材料结合的表现方式；剧情带有强烈的隐喻性质，角色符号的萌化处理，用角色的刻板印象冲淡题材的刻板印象，如用兔子象征中国、毛熊象征苏联、白头鹰象征美国等；在弹幕机制的加入下，该动画建立起观看者的虚拟在场、符号互动，构建出弹幕互动仪式链（李莎，2016）。在剧情和实时观看的弹幕互动下，产生现实和历史叠加的效果。该动画在"叙事方式上抛弃了传统政治宣传的疏离感，以拟人的方法让历史事件更有趣、更亲和"（黄小煜，2017），迎合青年群体的信息接收习惯，在满足青年群体娱乐需求的同时实现了主流价值观的形塑。此外，该动画有原创漫画，在动画走红后开发出游戏《那年那兔那些事儿》，同样获得观众的好评与喜爱。

亚文化对红色文化的创新，对文本的挪用、解读表现出明显的自主性。近年来，优秀红色影视剧爆红，不仅在主流平台获得广泛好评，内容同样出现亚文化转向，如《觉醒年代》播放期间出现了海量的二创视频。中国外交部发言人被外界称为"外交天团"，答记者问例会中的许多发言金句被剪辑、挪用到各类二创视频中，并和周恩来等第一代外交领导人物关联在一起，表达出"时至今日，中国的外交已经强大起来"的观念。

除了正向的视频内容，亚文化领域出现了针对"雷剧""抗日神剧"的吐槽视频，以负面吐槽为真正的核心价值观正名。红色影视剧长期是各大制片商关注的领域，多年来产出的作品不断，但客观、真实、能够准确传达出抗战信念的影视剧相对较少，出现更多的是诸如《抗日奇侠》中"手撕鬼子"；《向着炮火前进》中男主打好发蜡、毁誉历史人物；《雷霆战将》中用兄弟情的名义表达出"卖腐"的倾向，引发众怒，遭到大量吐槽。各类影视博主针对这类侮辱、毁誉抗战人物故事的影视作品制作了一系列吐槽作品，通过负面吐槽为英雄人物正名。

红色文化在亚文化中的实践体现出强烈的个人自主性，二创文本表现出正面与负面兼具的特点。大部分二创内容借助红色内容来彰显个人反叛、边缘性的群体实践，但并不意味着否定红色文化的价值内涵。相反，这种对文本的另类解读、运用，更表现出亚文化群体认同红色文化的重要性，在亚文化群体的社会实践中，成为调和主流文化的符号，同时又意味着亚文化接受红色文化收编的可能性。这种可能性通过优秀的红色作品得以放大,获得了亚文化群体的认同。同时,红色文化的传播主体也在不断进行亚文化内容尝试,如新华社、共青团都已入驻 B 站、抖音等平台,并自行制作符合各类平台调性的鬼畜视频、剪辑视频等二创作品。这些系列尝试,未来仍需要深度挖掘红色资源,进行题材更新和形式上的多元呈现。

数字技术的全面应用意味着网络时代的到来,互联网的重要性日趋凸显,如何利用好数字技术、利用网络对红色文化的发展来说至关重要,与此同时,网络时代主流价值观对红色文化的需求也越来越明显。网络也可能带来个体的原子化,部分社会群体逐渐产生社会割裂,而红色文化具有塑造社会核心价值观念的效用,以红色文化为代表的主流文化正成为网络时代的社会弥合剂。因而,趋利避害、合理运用是数字时代正确把握主流文化和红色文化的题中之义。

三、数字时代红色文化的实践转向

在数字技术和网络背景下,红色文化面临着数字时代的重构,这不仅是红色文化适应主流价值传播时代化、大众化的要求,也是新技术背景下红色文化转型的必然趋势。然而,究竟如何理解数字时代红色文化的重构,以往的研究者对红色文化的应用有着不同层面的解析,对数字化有着不同维度的理解,本部分将着重以实践转向的理论视角来架构本书数字时代红色文化的转向。

（一）数字化背景下红色文化的应用实践探索

一方面,数字技术和网络新媒体已经成为数字时代的重要背景。早期对红色文化的研究,相关学者也将红色文化的大众化要求与数字技术相结合,探讨红色文化的数字化传播问题(刘基,苏星鸿,2014),从某种程度上说,互联网的确改变了以往单一化、线性的红色文化宣传模式,有助于提升主流文化和红色文化大众化传播的引导力、影响力和感召力。还有学者基于媒介融合背景下的红色文化网络传播进行思考,提出运用红色报刊、红色影视、红色微博、红色微信等方式进行融合传播,并通过红色漫画、红色新媒体教育等方式进行红色文化的互联网传播(张文等,2020);另一方面,通过红色文化与亚文化的结合推出红色数字化产品。革命影视剧、红色历史题材加入亚文化元素，在 B 站、社交媒体的二次创作和翻拍，深受青年群体的喜爱，也成为数字时代红色文化传播的又一种形式(林品，2016)。亚文化元素改变了红色文化严肃、枯燥的特质，更加呈现出符合青年群体喜欢生活、活化文化形式的特征，而亚文化往往通过弹幕、网络空间予以传播和表达，使数字技术与红色文化的亚文化传播自然地结合了起来。

以往研究者已对红色文化在数字时代的重构做出了探讨，对理解红色文化在数字时代的转型和技术应用提供了参考。然而，这些研究较多地考察数字技术对于红色文化传播的应用，缺乏将数字技术视为一项新兴技术，考察数字技术与红色文化、用户实践的关联。此外，数字时代红色文化的转型也并非仅仅是数字化的场景，数字时代保留了既有的红色文化传播和实践的方式，红色文化的数字化应用是对原有红色文化传播方式的补充。基于此，本书以实践转向的视角考察数字时代红色文化的重构。

(二)数字时代基于实践转向的红色文化重构

无论是布迪厄的《实践感》，还是夏兹金等的《当代理论的实践转向》，"实践"在当代社会理论的发展中无疑是一个重要的概念。布迪厄较早在社会实践中赋予主体和客体的统一，他认为"作为实践活动的实践的理论，认识的对象是构成的，而不是被动汇聚的。这一构成的原则是有结构的和促结构的行为倾向系统，即习性。该系统构成于实践活动，并总是趋向实践功能"(布迪厄，2012)。而"实践转向"旨在宣扬一种社会本体论，即"社会是围绕着共有的实践理解而被集中组织起来的一个具身化的、与物质教资证一起的实践领域"。(夏兹金等，2010)将这种对实践的认识置于文化或话语的讨论中，与安·斯威德勒(Ann Swidler)的观点异曲同工，"如果文化就是实践，文化与实践的关系问题就会消失。文化不能被视为人们头脑中的抽象东西，这些抽象东西可能或不可能引起人们的行动。宁可说文化实践是行动，依据多少可见的逻辑组织起来的行动。"(斯威德勒，2010)将文化视为社会实践，不仅体现为一种社会理论的转向，还是在应用场景和实践领域的具体体现。对于红色文化而言，数字时代的到来使其既面临新的数字技术的媒介重构，又面临文化的日常实践转向。

首先,数字时代红色文化的媒介实践转向。库尔德利提出媒介研究的实践路径时指出,"不是把媒介当作物件、文本、感知工具或生产过程,而是在行为的语境里参照人正在用媒介做什么"(库尔德利,2016)。当前数字媒介已经重构整个社会,因而红色文化的媒介实践转向要求研究者改变将数字媒介视为一种技术或背景的观点,要谨防把一切变化归于技术这一种因素,而媒介的变化总是技术、阶级、社会和政治力量交叉所产生的结果(库尔德利,2016)。媒介实践强调媒介和其他社会结构、社会领域之间相互关系的结构性转型,提供了理解不同社会角色之间的社会交往、社会互动的变动模式(胡翼青,杨馨,2017)。红色文化的数字化转型,不仅仅是数字技术在红色文化中表面化的传播和应用,还深入地嵌入到了日常生活,红色文化与数字空间中的用户、亚文化、商业资本和政治权力等其他要素相交织,形成红色文化的深度媒介化转型。深刻把握红色文化的媒介实践,不仅需要关注红色文化借助网络进行传播的基本形式,还需要考察其嵌入数字空间的政治权力、商业资本和亚文化元素的影响。此外,用户能动地在数字空间展开的红色文化和记忆实践,展开情境联系、历史联想和唤起记忆也是数字化实践的表征,值得进一步关注。

其次,红色文化的具身化实践。尽管数字时代红色文化的数字化传播和实践已发挥重要作用,但红色文化在现实空间、线下场所的应用仍然不可忽视。长期以来对红色文化的认识,往往是以文本符号和精神价值作为考察的重点,对红色文化的物质属性以特定的空间和纪念场所为实体依托,忽视了红色文化与参与主体实质的互动,缺乏从具身化实践的视角对红色文化展开全面的认识。西奥多·夏兹金基于当代社会理论的"实践转向",指出"实践是具身的、以物质为中介的各种人类活动"(夏兹金等,2010)。红色文化实践的基本要素不仅包括承载意义的符号文本和"用户—作者"的理解互动,还应包括具有具身能动性与表意功能的红色文本物质形态、人类身体以及自然环境与交往情境,形成内部因素和外部环境、主观意识与物质条件、个体认知与社会交往等要素的耦合互动(赵立兵,2023),红色文化的社会实践、公众参与感和实际效果才能得以体现。

因而,红色文化在数字时代面临着转型,本书对数字时代红色文化实践的考察,涵盖线上和线下两大层面,即红色文化的数字媒介实践和具身化实践。就红色文化的形式而言,包括红色文化的主题教育、影视题材、红色空间和红色短视频等。就红色文化的表现方式而言,既有主流的红色文化传播,又有数字化、亚文化、消费空间的传播方式。不同层面、多元主体的参与能呈现出数字时代多样化的红色文化实践类型,全面地理解和把握青年群体的实践和红色文化参与。此外,人类学家范热内普曾指出,"在我们现代社会中,唯一一用来对此社会划分的分水岭便是对世俗世界与宗教世界,亦即世俗与神圣之区分。"(范热内普,2010:2)红色文化实践既包括神圣的重大事件、典礼仪式时刻的再现表征和媒介实践,又包括世俗的日常时间的空间陈设、文化展示。

基于此,本书将数字时代红色文化实践的不同形式,根据线上和线下两个层面、世俗与神圣两大范畴划分为四个类别,线上类型体现为红色文化在数字空间、弹幕社区的数字媒介实践,线下类型体现为红色文化的具身化实践;世俗类型表现为红色文化与亚文化、消费文化在日常的结合,神圣类型表现为建党百年前后基于红色文化题材的纪念仪式、主流化的新媒体产品等。当然,数字时代上述四种类型划分也并非绝对,比如建党短视频翻拍主要是在线上空间对庆祝建党百年的短视频献礼,也有线下纪念活动的延伸;《觉醒年代》同人文社群既体现为同人文亚文化社群的日常互动,同时也是基于建党百年前夕红色革命历史剧《觉醒年代》播出在亚文化社群的延伸。笔者将后文中涉及的八种红色文化实践形式归入线下、线上、世俗和神圣的四个象限中(见表1-1)。

表1-1 红色文化实践形式的类型图

	线 下	线 上
神圣	红色英烈主题教育(传统红色文化教育)	建党短视频翻拍(纪念场景数字化)、主流电视剧网络舆论(热点网络互动)、国庆影片用户评论(数字怀旧互动)
世俗	红色怀旧消费空间(日常消费红色文化场景)	红军长征弹幕互动(数字化互动)、《觉醒年代》同人文社群(数字亚文化)、企业改革影像表征(跨文化互动)

第二章

红色主题历史教育的具身实践

　　红色文化是高校思想政治教育的宝贵文化资源库。作为中国共产党在革命战争年代形成的历史遗存,红色文化在优化认知、固化信念、活化行为等方面具有育人的功能(王春霞,2018)。随着教育方式的不断更新和进步,红色文化不仅通过课堂,还采取场景化、实践化的方式实现创新,将学生置于红色情境之中寻找红色记忆、感知红色精神,将个体行动汇入历史潮流,提升思想境界。

　　红色教育活动关乎国家认同、历史知识,以及红色精神的传播与传承。其中,英雄烈士是民族国家中具有象征性的符号,意指爱国精神。"迎接建党百年,为百位烈士画像"大型公益活动是由革命英烈亲属以及志愿者作为发起人的红色行动。一群师生执画笔加入这场行动并身体力行,用自己的实际行动纪念爱国英雄,接受爱国主义教育。该行动基本包括现场仪式动员、绘制烈士画像两个环节,身体在场的参与方式为多方参与者提供了最直接的互动与情感体验。学生在绘画的过程中,能够将所学所思所想融入作品,在行动中体悟历史知识。

　　此次活动可被视作一次红色教育的具身实践。具身性为人类认识世界提供了身体的视角:身体是认识世界的基础,世界是由身体构造和身体感觉运动系统塑造出来的(叶浩生,2014)。学习是一种认识世界的方式,身体的转向体现在传统教育的改革创新方向中,具身性、生成性、动力性以及情境性也是思政教育的必然态势(王会亭,2015)。

　　本章将烈士画像作为红色教育的具身化实践方式,试图回答以下问题。

第一，建党百年的背景下，英烈画像红色教育的具身实践方式如何实现；第二，在烈士画像活动的具体实践过程中，青年学生通过具身实践达到了怎样的效果；第三，青年学生群体形成了怎样的身份认同与历史想象？

第一节　传统历史教育与具身化实践

一、传统历史教育与教科书教学

1. 历史教育的现状与功能

当前历史教育的上层宏观规划与现实教学间存在落差，教育机构在顶层的课程规划方面尚需突破。历史和大众的现实生活隔着遥远的时空距离，对历史教育而言，如何拉近时空距离，让历史走近大众的现实生活，是提升教育效果需要考虑的问题。历史学科素养包括历史意识和历史思维能力，这需要学生能够具体问题具体分析，了解史实间的因果联系（赵亚夫，2006）。中国历史教育强调通史教育，课程标准是一般性的教育"实施建议"，对学生具体的培养规划和教育方法缺少指导和层次划分；而美国的历史教育则通过使用一手资料、挖掘当地的历史，让学生结合生活实际学习历史，能够充分调动学生的学习热情（解学慧，2004）。

一方面，历史教育课程标准、纲要的改革和发展过程是一个不断完善顶层规划的过程。从 7—9 年级的《全日制义务教育历史课程标准（实验稿）》（2001）和 10—12 年级的《普通高中历史课程标准》（2003）来看，课程标准及纲要的烦琐程度对教师开展教学工作造成了解读困难。此外，现代历史教育的本质是公民教育，应当涉及对先进文化的理解，在课程标准中提及的国际理解教育原则中，教师难以找到原则的对应性解读（赵亚夫，2006），课程标准和教师实践间存在着距离。

另一方面，教科书包含着国家意识形态和核心价值观，如何编写教科书、呈现叙事逻辑，对受教育者的国家、民族观念有重要影响，2019 年由国家组织编写的高中统编历史教材，统一编写充分体现了国家意志（马敏，2020）。历史课程标准和教科书的内容体现国家意志，关切民族国家如何建立国家认同、政治认同。我国历史教育的首要目的是政治目的，历史内容和课程规划较为强调民族特色和政治色彩，对如何具体开展教学、培养学生的历史思维能力缺乏具体规划：一方面，对教师的指导性意见不够丰富，教师对课程标准、纲要的解读和执行存在误差；另一方面，如何提升课程纲要指导的有效性，是教育机构需要持续关注的问题。

2. 历史思维的方向性转变

历史教育是历史记忆的载体、意识形态的体现，而传统历史教育思维相对滞后，已不能达到培养学生的目的，也从观念上降低了构建国家认同的效果。历史课程的教学目标和内容集中反映了特定社会中的特定价值取向（赵亚夫，2008），历史教育不仅在于传授历史知识，还在于如何培养历史思维。例如，通过学习中国近代史，能够培养学生全方位立体化的辩证思维（田海林，2003）；在历史课程中加强对民族意识的培养，是当前世界各国基础教育发展的重要特点（康长运，何成刚，2004）。

然而，在历史教育中，受教育者的身形是隐匿的，追溯历史教育的目的是什么，需要跳脱出施教者的视野，综合看待教育双方的关系。历史教育不仅使受教育者了解过去发生的事件，更重要的是按照历史教育提供的梳理历史的过程，掌握这种认知问题的方式。对于如何建立国家认同，历史教育的目的是培养个体对历史事件有历史性的理解能力，而不仅是知道某些历史事实意味着什么，这强调的是个体的能动性。历史与其说是"知识载体"，不如说是一种"探究方法"（郑流爱，2007），将历史从固化的意识形态、道德观念的载体中跳脱出来，根据历史研究的认知方式和心理过程来探究真实的历史问题，是历史教育可以展开的实践逻辑。当前中国的历史学科评价体系往往较为单一，侧重于记忆和重现历史知识。如何建立一个更为全面的评价体系，既能够考查学生对历史知识的掌握，又能够评价学生的历史思维能力和历史素养，是提高历史教育质量的关键。

二、具身认知的研究进路：身体的建构观

"具身"的研究进路承接当代心理学与认知学科，强调身体在认知的形成与实现方面的关键作用（叶浩生，2010）。其基本观点在于作为物理实体的身

体在塑造人类主体认知方面发挥着关键的作用，将主体的身心视为一体，破除身心二元论的哲学观点。换句话说，身体就是主体的"大脑"，身体能够处理外界的信息，从而形成特定的认知。据此，具身认知的研究者们认为认知的计算和表征功能也是由身体的特殊细节构造的。这蕴含着身体对认知的建构观，不同的思维模式、认知方式以及意义的生成也是由身体的感知、运动系统建构出来的。

具身认知将认知和行动看作一个整体。认知指导行动，而行动又会反过来作用于认知，这种互动是通过身体行动来实现的。认知与行动相关，通过身体行动与知觉形成的感知，形成一定的思维体系，而这种思维或知觉又是为了未来的行动。如此，"知觉和行动是耦合的，并不存在一个感觉信息的输入和随后运动信息的输出。知觉是为了行动，行动造就了知觉。两者是互动的整体。"（叶浩生，2014）

"具身"是身体经验、认识的方式，也是嵌入于环境的。梅洛·庞蒂的知觉现象学认为身体的知觉是行为产生的基础，人类主体通过身体认识世界，身体是我们认识世界的中介，强调了认知、身体以及环境的动态统一（王靖，陈卫东，2012）。这意味着身体不仅仅规制了人们的心智。心智还根植于环境，与身体、环境融为一体。这里的环境分为物理环境和文化环境，其与身体的生物属性和文化属性相关。物理环境能够为具身行动提供机会，行动主体能做什么取决于物理环境提供了什么。与此同时，环境还是充满符号的文化环境，如艺术作品往往包含着大量身体的理解和展示，又或是宗教、文化仪式过程中的特定身体行为。所以有学者提出"主体所感知的自在现实始终被一层层、多维度的文化符号形态所包裹。"（刘海龙，束开荣，2019）

综上所述，具身认知帮助我们理解"心智和身体不可分"（Clark，1999）这一观点，意识的形成与身体密不可分，而身体又与周遭的环境息息相关。这些研究为本章研究行动主体的具身实践与环境互动打开了视野。

三、体验式学习与具身实践

学习是主体为了习得知识而做出的行动。具身认知的研究运用于教育学领域,挑战了原有的教育学观点,影响着教学的知识观、学习观和教学观,将"离身"的教学转向"具身"学习。以往具身认知的研究告诉我们,心智是身体与环境之间互动的结果。这也意味着研究个体的学习过程与学习行为发生的环境相关。

当具身认知与学习结合在一起,"具身学习视身体和心智为一个整体,而且与身体密切联系的心智也是一种整体性活动,在人与环境的互动中发挥着统一的作用。"(叶浩生,2015)。这意味着学习可以通过具身实践获取知识、体验以及社会情感,强调了个体获得直接经验的重要性。具身学习需要将学习过程放置于情境中,这也包括社会性的参与活动:在学习过程中,个体可以通过与他人合作或者分享观点形成相应的知识。

学习情境关乎于学生的直接体验。因此,有学者关注学习过程中的互动和体验,认为学习环境能够通过学生的具身认知,帮助学习迁移的发生;教师、同伴与个体之间的互动有助于发挥学习的参与性,在互动的过程中,学生拥有更多自主选择的机会,对问题进行探究(张露,尚俊杰,2018)。在具身学习的过程中,学习是一种过程,而非一种结果,其充斥着各种体验,知识也在其中不断生成、更新。这种知识具有体验性和生成性的特点,学习主体在学习过程中从原有的认知结构与从环境中获得的感觉信息相互作用,与已有体验建立联系,纳入学习主体已有的模式并获得具体的意义(张露,尚俊杰,2018),与具身认知的观点和意义相契合。具身学习过程发挥于特定的环境,需要学习主体不断与环境互动,从而产生全方位的感知。对此,在教学方面应该建构多模态的教学环境,使学习环境能够为学生提供更多的感知与行动机会(范文翔,赵瑞斌,2019)。还有学者提出具身学习应以学生的身体为主,通过身体经验与知识、规范、社会意义共鸣,与其他主体互动共情,从而凸显身体的、主体间的、活动性的互动建构(陈艳茹,安桂清,2022)。

总而言之,具身学习突破传统教育的"离身性",关注学习个体的主观能动性,通过具身实践探索环境,并获得知识。这提示我们关注学习过程中学习个体与环境的互动,窥探学习主体如何通过具身实践获得体验并更新知识体系,同时将自身与群体、社会结构联系起来。

第二节　建党百年背景下英烈画像的具身实践

一、研究方法

本章将以深度访谈、参与式观察为研究方法。基于浙江传媒学院的主场活动策划优势，主要选取校内参与"百位烈士画像"启动仪式的学生、实践绘画行动的师生进行实地观察和访谈。根据英烈画像参与形式和参与程度的不同，对访谈对象进行分类，其中编号 C1—C5 为参与百位烈士画像启动仪式的现场同学；D1—D10 为自愿参与具体绘画过程的教师和学生，其中 D1—D5 同时参与了启动仪式和绘画行动；E1—E6 主要是小学期课程中完成烈士画像绘制的学生。就实践主题而言，这些活动参与和绘画实践过程都可视为青年群体接受爱国主义和历史教育的方式。

表 2-1　被访者基本信息

编　号	性　别	讲座仪式	绘画行动	小学期绘画任务
C1	女	是	否	否
C2	女	是	否	否
C3	女	是	否	否
C4	女	是	否	否
C5	女	是	否	否
D1	男	是	是	否
D2	女	是	是	否
D3	女	是	是	否
D4	女	是	是	否

（续表）

编　号	性　别	讲座仪式	绘画行动	小学期绘画任务
D5	女	是	是	否
D6	女	否	是	否
D7	女	否	是	否
D8	男	否	是	否
D9	女	否	是	否
D10	女	否	是	是
E1	女	否	是	是
E2	女	否	是	是
E3	女	否	是	是
E4	女	否	是	是
E5	女	否	是	是
E6	男	否	是	否

访谈问题方面,研究者根据拟定的问题展开半结构式访谈,问题以被访者的基本参与方式、过程细节以及主观感受三个方面为主,并根据实际情况做出细节调整,以便挖掘生动且丰富的主题。每次访谈时间控制在 20 分钟—60 分钟之间。访谈均得到被访者的同意,为保护被访者隐私,文中以 C—E 的编号来表示。研究者以录音和笔记的形式整理访谈资料,并以"概念—类属—主题"的归纳整理,逐渐提炼被访者的核心主题概念。访谈和数据分析过程同步进行,当访谈到第 21 个人出现理论饱和时,便停止访谈和资料搜集。

二、建党百年背景下的英烈画像主题活动

英烈画像主题活动的目的是满足烈士亲属对亲人的思念以及红色文化的发扬与传承。红色文化概念的内核是"中国共产党领导全国人民在革命、建设

和改革开放时期实现民族独立和国家富强过程中凝聚的、以中国化马克思主义为核心的红色遗存和红色精神。"(沈成飞，连文妹，2018)红色文化具有开放性、历史性。从历史层面来看，红色文化随着中国共产党的不断实践进步从形式方面来看，红色文化形式随着时代变迁而逐渐多样化。由此可见，红色文化涵盖世界无产阶级运动原则、中国共产党的历史进程、中国人民的奋斗精神，是一种兼容并包的文化。红色历史的洪流中，革命英雄烈士为国家革命牺牲，其英雄形象深入人心，极具代表意义。因此，该主题活动将红色精神贯彻到具体且生动的实践过程中，联系社会与学校等多方力量，创新红色文化形式，发扬红色精神。

（一）英烈画像活动的推进过程

红色文化的传承创新与教育密切相关，可以说教育是红色文化传承的重要一环。在教育体系内，红色文化教育能够促进青年一代形成国家认同、传承红色基因、赓续红色血脉。其教育形式也逐渐丰富与深入。"建党百年，为百位烈士画像"就是由主办团队、浙江省委宣传部、浙江传媒学院、烈士亲属等多元主体共同行动的公益活动。

此次英烈画像主题活动在推进过程中逐渐加入社会、政府、学校等多方力量，逐渐形成一支具备行动力的队伍。孟祥斌烈士的遗孀叶庆华女士以及孙嘉怿志愿者是最初的发起人。经过相关记者的联系沟通，活动组织者浙江传媒学院葛继宏教授策划了主题为"建党百年，为百位烈士画像"的大型公益活动。之后，葛继宏教授及其项目团队又联系了动画与数字艺术学院院长丁海祥，组成了师生队伍，为100位牺牲时无照片的烈士绘制画像，为烈士家属圆梦。

这次公益活动主要有三个目标：完成家属心愿、纪念先烈精神以及展开爱国主义教育①。第一，完成家属心愿是英烈画像主题活动的首要目标，烈士真实的样貌为家人寄托自己的思念提供物质基础，也体现出本次活动的人文关怀。第二，纪念先烈精神是为了传承烈士为国牺牲的精神，展现战争年代的艰辛历史。第三，爱国主义教育不能只是昙花一现，只有生动的历史教育才能

---

① 浙大 EMBA 教育中心：《120 幅画像让烈士"回家"与亲人"相聚"》，https：//mp. weixin. qq. com/s/zrohgv31guragNx7Q0E1zQ，2022 年 4 月 8 日。

贴近青年学生的内心，与学生们产生心灵上的共鸣。

　　从长效发展来看，"为烈士画像"大型公益活动这一参与式、现场式的红色历史教育方式还被纳入日常教育的环节。浙江传媒学院动画与数字艺术学院的武小锋老师在此次组织学生的过程中承担指导责任，是对接学院和学生的负责人。"恰恰就是在这百位烈士当中，有一些英雄事迹还是挺典型的，他们更像是身边活生生的英雄，而且当地都很重视，现在我们做好（画像）之后赠予当地。"（D1，男）在访谈中，武小锋老师还表示，未来打算还将"为烈士画像活动"作为学校小学期的课程内容，进一步深化红色文化的精神传承。目前，该学院的学生还能够通过绘制连环画、制作数字动漫等方式纪念革命烈士。学校通过生动的红色教育模式创新，将学生与社会红色文化活动联系起来，使其更具有参与感、社会责任感。

　　（二）"百位烈士画像"大型公益活动启动仪式

　　2022年6月30日，"迎接建党百年，为百位烈士画像"大型公益活动的启动仪式在浙江传媒学院举行，到场的有官方组织代表人物、媒体、烈士亲属以及参与现场活动的学生。现场播放系列宣传影片，发言人讲述项目内容、传达

图 2 - 1　英烈画像进校园的活动现场

活动所体现的红色精神。当天的活动还有现场给烈士亲属赠送画像的环节，真实的交接仪式触动了现场的每一个人。在场同学将此活动与传统红色教育方式做了对比，"不同于以往的思政教育活动，或流于课本说教、或流于讲座演绎，从歌舞到老兵等与事件相近的人物，多感官、多形式的表演活动为这次思政教育平添了许多氛围感，使我们沉浸在历史之中。"(C2，女)

在场的学生们通过聆听宣讲、担任志愿者、现场发言等形式参与启动仪式。"有两个学生在启动仪式之后主动找到我，说太好了，想参加……只要能加入这个活动，让他们做什么事都可以。还有一些学生是因为家里面有烈士证，说他爷爷是八路军老军人"(D1，男)。通过家属的口述，台下的学生们聚精会神地聆听烈士们的故事，感受着关于烈士亲属对其亲人的思念和寄托。

（三）高校英烈画像活动的具体开展

完成画作需要各个高校进行合作，这些画作有很大一部分是由教师和学生共同完成的，学生主要执笔，教师帮忙修订以及与亲属沟通。尽管绘画是学生的专业基础，但是画像并不如想象中简单。烈士亲属往往只能提供寥寥几笔的文字记载，有些甚至连亲属模糊的照片都无法提供，只能通过儿子、孙子或旁系亲属的样貌进行判断。"创作者前期往往需要花上一个多月了解背景整理资料，哪怕一个衣领，也要反复考证。很多时候，武小锋和学生们只能靠烈士家属的口述来完成画像。"①

在这个过程中，武小锋老师需要与该活动主办方、亲属交流画像的具体细节，并将其整理成资料给绘画的学生。以浙江传媒学院动画与数字艺术学院的学生为例，学生在前期的准备工作中，除了主办方和亲属提供的材料，还需要通过大量的资料搜集工作逐渐完善细节。完成初稿后，武小锋老师是第一个审核人员，主要确认笔触的专业性以及绘画的完成程度，这是第一步筛选。之后，老师与亲属交流沟通，考量画像是否还原了烈士的基本面貌特征。如此循环往复，才能筛选出合适的烈士画像赠予烈士亲属。

---

① 中新浙里：《黑白线条勾勒100多张烈士画像，他们用手中画笔，送烈士"回家团圆"！》，https://mp.weixin.qq.com/s/o6lpTLaaUqldDhtlr_Kn3w，2022年8月15日。

　　具体过程中,学生通过运用专业的绘画技巧,查找历史资料,与老师、同学、亲属沟通,最终呈现的画作才能够最大程度上还原烈士的相貌。同时,烈士画像活动还将进一步成为后续动画学院的小学期课程,学生在绘制过程中还需要考虑其中的历史和故事情节,并发挥自身的想象力,将故事情节变得生动具体。

三、身临其境:红色教育的具身化实践

　　烈士画像系列主题活动传递了红色文化与烈士精神,活动包括许多现实场景的互动与身体参与,参与主体在实践中能够获得感官体验以及生产性知识,实现心智—身体—环境的有机统一。

　　仪式属于具身实践的一种方式,英烈画像主题活动通过播放视频、家属发言的方式传递"为百名烈士画像"公益行动的信息与情感。作为一场传播仪式,主办教师、参与学生以及烈士亲属在举行纪念仪式的物质空间中进行互动。一方面,主题活动通过多模态的方式进行英烈信息的传播,使听讲的同学调动视听感官接受立体、丰富的信息;另一方面,与传统的历史课堂和讲座不同,当天烈士亲属亲临现场发言,进行面对面的交流和互动,令许多同学在现场产生共情效应。

　　首先,亲属的身体展演促进参与者的感官参与。通常来说,举办仪式都需要将参与者聚集在一个相对封闭的空间。烈士亲属与参与者的身体在场为人际传播的互动提供了物理条件。此外,烈士亲属的年龄、身体状态、声音等信息是参与者能够获得的真切感知。有被访者回忆当天的场景:"看到年纪很大那些爷爷坐在轮椅上,在学校里面讲故事、怀念自己的亲人,就是会很感动。"(D6,女)"他说话还是非常有劲的,听起来中气十足,比我中气还足。"(E4,女)与纯粹的文本传播不同,面对面的人际传播和沉浸式的现场体验创造了即时的红色文化氛围。暮年的战士亲属在发言的过程中通过身体语言符号丰富了烈士的背景信息,而历史信息与烈士亲属的身体展演相结合,形塑起参与者对当下的综合感知。这种亲属讲述的方式实际上是一种口述历史,讲述人通过口述复现自我认知的历史,在交流和沟通的过程中不断重新书写和建构历史(周海燕,2020)。

　　其次，家国情怀实现微观情感与宏观结构的勾连。英烈画像讲座现场除了相关历史知识的传递，情感共鸣是学生参与现场仪式的重要收获。当天，"烈士家属情感充沛地讲述了他们自己的故事，学校也做了一些视频，大家那个时候是第一次了解这些事情，那一段历史本来就很震撼、很感人。（烈士）肯定对他们（烈士亲属）来说是像英雄一样的形象，又是自己亲近的人……但是连长什么样子，一张照片都没有留下。有的人就是穷尽终生去获得一张自己爷爷或者是爸爸的照片，但是这个心愿都没有实现，他们明显是带着遗憾来的。"（D5，女）烈士家属叙述了自己与逝去亲人的故事，实质上是将家庭故事与宏大的历史叙事结合，是符号意义建构的过程。除了家庭故事的具体内容，在讲述的过程中流露出的情感，展现了说故事主体与他者之间的"身体实践"（Langellier，Peterson，2017）。与历史课本的官方叙事不同，身体在场的沉浸式体验实现了最大化地情感传递，参与学生将烈士亲属寻找亲人画像的需求与自身的家庭关系相结合，实现了最大的共情与共感。亲情这种与自身成长经历紧密相关的深刻情感成为参与人与烈士亲属之间共情的纽带。现场主题活动起到传播仪式的作用，传递了英烈的历史信息、家庭情感以及家国情怀，成为"一个由互动的符号和交织的意义构成的系统，必然以某种方式与动机和情绪相关联，而动机和情绪为符号提供了表达的途径"。（凯瑞，2019）红色历史知识不仅是过去历史教育过程中沉淀于参与者脑海中的符号，还通过情感激活他们的家国情怀，实现有关烈士历史信息的再生产，与仪式参与者形成情感连接。

　　最后，作为传播仪式的讲座现场弥合历史场景与当下行动的距离。"听老兵的讲话，我们可能没有离战争这么近，但是他们（老兵）是真情实意的。通过他们来给我们讲述，也能带我们去体会一下当时的那种情况吧。"（C1，女）柯林斯的互动仪式观关注参与者在共同场域中的互动过程与结果（柯林斯，2004/2012）。老兵的亲身经历与参与者之间形成直接的具身互动，使得历史场景与当下经验相关联。这种互动存在两个方面，一是老兵的自述有助于丰富历史细节，赋予真实感；二是通过"在场"的传递，使得历史与当下形成关联。在这个过程中，每一个在场的成员都获得了自己行动的意义：对历史事件的"真实"感知，弥合了历史场景与现场仪式的距离。

　　由此，这场作为传播仪式的讲座不同于以往红色教育课堂的单向传递，通过每一个成员的仪式互动,共同为英烈画像活动赋予了意义。在纪念英烈的过程中,通过调动参与者全感官、身体信息的传递、亲情式情感、家国情怀,动员了参与者关注红色历史文化与传承烈士的大献精神。

第三节　英烈记忆实践中的
国家认同培育

一、具身化实践唤起红色记忆

参与百名烈士画像的学生在绘画的过程中发挥自身的主体能动性,通过查阅相关历史资料、运用自身专业技能绘制英烈画像,实现对革命年代往事的想象与回忆,成为一场记忆实践。参与学生在实践过程中了解历史、参与历史,最终实现个人经历与红色历史的连接,通过具身化实践强化了国家认同。

（一）查阅历史知识：触动参与者红色情结的起点

绘制画像的第一步就是查阅相关历史人物信息,参与者发挥其搜索信息的能动性,将历史知识整合并内化。"准备工作的话就是去找一些别的类似的图片做参考,包括当时志愿军的服装、帽子、胸章的样子,然后我们要去参考很多资料,去找到最合适、最符合当时的穿戴,包括造型、表情之类的信息。"(D6,女)烈士人物的特征与样貌是参与主体首先了解的基本信息,参与者通过网络搜寻资料的方式获取信息,丰富历史符号的背景,为后续的创作做铺垫。这种查阅方式与以往的阅读、听讲不同,是一种使用信息搜索工具进行探索性学习的行为,参与者通过主动的查阅,对历史知识的印象更加深刻,加之与个人的理解进行整合,实现外显知识的内化。

参与者在查阅历史资料的过程中能深入了解革命烈士的生平功绩,真实的历史情节能触发参与者对红色历史的认知与情感,并衍生为红色情结。这种情结来自过往知识与当下情感的融合:一方面,从生活经历出发,家庭生活中口述式的代际记忆在绘画实践中被激活。例如,被访者阐述实践动机时提到:"因为我的爷爷正好也有过参军的经历,我也忘了他在哪个部队了,但以前也在北京当兵,我也是耳濡目染。"(D3,女)另一方面,传统的历史政治教育将烈士英雄形象刻入参与学生的脑海,典型的烈士符号,例如"黄继光""董存瑞"等在此刻与被绘制的人物联系起来,为无名烈士赋予英雄光环:"比较著名的那些烈士,他们的形象已经比较深入人心了,甚至你刚刚说到黄继光时我都想象出一张脸来。然而,每一个人对接到一个(无名)英雄,他可能不是那种战功赫赫,或者说是多么有代表性的一个人物,但是他就是一个很平凡、很伟大的英雄。"(D5,女)来自被访者的口述与回答都是将以往的知识和经验与当下情境的结合,参与者在行动的过程中将自己置身于红色情境之中,并在这种情境中重塑自己的历史认知。

（二）想象革命年代往事

在具体的绘画过程中,参与者调用历史人物及符号重组故事情节,根据个人理解重塑革命年代的往事,这个过程是充满创造和想象力的。例如,有被访者在回忆绘画的过程时,通过查阅资料重述主人公的故事情节与思想特质:"坂本寅吉原来是日本人,你知道日本战争后期是全国动员,16 岁以上男子必须强制性入伍,他就是在这个时候被强制拉到中国来的。可能他本性就很善良,日本人就会每天都会进行一些军国主义教育,思想洗脑,我觉得很残忍。我也是了解他的事迹之后才知道,坂本寅吉保持本心,他就感觉去屠杀一些中国的百姓非常不人道。他不仅自己不杀,自己也会有时候去阻止他的队员,包括他战友去乱杀。他的上级肯定不会允许,就把他发配到了一个伐木场劳改,他在伐木场里认识了我们这边一个抗战游击队,发现思想还能合得来,他就跟游击队干,还在游击队里认识了他的妻子。"(D8,男)尽管这些历史故事未必能够完全与事实吻合,但这里对历史的重塑是一种记忆实践,通过自身的查阅行为将琐碎的历史信息整合,同时也"复活"了沉默的历史记忆。记忆是一场持续、动态的过程,是主体基于当下的情境对过去经验的选择和重塑,尽管想象的历史情节与实际有所出入,但饱含参与者的情感,使重构的故事具有主观真实的特性,更加深入人心。这里被还原的历史故事情节体现出社会性和主体性两个层面:社会性指的是官方的历史知识和社会建构的知识谱系,这很大程度上来自学校教育体系、媒介信息以及口述知识的传递;主体性体现在每一个行动主体都能够调用结构中的知识,通过自己的理解方式,对历史知识进行解构和重塑。在这个过程中,参与者从历史的结构中选取相关片段加以理解和阐发,由此将自身与历史勾连起来。

与此同时,画像本身就是一种历史的纪念物,尽管无法完全还原烈士的真实相貌,但是能够通过不断调整逐渐贴近细节。"你通过画画了解他还是有家人的,感觉他就渐渐从符号变成一个具象的人了,知道他也是个普通人,也有家人,他家人也会思念他。"(E1,女)在创作的过程中,将想象中的烈士形象绘制成作品,成为现实生活中具体实际的历史物品。这一具身化实践过程通过技艺的操作,将漂浮的符号意义固定下来,并形成历史纪念物,在延续过去历史意义的同时,行动主体的情感与实践的内涵也蕴藏其中,实现历史与当下的勾连。

(三)实践学习中深化国家历史认同

首先,专业知识的具身化实践赋予学生使命感。这种使命感来自社会对革命先烈的地位赋予,参与成员认为此类行动能够为社会做出贡献。"用我们自己的专业和力所能及的东西,第一个是讲述烈士的事迹,第二个是让从未见过自己父亲的女儿或者家属去看到他已故的亲人长什么样子,感觉一个蛮有意义的事情。"(E6,女)参与者使用手绘的方式为烈士绘制画像,运用自身的专业技能为国家贡献力量。当成果得到指导教师的认可后,团队会联系烈士亲属亲自验收查看。这个过程一般是通过视频通话的方式完成的。"我们两三个同学跟着武老师一起和一个家属面对面的视频,(我们)把自己画好的画第一时间展现给对方看。当时那个家属很激动,直接就哭出来了,特别感动,我自己也哭了。"(D5,女)尽管是通过媒介进行交流,但是实时传递的视听信息仍然赋予双方临场感与亲近感,能够实现最大化的共感,使感官和心灵得到统一。在这个过程中,参与者的成果得到了认可与情感支持,这种获得感是其他教育方式无法替代的。

其次,社群互助加强凝聚力。参与者在团队合作的过程进一步完善绘画细节,在群体中的相互确认中实现了历史知识的进一步传播。"我会让当时同样画画的人和我同学这种不参与这个事情的人帮我一起看看,想去还原烈士大概的样貌,然后我会结合他们想法一起画。"(D9,女)参与者还通过群体协作的方式进一步深化画作的细节，在其中产生了群体的凝聚力。集体记忆依赖媒介、图像以及各种集体活动来保存、强化或重温（王明珂，2009）。社群合作的方式有助于进一步拓展烈士画像的历史细节，在丰富画像信息的同时，通过群体协商共同建构集体记忆。在这个过程中，学生群体内部的认同也在不断强化。

最后，实现对国家红色历史的认同。个人在重塑、建构红色记忆的时候，将其与现在的生活联系。在完成绘画作品之后，参与者由此将过去的经验与现实生活做对比，感叹现下生活的美好："想到现在我们生活很美好，然后讲到他们牺牲的故事，还挺感激的。"（D6，女）在实践的过程中，还破除对红色教育的刻板印象："有机会能参加这样的活动还是很有意义的。真的是把爱国落到实处了，而且在中途刻画一个普通人或者无名烈士的时候，那些细节可能会让你更加触动。"（D5，女）。对国家红色历史的认同体现在具身实践过程中的感知、情感以及身份认同上。首先，从感知层面，无论参与者实践伊始的动机是什么，历史赋予烈士的神圣感通过身体实践的方式使参与者在体验中获得感知，在此次历史教育实践中获得价值升华。其次，情感是深层次的来源，具有贴近性的亲情、家国情感是构成体验感的重要因素。最后，在实践的过程中，形成了身份认同的建构，参与活动的学生认为自己在这个过程中成了国家建设者的成员，从而在行动中形成自己的身份认同感："（之前）觉得先烈很不容易，但是你又做不了什么，只能看看，然后感悟一下而已。但你能做到一些事情的时候，心里的感觉会很不一样。"（D7，女）

从整个绘制画像的实践过程来看，参与者是根据老师制定的目标，运用自身专业知识与技能具身化地参与这场红色教育行动。参与者"之所以能理解他人，从而改变自己的行为，就是因为我们能以具身模拟的方式执行同样的动作，在这个过程中，知识获取、情绪体验、行为操作是统一的整体过程。"（叶浩生，2015）换句话说，在此次百位烈士画像的实践过程中，参与者将过往的历史知识、对英烈的崇拜以及当下的情感体验与以历史的想象融合为整体性的具身实践。在这个过程中，对历史知识的调用与创新实则是一场具身化的记忆实践。与以往历史知识的传承与书写式的记忆实践不同，具身化的记忆实践与行动者的现实行动相关联，通过身体的技艺操演获得身临其境的历史感知，并生成具有历史价值的纪念物。青年群体通过历史教育和专业实践参与，使得红色记忆实践成为可能,参与者对国家红色历史认同感得到强化,并在获得个人的自我感知与体验的同时,产生参与式学习的成效。

二、具身实践赋能红色历史教育创新

本章通过深度访谈的方法对参与英烈红色画像主题活动的师生群体进行研究,对其实践类型进行分析,考察其中红色文化的传播与英烈精神的传承机制。研究发现,此次红色精神的传承机制是具身化的,实现了身心合一:在场仪式的沉浸感为活动奠定了红色文化的主基调,参与者将行动主体放置于红色文化的历史情境之中,并与学生主体的家庭关系产生联系。与此同时,绘制烈士画像的过程中,学生运用自身的专业知识,通过搜索历史信息、小组讨论以及与亲属沟通的方式完成作品。这种方式赋予实践主体以能动性,通过具身实践感知经验、整合历史知识以及情感体验,实现思维更新、记忆实践、情绪共鸣。与过往红色文化的教育与传播不同,此次主题活动通过具身化的参与形式使得社会—学校—学生之间产生有效的互动与勾连。

（一）红色历史教育的具身化进程

以往红色教育往往来自传统的课堂、课本,需要教师结合历史知识进行传授。这种方式有助于学生系统地理解历史知识体系。然而,学习是一个具体且完整的过程,需要重视身体对学习知识的作用、多元化学习的环境,促使知识的整体性学习。这种整体性学习并不能只是知识的传授,而需要学生具身的,有感官参与、身心统一以及身体力行等特征（范文翔,赵瑞斌,2020）。这种身体力行的学习过程实质上是一种参与式的学习。在绘制百名烈士画像行动中,教师、烈士亲属和学生成为多元的行动主体,在互动中成为烈士亲属共同体。在共同参与的互动中,教师通过引导学生参与具体的绘画实践,更新并塑造了红色精神。历史知识通过学生自身在行动中的想象,在这个过程中获得新的体验和检验。这里的知识检验是对学生过去在课堂上获得的历史知识与红色文化的检视,在行动过程中得到进一步的强化与提升。总体来看,这种具身式教学能够较为成功地将学生放置于生动的红色文化情境之中,并发挥学生的主体能动性进行画像的创作。

（二）具身教育实践创新

第一，具身实践场景实现历史与现实情境的建构与勾连。这里的场景主要分为物质实践场域和英雄烈士的历史文化背景。物质实践场域层面，此次英烈画像行动主要分为两个部分，一是通过英烈画像活动进行宣讲与动员，二是教师与学生共同绘制烈士图像，并选取、展示优秀成果。仪式活动现场将所有的成员聚集在相对封闭的场所，通过视觉、听觉和面对面传播实现信息传递和情感共鸣，动员所有参与者。在绘制画像的过程中，参与者将烈士画像的绘制融入自己的学习和生活空间，并在实践过程中不断体悟。这实现了身体与心灵的整合统一，也就是具身实践的内涵所在（黄典林，马靓辉，2020）。历史文化背景层面，英雄烈士的历史情境属于中国革命红色文化的一部分。烈士为国牺牲的精神是中国革命文化的重要组成部分。在红色历史的情境中，烈士英雄是中国革命历史中的一员。由此，通过为无名烈士绘画肖像的在场身体实践，实现了历史与现实情境的建构与勾连。

第二，烈士画像行动是教育体系内的国家认同仪式。参与者在具体行动中深化了对民族和国家的认同。烈士形象是民族认同和国家认同体系中象征体系的典型符号。安东尼·史密斯对民族主义梳理的过程中认为民族认同和国家认同的凝聚需要有特殊代表意义的象征符号，这种符号能固定并激发公众对民族的想象和认同（史密斯，2001/2006），并通过多样的实践方式落实到日常生活的实践中。烈士画像参与者在具身实践的过程中运用自身的专业知识，将无名烈士的形象重现，传承并更新了民族符号的意涵。除此之外，参与者的实践也是对民族意识体系的一次历史回望。这一层面上，可以将此次烈士画像行动看作一场构筑国家认同的文化仪式，参与者也通过使用在教育体系中获得的知识和技能重塑了民族国家的认同，并进一步深化了自身在国家认同体系中的嵌入程度。

第三，爱国情感结构与微观亲情的连接。情感是行动者主体性的重要体现，也是行动的重要驱动力。比起宏观的历史爱国情感结构，亲情作为几乎所有人对家庭生活的感知，成为此次绘制百名烈士画像行动的重要情感连接因素。在具身实践的过程中，革命烈士亲属直接或间接地讲述了家庭故事，使参与者产生同属于家庭关系的身份界定与情感共鸣（袁梦倩，2020），拉近了彼此的心灵距离。与革命烈士亲人的共情是实践主体获得意义的重要来源。在这个过程中,实践主体重新界定了自我与他者的身份认同,使彼此共同拥有亲属关系这一人类情感的基本元素,并在历史空间中相遇。由此将抽象的爱具体化为家人之间的爱,更新了青年群体对国家之爱的方式,使其对国家认同的认知更加具体和深刻。

第三章

红色消费空间的怀旧记忆实践

　　红色文化适应大众化的需要,除了在大众传播媒介和数字空间广泛传播,红色文化空间如革命博物馆、纪念建筑和红色历史遗迹也是重要的传播和公众参与的载体,当下以红色怀旧为主题的消费空间也逐渐走入公众的视线。有学者指出,现代文化的转型导致了现代社会的大变动和现代人的生存危机,怀旧(nostalgia)是解决认同危机最普遍、最切身的途径(赵静蓉,2006)。现代社会"一切坚固的东西都烟消云散了",相比全面加速的当下,怀旧是一个更为重要的锚点,以怀旧为底层逻辑往往也更容易引发共鸣。

　　20世纪80年代,怀旧被引入消费领域(Holbrook,Schindler,1989),由此引发了一系列与怀旧相关的经济学、心理学研究。在怀旧文化的发展过程中,怀旧的媒介受到广泛的关注,消费主义使得空间也逐步被市场化与商品化(季松,2010)。而在中国社会的语境中,"红色"不仅具有心理效应和审美意义,更是一种具有显在意识形态指向的符码,这使得红色元素在当代消费语境中的出现,会迅速掀起社会的热潮,具有不同于一般怀旧主题的文化消费的独特品质(胡铁强,2010)。本章所探讨的怀旧消费空间,即是消费空间与怀旧元素结合的红色消费空间。

　　本章选取的"黑白电视"红色消费空间(以下简称"黑白电视")是发源于湖南长沙的餐饮小吃铺。与其他地方餐馆、小吃店不同的是,"黑白电视"融入"红色怀旧文化"元素,即在店内装点有象征湖南长沙的标志性照片、影像,呈现二十世纪七八十年代的历史物件,同时"长沙"这一地理位置与中国红色文化的发源地——湖南长沙有着特殊地理意义,因而凸显出红色消费空间的怀旧风格特征。由于别具特色的装饰搭配,该风格的特色小吃铺大受消费者欢迎,短期内在全国开出多家分店。本章试图考察消费者进入"黑白电视"这一复合的消费空间时,形成的红色消费空间的情感体验和记忆实践。具体研究问题如下:第一,怀旧情感在该媒介空间中是如何被建构的,各种文化要素与空间场域中的行动者如何发挥作用。第二,消费者如何在红色消费空间产生情感实践、怀旧情感是如何被生产的。第三,形塑红色消费空间生产和怀旧记忆实践的文化策略机制是什么。

第一节 红色文化、怀旧空间与记忆实践

一、从怀乡到现代性的情感表征

尽管 20 世纪 70 年代以来,每隔 10 年就会出现"怀旧潮""复古潮"现象,成为文化评论家关注的常规话题和大众层面的流行时尚现象(贝克,2021),但"怀旧"(Nostalgia)概念的内涵一直在发生变化,其作为概念术语最早可以追溯到 1688 年瑞士医生侯佛(Johannes Hofer)对军队士兵远离祖国和亲人产生思乡病的诊断(Austin,2007)。就此而言,早期的怀旧概念是从医学上对怀乡、乡愁产生的生理疾病的描画。此后的 200 年间,该概念逐渐从对空间隔离带来的不适转为对某个时期的渴望。1979 年,美国学者戴维斯(Fred Davis)开始摆脱以个体层面的消极心理看待怀旧现象,从社会学的视角,以更为积极的情感倾向将怀旧放置于社会文化氛围中,考察怀旧情感与建立自身认同、发展怀旧工业之间的关联,开启了怀旧研究的社会学取向(Davis,1979)。这一重要的转变是伴随 19 世纪中叶以来工业化和都市化发展出现的现代性问题,人们在快速的现代生活中难以找到归宿和安全感,怀念过去稳定的生活成为一种选择。哈佛大学比较文学教授博伊姆(Svetlana Boym)在现代性的宏大理论背景下考察怀旧的时间面向,指出"怀旧是对于现代的时间概念、历史和进步的时间概念的叛逆",通过超越怀旧的回顾性特征,指向其面向未来的功能(博伊姆,2010)。一旦怀旧的时间性特征与现代性的时空观念转换勾连起

来,怀旧就从短暂的思乡痛苦变为不可避免的现代性困境,同时也使现代怀旧的意涵不再只是回望过去,而是联结过去、当下与未来。

如何理解挥之不去的现代性怀旧?大部分学者都将其视为积极的正面情感,这种对过去渴望的情感是普遍的心理体验并贯穿人的一生,能唤醒美好的情绪、加强社会联结等(Sedikides,Wildschut,Arndt,Routledge,2008)。也有学者提出怀旧是一种积极的思考形式和复杂情感,源于对过去的人、事或经历的审美体验,往往揭示过去美好的一面(赵静蓉,2009)。与此相反,悲观派认为人们在怀旧的时候,往往会因为留恋美好的过往而对现状感到悲伤或失落(Wildschut,Sedikides,Arndt,Routledge,2006)。虽然怀旧的正负情绪影响在过去充满争议,但如今普遍选择较为折中的观点,认为怀旧喜忧参半,主要是以积极情感为主,可能伴随着某些消极情感(杨蓉,黄丽萍,李凡,2014)。但无论如何,怀旧在现代社会生活中已经成为一种集体情绪和情感表征。

二、怀旧文化与媒介实践

在现代社会背景下,资本主义的商品化、全球化发展是西方文艺理论家和哲学家们批判的焦点,他们以后现代主义的视角对大众工业所带来的历史解构、同质化和零碎化等状况予以深刻的批判,揭示现代文化的拼贴和主体性消失的特征(詹明信,1997)。而追溯过去的怀旧方式和依托现代大众化的怀旧文化成为缓解后现代转型过程中集体性消逝和摆脱现代性困境的方式。特别是20世纪末以来世界范围的全球化进程,国际社会的时空压缩、民族认同受到威胁以及社会整合的需要愈发加剧了怀旧的倾向(罗伯森,2000)。然而,后续学者们还是指出怀旧文化的迷思,即在消费资本主义的包围之下,怀旧现象的出现和复制是大众文化工业为刺激虚假需求而大规模制造的产物(Stauth,Turner,1988),也即怀旧文化是人们脱离后现代主义桎梏的良药,而其本身又不可避免是大众文化工业和消费社会的一部分,这使得怀旧文化工业陷入无法挣脱的泥潭而需再次突围。

面对现代社会的剧烈变动和不确定性,社会学家鲍曼(Zygmunt Bauman)认为选择以怀旧的形式摆脱现代性困境具有可取之处,同时提出携手建立共同体才是终极的解决方案(鲍曼,2018)。但以往从政治经济批判的视角来审视大众工业和怀旧文化,其本身是一种精英主义视角的考察,导致电影、电视产品、社会空间等人造生成的怀旧文化和社会表征物,自然就成为需要批判的对象。随着现代技术和媒介文化的广泛推进,媒介也成为跳脱现代性困境的重要途径,学者们越来越意识到怀旧文化含义的丰富性,指出怀旧可以由媒介所触发,媒介消费联结着集体认同和日常实践,以多元取向展开历史表征和媒介消费,怀旧并非是始终需要批判的对象(Huyssen,1995;Pickering,Keightley,2006)。比如,霍尔兹沃思(Amy Holdsworth)以电视媒介为怀旧考察的对象,区别于对电视转瞬即逝传播和媒介事件叙事的功能主义式认识,电视在机构运作和日常生活中还体现为象征性的媒介物与其他记忆物质网络的勾连,在现代记忆文化和日常怀旧实践中发挥作用(Holdsworth,2011)。这样赋予了怀旧文化开展日常生活实践的可能性,基于媒介、情感和商业相交织展开的媒介消费和社会实践研究,超越了传统纯粹的政治经济学批判路径,将媒介与日常生活情境、文化历史与资本运作等多维要素的互动联系了起来。

从媒介的视角对怀旧与记忆实践展开的综合研究,要数卡利尼娜(Ekaterina Kalinina)从怀旧的概念溯源、理论演进,以及媒介与怀旧的关系所做的较为系统的梳理(Kalinina,2016)。而近年来对怀旧的媒介实践研究已不仅停留在概念范畴,而是与日常各类媒介记忆形态结合。利萨尔迪(Ryan Lizardi)以"中介化的怀旧"概念(mediated nostalgia)界定多样化的媒介怀旧形式,涉及数字存档设备的"重播心态"、取消多年电视节目的复播、游戏的"复古"现象以及电影翻拍等基于不同媒介平台的怀旧现象,考察怀旧的表征被高度商品化的过程(Lizardi,2014)。还有学者将怀旧电影、怀旧网站等特殊媒介物作为怀旧文化产品,考察怀旧物的意义建构、品牌效应与消费者的接收程度,揭示背后复杂的社会情境、文化生产和消费心理(Higson,2014)。

此外,通过媒介文化和艺术形式对过时的技术进行重新组织和再模仿,以激发美好的回忆,有学者将这类怀旧称之为"技术怀旧"(technos-talgia)(Heijden,2015)。有些过往的器物正好满足了部分成年人童年时代的回忆,随着年龄阶段的推移,这些物品不断被更新换代,但儿时的记忆却成为"历久弥新"的消费卖点(Cross,2015)。区别于大众媒体和媒介物,人文地理学中的旅游地和纪念空间也成为特殊的记忆对象(Lowenthal,1975)。有学者将记忆景点的游览作为新型旅游形式,考察市场潜力挖掘之下景区怀旧情感的唤起过程,揭示现代社会情感维系、记忆存储和社会归属的方式(Bartoletti,2010;Hoteit,2015)。这些媒介物和社会空间的内涵已远远超出了传统的大众传媒范畴和内容生产逻辑,转变为以媒介逻辑展开怀旧叙事和情感再生产的怀旧实践形式,提供了丰富的媒介怀旧经验案例和理论想象。

而尼迈耶的《媒介与怀旧》(Memory and Nostalgia)是该领域较为全面和系统的研究手册,特别对"媒介"在怀旧生成中的角色予以界定,指出"媒介不仅产生怀旧的叙事,而且它们本身可以成为怀旧的创造性投射空间,也可以作为怀旧的症状或触发因素。它们可以作为操纵怀旧的工具,或使其成为不可能。"(Niemeyer,2014)这一对媒介的认识视角,较为全面地囊括了媒介的多个层面,既涉及传统的大众传媒内容生产和数字化媒介的介质延伸,又注意到媒介本身可以作为怀旧的对象,同时兼顾媒介、怀旧与其他权力的交织关系,因而涵盖技术恋物、怀旧商品消费、荧幕怀旧、创意性怀旧等多个层面的怀旧物,为本章考察媒介空间中的怀旧现象提供了启示。

三、怀旧元素、红色文化与消费主义

在红色文化与怀旧相关的研究中,研究者通过人文话语的探讨,总结出相关时期的怀旧情感以及怀旧背后的目的。比如,有研究者以王蒙的小说为研究对象,指出怀旧是对过去一代人共同价值的追寻。同时,面对当下的生活,过去的共同理想存在不适用的价值危机(曹书文,吴澧波,1998)。还有学者以20世纪30年代的左翼文学为研究对象,分析其怀旧价值与文化意义,认为当时的"上海怀旧"在本质上是"民族怀旧",其怀旧行为是希望重建与过去的对话(旷新年,2010)。随着20世纪末经济全球化的到来,以民族传统文化资源为工具来回应西方文化的冲击,中国现代乡愁(怀旧)社会思潮在全球化运动中对民族身份的重新确认起到了积极作用(黄杨,2011)。类似地,以革命为背景的怀旧文本也常常嵌套道德伦理与社会空间的语境中(王亚丽,2014;张铮,刘钰潭,2023)。整体上怀旧文本是对旧有的道德与社会价值的呼唤,通过怀旧的手段,搭建起通往过去的桥,引导受众思考现代生活与质朴过去的关联。

消费空间中,以怀旧作为手段进入由物质与符号搭建的空间序时,怀旧是一种与文化互构的想象(陈犀禾,王艳云,2006),它所起的作用是服务于商业逻辑。怀旧元素在消费空间内通过刺激受众的情感认同来维系消费空间的持续,从而通过情感影响公众记忆。例如,经营者通过对物质空间的主体性建构再现地方记忆,与此同时,消费者则通过在怀旧空间中的消费实践获得归属和认同等情感体验(杨蓉,黄丽萍,李凡,2014)。在多数以消费为主题的媒介空间中,怀旧元素的使用本质上服膺于商业逻辑,是出于商业化的考量(李凡,杨蓉,黄丽萍,2015)。怀旧联结着情感,情感影响了消费。因此,出于空间的消费角度,人们不可避免地需要对怀旧文本进行筛选,对用以表达的物质媒介进行拼贴。虽然消费的选择使怀旧元素的媒介物质空间具有可参观性(王春晓,2020),但基于消费吸引力选择的怀旧文本并置了时空(徐赣丽,2019),削弱了历史原真性,所以消费的怀旧必然带有某种"不真实"(贺小荣等,2022)。当然,也有研究者跳脱出人文主义的话语,从实用主义的角度思考文化怀旧的作用,认为怀旧是城市复兴的策略,例如南京运用文化怀旧的话语进行城市复兴,怀旧则是文化控制城市空间的手段(陈呈,何志武,2022)。

将红色文化作为怀旧要素并从消费空间的视角出发,更多地研究关注革命话语如何被建构与理解。在消费场景中,红色革命文化在商业化的过程中与消费主义相互借力,最终形成拼贴的文本,表达弱者对权力秩序的解构(陶东风,2006),经营者负责建构与再现,消费者则付诸认同与归属的情感实践(杨蓉,黄丽萍,李凡,2014)。其中较为有代表性的研究是著名汉学家葛凯(Karl Gerth)在《制造中国》中提出,现代中国的消费主义与民族主义的交融,无形地把民族主义制度化,即通过"国货""国产"的标签、"买国货"的口号促使消费者对本民族生产物品的消费,形成民族主义表达与实践的场所(葛凯,2007);而消费主义蒙蔽了消费者,悄然滋生并传播民族主义。葛凯的研究站在较为新颖的角度指出消费主义如何为民族情感提供声张的场所,其研究也为民族文化商业化的探讨提供了脚本。

从消费者的角度出发,《消费"未确定"的艰难过去》一文提出,未被官方首肯的红色革命话语的消费将引起记忆的偏移与遗忘,人们对革命记忆的转接与遗忘往往不是国家权力的结果,而是商业、政治与不同代际心理共同作用的结果(Qian,2020)。虽然红色文化与消费符号的并置体现了价值的多元(陶东风,2006),但是这种并置很可能是一种虚假繁荣,它不可避免地消融了真实的历史文本,成为资本物化统治的幻象(黄玮杰,2020);红色文化商业化使得本身模糊的话题更为模糊，从而也牵扯出了记忆偏移等问题（贺小荣等，2022）。

综上所述，已有研究从红色文化、怀旧元素与消费主义考察消费空间中红色文化元素的调用所展开的情感实践，对商业文化在消费空间的应用总体呈批判的态度，尚未将商业化情境下的红色元素与用户的消费空间实践、历史记忆感知结合起来进行全面的考察。

本章所探讨的"黑白电视"长沙餐饮铺，既体现红色革命文化的怀旧元素，又在现实的商业消费情境之下，是怀旧特色、地方特色与革命特色三位一体的消费空间，同时该店曾登上热门综艺节目《天天向上》，具有一定的知名度，也有较广的受众面，对研究红色消费空间的公众怀旧实践提供了较为理想的现实案例。本章拟通过深度访谈和网络民族志的方法对"黑白电视"进行研究，鉴于研究的便利性，笔者选择位于浙江杭州某商业体内的"黑白电视"老长沙吃货铺作为具体的调研点展开研究，以及大众点评线上门店。实际访谈到"黑白电视"工作人员2人，消费者13人。对工作人员就店铺的受欢迎程度、主要消费群体、顾客评价、店铺受欢迎的地方、如何评价店内环境氛围展开访谈，对消费者就选择"黑白电视"的原因、喜欢店铺的哪个方面，以及如何评价店内的环境氛围展开访谈。此外，基于该门店的大众点评留言进行网络民族志观察和线上文本搜集，以全面地反映"黑白电视"的用户消费体验和怀旧空间实践行为。

第二节　作为媒介空间的怀旧消费空间建构

一、红色消费空间中的怀旧建构

文化地理学者段义孚（Yi-Fu Tuan）认为，空间是解释、建构与理解的方式，它不仅是一个纯粹的几何结构，更是意义凝聚与表达的场所，"空间的意义经常与地方的意义交融在一起"。（段义孚，2017：3-4）"黑白电视"老长沙吃货铺不仅作为一家餐饮店的实体场所存在，还与吃货铺创始地的城市象征意涵、怀旧风格的社会建构有关。

（一）作为城市象征的"黑白电视"

"黑白电视"老长沙吃货铺始创于 2012 年,是湖南吃货铺餐饮管理有限公司旗下的品牌。从外观上来看,该吃货铺是一个梯形空间,结合灰褐色地面和红砖式墙体,营造出独特的消费空间风格(见图 3-1)。20 世纪正值新中国成立和变革建设的关键期,长沙作为湖南省省会,身处现代化建设的关键一环,在当时民族形式与社会主义建设内容的浪潮下,建筑风格大多以灰地、红砖等为主,因此"黑白电视"店内市井生活情景式的场景展示、朴实的水泥砖块的装修风格也大致体现出这些特点。

图 3-1 "黑白电视"老长沙吃货铺外观图

"黑白电视"消费空间中出现的文字、图片、装饰物等不同元素搭建起一种老长沙的空间形象,在一定程度上反映出空间设计者对长沙城市特点的复刻。例如,店铺出餐区域上方特意放置了红色的"长沙"二字灯箱,店铺门口墙壁上更是挂着一幅巨大的黑白色调的长沙记忆 LED 显示屏。显示屏将"长沙"二字的色块颜色加深并放在最中间,对消费空间"长沙"这一城市特征进行了强调。在"长沙"二字下方设置"童年的回忆""小时候的味道""二十年弹指一挥间"等字样,并结合四周围绕的老长沙的旧照片和长沙方言,突出老长沙的城市定位,展示着老长沙的文化,引发顾客对于老长沙历史的追忆和想象。

同时,店铺内到处挂有带着"老长沙"字样的美食海报,如"老长沙臭豆腐""老长沙小香肠""老长沙热卤四合一"等,为食物贴上"老长沙 XXX"的标签。在图片下方,相关文字介绍也着重突出了食物与长沙这座悠久城市的关联,如"张大姐靠煮糖油粑粑这门手艺在长沙经营了 20 年""一缸老卤水和秘制配方回忆了我们几代人的童年味道"等,向消费者隐性地传达"长沙有美食"和"长沙一直有美食"的信息,这些信息与原先消费者大脑中长沙作为"美食之城"与"娱乐之都"的形象暗合,展示了老长沙的美食文化,强化顾客对于老长沙美食的历史印象,构建了兼具历史记忆和美食文化的消费空间。

(二)作为红色怀旧风格的"黑白电视"

当然,"黑白电视"不仅是一家体现 20 世纪老长沙城市特点的独特消费空间,还凸显出对作为红色怀旧元素的老长沙的陈设和空间营造。长沙不仅是一个普通的城市,还是一代伟人毛泽东主席开启领导革命乃至建立中华人民共和国的重要革命先发地,使长沙这一城市符号天然地与红色基因和红色文化紧密地联系在一起。"黑白电视"这一创始于湖南的餐饮集团,巧妙地借助湖湘文化的特色装点出具有红色怀旧文化的消费空间。

从 20 世纪 50 年代开始,人民食堂和供销社走进了人们的生活,直到 20 世纪 80 年代末期才退出历史的舞台,"人民食堂"由此成为公众的记忆。在"黑白电视"老长沙吃货铺,出餐区域上方装有写着红字大字"人民食堂"的灯箱,"黑白电视"将店铺设定为老长沙的"人民食堂",营造出湖南和红色怀旧元素的消费空间,唤起消费者对于人民食堂的历史记忆。

在空间内的陈设上,二十世纪八九十年代大多流行四方桌和四脚板凳,"黑白电视"也采取这类老式的、做旧的桌椅,结合棕褐色和军绿色的配色,构建接近于 20 世纪老长沙的整体空间(见图 3-2)。与此同时,店内还放置了诸多具有时代感的特色物品,印有毛主席头像的搪瓷杯、行军水壶、邮差包等,本身具有明显革命文化的特征,显示出红色文化的印记。除红色文化物件之外,体现 20 世纪 80 年代改革开放初期特征的物件也陈设于"黑白电视"之中,营造起整个消费空间的怀旧氛围,如店铺门口的红绿灯和公放大喇叭、店内墙体的铁栅栏门,点单处的旧式游戏机、玩具手枪,以粮票图案为纹底的灯饰、黑白电视机等老物件等。这些富有年代感的装饰与物件,既与当前现代化的消费场景形成必要的反差,又凸显出红色怀旧的店铺风格,能引起消费者的关注。

图 3-2 "黑白电视"老长沙吃货铺店内布置

此外,"黑白电视"老长沙吃货铺登上 2017 年 8 月 11 日的热门综艺节目《天天向上》,店铺内十几种长沙小吃被节目嘉宾推荐和宣传。由于这档节目常年受年轻群体的喜爱,借此契机,黑白电视店铺在其消费空间内放置了一块显示屏,专门循环播放《天天向上》节目中夸赞该店小吃的片段。通过店内显示屏推广该店"经典美食""长沙文化"等主题标签,使"黑白电视"成为一家名副其实的"网红店",吸引了更多消费者前来"打卡"和消费。在节目中,创始人介绍了"黑白电视"的来源,并谈到"黑白电视代表着一个时代、一种情怀,'70后'和'80后'对黑白电视一定是有记忆的,会想起自己的青葱岁月"。将店铺创立的初衷通过综艺节目的形式予以烘托,将老长沙美食与特定时代的历史记忆相结合,便使中青年消费群体与"黑白电视"这一红色怀旧空间自然联系在了一起。

二、红色怀旧消费空间的消费者情感实践

（一）消费空间中的具身情感体验

空间与情感直接挂钩，身体作为体察情感的载体，具身的情感体验顺理成章地成了部分人文学者的研究话题。由媒介搭建而成的空间，不仅承载了人类的情感体验，也延伸出一个与物质空间关联的抽象空间（Smith，Davidson，Cameron & Bondi，2016）。"黑白电视"中的媒介与消费者的身体产生互动，引发消费者具身情感的卷入。一部分消费者会因消费空间与个人过往经历的情感连结而选择与该空间进行互动，如"这家店的装修风格和氛围让我仿佛回到了童年时光，那个时候我经常和家人来这里吃小吃。这种怀旧的感觉对我来说非常特别，因为它让我能够重温美好的回忆。"（C6 张小姐）店员鲁女士也曾表示，"店内的装潢会让消费者联想到'儿时的味道'"，他们往往更加注重消费空间所带来的怀旧氛围，复古的照片和装饰、柔和的灯光和氛围、熟悉的食物和味道等是他们选择的依据，他们试图以此回顾和怀念过去，进行情感实践（见图3-3）。

图 3-3 "黑白电视"老长沙吃货铺店内老旧照片

另一部分消费者则偏向于怀旧消费空间中地域的特殊性,已有研究认为,怀旧消费空间一般具有地方性,在情感上容易引起该地区群体的身份认同(杨蓉,黄丽萍,李凡,2014;贺小荣,徐海超,任迪川等,2022)。因此,不少来自湖南的消费者选择进入该怀旧消费空间,以怀念故乡的方式进行情感实践,并实现长沙乃至湖南这一地区群体的身份认同。如"我是湖南人,经常来,我也比较认可他们店的味道,我觉得和湖南的味道很像。湖南人来的话应该不会不喜欢。"(C2 吴小姐)"这里的味道非常地道。他们的湘菜让我感觉回到了长沙。"(C8 陈小姐)"我是长沙人,(这家店)环境很好,有特色,让我想到我家那边,很有归属感的。"(C3 汤小姐)该消费空间内一大部分消费者来自湖南,具有明显的地方特色,他们往往会被熟悉的环境和味道吸引,从而产生消费。在情感上,该消费空间不仅具有怀旧意义,还能让他们产生对故乡的归属感。

然而,有研究还指出,当一个地区的怀旧消费空间移植到另一个地区时,其地方性不仅对于异乡的同乡人有向心的吸引力,也对当地的异乡人具有趣味性的吸引力。具备湖南特色的"黑白电视"移植到浙江时,不少生活在浙江本土的消费者往往因新奇被吸引,从而产生趣味性的情感实践。如"看起来蛮有意思的,第一次来,被这个店面吸引了,如果它没有特色,装修没这么好看,我可能也不会来吧。"(C1 郑先生)"这个店的风格是复古风,(和别的店)不一样,所以一眼就看到了,我们就进来了。"(C9 周小姐)店员也表示:"顾客中年轻人比较多,应该是觉得很新鲜,所以想尝试。"对于异乡的消费者来说,选择该空间进行消费的原因主要就是新奇的装修特色,追求趣味成为情感实践新的出发点。

与此同时,随着《天天向上》这一综艺节目的播出,黑白电视以此为契机,将"网红店""经典小吃""长沙文化"等标签作为营销点进行推广,网红店"打卡"也成为追求趣味体验人群的一大出发点。"(我是)提前看好的。这是网红店吧,我来'打卡'的,凑个热闹。网红店就是比较有意思,环境有特色,拍照片好看。"(C4 陈小姐)随着网红店在社交媒体的流行,"打卡"和拍照成为不少青年消费者在红色怀旧空间进行情感实践的动力。

(二)消费者的怀旧文化生产

文化再生产是布尔迪厄提出的概念。布尔迪厄认为,文化是一个动态的社会过程,它一边依靠再生产延续,一边依靠再生产背离,而文化再生产的结果则体现了支配者的利益。文化再生产很好地契合了布尔迪厄的场域概念，把文化再生产作为方法论，可以对消费空间内的文化活动有更清晰的认知（宗晓莲，2002）。

在"黑白电视"消费空间中，首先，怀旧文化的生产通过红色怀旧元素刺激消费者的感官，使得消费者构建出对于 20 世纪老长沙的基本印象，即使不少消费者尚不了解长沙，也会由此认为老长沙就是"黑白电视"消费空间所展示的景观。比如在访谈中谈到，"这个是复古的老长沙的样子，长沙我还没有去过，但是这种旧旧的看起来感觉正宗。"（C1 郑先生）被访者被店内做旧的装修所吸引，即便没有去过长沙，也认为其"正宗"，将店内的怀旧复古景观自动代入为 20 世纪长沙的真实景观。而对于了解长沙的消费者来说，20 世纪的老长沙已时过境迁，如今见到复古的长沙景观，也会自动对其表现出认同，产生怀旧情绪。如 S1 鲁女士谈到，"旁边放长沙的老照片，又在吃长沙的东西，这个'人民食堂'搞起来，大喇叭一放，有在长沙吃东西的感觉，让人想到'儿时的味道'。"来自湖南的鲁女士是在"黑白电视"工作的店员，今年 53 岁，对于经历过 20 世纪老长沙变迁的她来说，该空间的复古装修和氛围也让她产生了认同。

其次，怀旧文化的生产并非直接与历史本真性的关系相关。有学者认为，消费空间所展示的怀旧内容并不具备历史的原真性，是根据空间用途进行选择性展示（王春晓，2020；徐赣丽，2019；陈犀禾，王艳云，2006），怀旧消费空间通过大众化的形式展现，凸显消费空间与大众文化的交织和互动（陶东风，2006）。比如，长沙的传统美食中并不包含香肠、炸香肠，这只是近些年网络营销的结果，而"黑白电视"店铺内摆有"老长沙小香肠"的海报，并配以"传承三代人手艺"的字样，使对长沙不了解的消费者与工作人员误认为这就是长沙的传统美食。"我觉得味道还行，臭豆腐和长沙大香肠我蛮喜欢的。"（C1 郑先生）"我们店买的就是经典的长沙味，店里的粉、臭豆腐、香肠这些小吃都卖得很好。"（S1 鲁女士）与此同时，紫苏桃子姜和紫苏梅子姜是老长沙的传统小吃，而"黑白电视"为了方便制作和销售，将紫苏杨梅汁营销为"老长沙紫苏杨梅汁"，并称其为"传承的手艺"，这也是不符合真实传统的。一方面由怀旧的装饰触发公众关于长沙的文化印象，另一方面则由公众对怀旧物件的认识追忆相关历史背景而拓展公众对该店铺的空间想象。

最后，红色怀旧空间的情感生产。"黑白电视"消费空间以整体的复古怀旧风格为主，比如店铺中"人民食堂"的字样，柜台处印有毛主席头像的邮差包，一方面,显示出该店铺的独特性;另一方面,使消费者在进店就餐中逐渐接受消费空间所营造的红色怀旧氛围。有被访者提到,"这个收银台的墙上有五星红旗,这边又有毛爷爷、橘子洲头,那边都是长沙的历史,挺好的。"(C3 汤小姐)还有被访者也表示,这些装饰能让人联想到特定的历史背景和革命事件。"装修风格很独特,有很多老长沙的历史装饰,而且还有行军水壶,就会想到红军长征等历史事件。"(C10 李先生)通过特定的装饰物品,"黑白电视"连接了历史记忆中的政治背景,强化了消费者在怀旧空间中的情感生产。即使就餐地点在浙江,但鲜明的空间陈设依然能使消费者将"黑白电视"与长沙的"湘湖文化"、红色文化渊源联系起来。当然,消费空间中的红色怀旧物也与日常生活勾连了起来,"看起来('黑白电视'餐饮店铺)就是年轻人的地方,火的东西挺多。"(C1 郑先生)大众文化中的红色象征符号被消费和扩散,使青年消费群体对红色消费空间产生关联,引发消费兴趣,形成情感的再生产。而改革开放初期怀旧物件的陈设与消费者出生的时代接近,自然能使青年消费群体联想起消费品结构由新中国成立初期的衣(纺织品)食(食品)到 80 年代"老三样"(手表、自行车和缝纫机),再到 20 世纪 90 年代的"新三样"(彩电、冰箱和洗衣机)的升级变化(段文斌,张文,刘大勇,2018),生活经验与社会变迁的交织引起了消费者的共鸣。"黑白电视"通过"红色怀旧"氛围的渲染,将特定的标志和符号赋予文化内涵和怀旧意义,将地方美食与较长时段的历史记忆相结合,成为复合的怀旧消费空间。

(三)联动线下消费空间的线上文化实践

除了线下的实体怀旧消费空间外,"黑白电视"在大众点评平台上线,不少消费者不仅在线下消费空间中进行"打卡"、餐饮消费,还通过大众点评的评论区发表看法,将消费过程中的感受进行反馈,实现线上线下联动的文化实践。在对评论区的内容进行筛选和整理后,笔者共统计收集到 147 条有效评论,进一步展开词频分析后,生成如下词云图(见图 3-4):

从词云图可以看出,词频最高的两个词为"环境"和"装修",这说明绝大部分的消费者集中于对消费空间的整体装修环境进行评价。"黑白电视"怀旧复古的环境特色和装修风格使其产生消费兴趣,并引发怀旧之感。如"店内环境装饰得很不错,有复古的感觉。"(yyyyyy,2023.8.27)"装修挺有风格的,比较复古,让人觉得好像回到了小时候,喜欢。"(匿名用户,2023.8.17)"'黑白电

記忆的赓续：青年认同与文化实践

图 3-4 "黑白电视"大众点评用户评论词云图

视'的装修风格是复古风，里面随处可见的儿时记忆，身为一个'80后'还是很有触动的。"（张雷，2021.11.28）通过观察，在谈到装修和环境时，"复古"一词几乎会同时出现，可见，整体的复古环境所营造的怀旧氛围是"黑白电视"最吸引消费者的地方，并由此引发消费者的怀旧情绪，展开情感实践。

而其中，一部分消费者会格外关注与自身经历相关的消费空间内的物件，如桌子、凳子、餐具等："红砖木凳，像一下穿越到了小时候啊。"（山山而川，2021.8.29）"摆放着老电视机等一些二十世纪八九十年代感的物品，仿佛一下子将自己拉回了小时候，让人很有怀旧的感觉。"（zxr，2021.9.29）"环境怀旧、复古，仿佛进入了20世纪80年代，长条灯、瓷饭碗，一看就想起了小时候。"（星落之歌，2021.4.8）他们往往从具体店铺内的细节出发，回忆起与个人相关的儿时经历，从而展开更为生动和深刻的情感实践。

"长沙"是词频数排名第三的词语。作为主打老长沙小吃的店铺，不少消费者更加关注"黑白电视"空间内的长沙风格和长沙味道，着重于评价店内有关于"长沙"的特色，如"装修风格有那种霓虹灯街角的感觉，有老长沙街头小吃那味儿了。"（嘿我的宝贝，2021.11.2）"装修风格很有市井气，仿佛置身于长沙街头。"（XXXX，2021.3.31）"环境装修的就有市井的风格，跟长沙那边还是有点像的。"（鹿鸣，2021.5.1）在突出长沙风格时，消费者利用"霓虹灯""街角""市井气"等词，将店内的装修特色和真实的老长沙相联系，说明消费空间对于老长沙风格的还原，从而建构出对于老长沙的基本印象。

62

除了因环境产生情感实践之外,不少消费者从自我出发,认为满足自我、追求有趣的好奇心也是评价之一,如"我是浙江本地人,每每看到各种地方的特色,都有一种强烈的尝试欲。这个店铺的名字也取得很有意思,让人产生了好奇心,不由自主地踏进店铺……"(不能矜持的我,2021.12.8)尝试和体验有特色的新事物成为消费者进入怀旧空间的动力之一。而在此之中,环境的怀旧和复古是不少消费者产生好奇心的主要因素,他们将拍照"打卡"作为满足好奇心的选择,访谈者表示"整体店里的环境很好,采光也不错,蛮适合拍照的。"(宋嘟嘟 95 号,2021.9.28)"装修很有长沙味道,适合打卡,适合拍照。"(范小碗,2021.3.3)"桌椅都是木质的,整体有一种复古怀旧风,很适合拍照。"(温暖,2020.12.24)对于他们而言,在怀旧消费空间内进行体验、满足好奇心是情感实践的一种方式,而拍照和打卡则是实现情感实践的途径。

另外,随着《天天向上》的播出和推广,除了因环境"打卡"的消费者之外,还有很大一部分消费者受节目营销的影响,出于好奇、跟风而进行"打卡"体验:"(这是)之前从《天天向上》看到的一家店。等了好久终于开到杭州了。"(Soulmate,2021.3.1)"据说是上过《天天向上》的,立马就冲去吃了!"(温暖,2020.12.24)这也体现出了消费主义下的网络营销在怀旧文化实践中发挥的作用。

当然,除了对"黑白电视"这一媒介空间进行评价之外,线上的消费者还会基于互动需求,对该店铺进行自发推荐。在相关的推荐中,地理位置成了十分重要的因素。"推荐一家很棒的长沙小吃店。在下沙天街负一楼的位置,还是挺好找的,边上就有扶手电梯。"(山山而川,2021.8.29)"地理位置还挺好找的,在天街商城里面负一楼。"(壹贰壹 6271,2021.3.30)由此可见,在媒介怀旧空间引发受众进行情感实践时,接触和进入该媒介怀旧空间的难易程度也成为其他相关因素。

第三节　红色消费空间青年怀旧实践的文化策略

"黑白电视"的怀旧建构与情感实践构成了消费空间的文化再生产,在此空间中,各类不同的资本相交织,使消费者展开怀旧记忆实践和情感生产。理解"黑白电视"的怀旧记忆过程，需要将该消费空间置于具体的空间实践之中，"必须回到实践中来，因为实践是实施结构、实施方法和历史实践的客观化产物和身体化产物、结构和习性的辩证所在。"(布尔迪厄,2012)考察消费空间内行动者的习惯、资本的相互作用以及文化调用，有助于理解红色怀旧消费空间的记忆生产策略。

一、场域视角下的红色怀旧消费空间

场域(field)是布迪厄的核心概念之一。简要地说，场域是内含各个相互作用的资本要素与行动者群体，并且在其间形成较为客观的结构、规则、习性的社会学意义上的无形场所(包亚明,1997：136－161)。场域并没有明确的边界，而是一种关系与结构的视角，将空间视为场域能较好地超越实体存在的局限性，考察"黑白电视"消费场域中交错的政治资本、经济资本与文化资本的相互作用，解析红色怀旧元素、商业资本与消费者在消费空间实践中的情感生产和记忆唤起。

首先，就政治资本而言，布迪厄在讨论文化再生产过程时认为，政治权力场始终作为核心要素存在。红色元素和革命文化在中国共产党成立和社会主义建设中起到了十分重要的作用，是中国广大公民凝聚社会团结、激发爱国热情的重要精神支撑。"黑白电视"消费空间中，运营者将革命时期湖南长沙的红色文化和伟人元素融入其中，外加 20 世纪 80 年代改革开放以来的怀旧物，营造出红色怀旧的空间氛围。这一红色元素的运用，不仅赋予该消费空间以厚重的历史色彩，还使被赋予重要的政治资本。

其次，就经济资本而言，政治资本与经济资本并非截然对立的关系。"黑白电视"吃货铺的首要目标是美食推销和获得商业利润，而该消费空间中的红色怀旧元素，既可作为政治资本赋予空间生产的政治正当性，又可以此作为消费空间的独特性引起话题、引发关注而实现资本增殖。而从本章案例来看，红色怀旧不失为一种有效的营销模式，受到青年群体"跟风式"的喜爱，而成为重要的经济资本。

最后，就文化资本而言，红色怀旧消费空间一时间"出圈"、扩张开设分店，使其登上《天天向上》综艺节目。大众传媒的加持以大众文化的方式，赋予"黑白电视"更多的文化资本,促进这一消费文化模式的散布和传播。当然,上述红色政治资本与经济资本的结合又反过来推动了文化资本的提升,使这一更为广泛的消费和文化形态引起青年群体的新奇体验和红色怀旧实践。

可见,"黑白电视"消费空间所包含的政治资本、经济资本与文化资本尽管体现各自的特征,但在具体空间实践中显示出相互交织和作用的状况,形成青年群体消费的情感生产和红色怀旧实践。

二、怀旧消费空间的情感生产与文化策略

对于消费空间的认识,总体是伴随资本主义生产关系而来的现代性批判研究,较早可以追溯到列斐伏尔关于空间生产的研究。列斐伏尔从政治经济学的视角展开研究,指出"它(空间)是某种权力的工具,是某个统治阶级(资产阶级)的工具",强调空间在整个商品生产中的决定性意义(列斐伏尔,2008)。当代空间生产展示了新的基本特征和发展趋势,表现为空间生产的异质化、特色化、高技术化、生活化以及市场化等各个方面。空间生产的当代发展状况是与资本形态的创新发展密切联系在一起的(庄友刚,2014)。这一理论视角对资本主义社会背景下的空间生产做出了有力的研究,但该案例中的中国怀旧消费空间并不是必须进行资本批判的对象,而是需要基于特定的情境对消费空间进行重新理解和审视。

首先,怀旧消费空间生产是适应空间发展的在地化表征。尽管"黑白电视"吃货铺具有消费空间和资本化的特征,但运营者巧妙地调用象征自身地域特色的符号和文化物件进行包装,湖湘文化、毛主席的纪念物件、古朴的店面和改革初期的老物件等均装点出红色怀旧的风格,形塑起在地化的消费空间。该消费空间被赋予的红色文化符号和政治资本,削弱了消费空间的资本属性,促使空间生产的正当化运作和经济效益提升。正如葛凯在《制造中国》中指出,在消费主义浪潮中,民族主义借用正义的羽翼不断发展壮大,消费者顺应民族主义话语的同时,推动了国货运动(葛凯,2007)。本章案例也表明,借助红色文化元素装点的怀旧消费空间,商业资本不该只是被批判的对象,消费主义对政治元素的包裹使政治话语在消费空间内的表达自然化、正当化,这正是通过商业资本实现对政治资本的调用和转化。

其次，怀旧消费空间文化生产的日常化。与以往的红色文化传播和记忆建构不同，"黑白电视"的空间生产以大众消费的情境，呈现于公众日常生活之中。一方面，不同于大众传媒和社交媒体，"黑白电视"作为特殊的媒介空间，使政治、经济和文化资本重叠于消费空间之中，消费者对长沙"美食之都""娱乐之城"的刻板印象成了空间场域中行动者习惯的一部分，他们因新奇或被推荐进入消费空间；复古怀旧的文化氛围进一步将刻板印象与现实消费环境相结合，引发消费者的情感实践与文化认同，并基于线上线下的消费反馈，形成消费空间内沉浸式的情感体验；另一方面，消费者能动地与空间产生关联，过往红色历史教育的素材与空间场景的嵌入、改革开放的社会变迁与消费者生命体验的勾连，使消费者在就餐过程中既品尝湖南的特色美食，又身临其境地受到红色文化的熏陶。红色文化和湖湘地域特色借助消费空间，通过调用消费者的历史知识和怀旧记忆，实现怀旧空间的日常生产。

最后，怀旧消费空间的文化迷思。红色怀旧元素的装点为该消费空间提供了独特的风格，成为城市空间中的新地标，吸引青年群体前来"打卡""尝鲜"。这类红色空间的传播并非刻意的宣传，而是植根于日常的消费场景。政治资本通过与空间相联结，在怀旧文化和消费主义氛围的构建下，以一种不易察觉的方式传递至空间中的消费者，消费者在怀旧空间内看似自主的选择事实上已交付部分主体，消费的过程不只是文化实践的过程，还是实现政治认同的过程。因此，红色怀旧因素作为行动者情感的导火索，引导消费者进入怀旧空间进行消费，潜移默化地输入以红色文化为核心的政治内容。

总之，消费主义是推动当前空间生产的重要驱动力，而红色怀旧作为中国共产党和中国社会重要的文化资源，成为调动公众记忆的文化策略，嵌入到日常化的消费空间中。这既是一种独特的文化现象，又是唤起青年群体怀旧情绪和空间参与的载体，有助于潜移默化地实现国家认同和社会认同。当然，在此怀旧空间的实践过程中，红色怀旧元素、政治权力因素虽然隐匿，但仍然是空间生产的核心，它辐射着文化再生产的路径，媒介空间与意义、场域与消费者都在此处汇合。未来还需关注的是青年消费者能否真切地接受红色怀旧文化的洗礼，还是仅以消遣娱乐的态度对待。此外，还需进一步观察这种消费空间与政治资本的结合是否仅是经营者的噱头和商业利益之下的包装，能否持续获得青年群体的喜爱（或不招致反感）。

第四章

数字空间红色历史教育的
媒介实践

历史教育是塑造民族认同和国家认同的重要手段,怎样塑造民族和国家观念,关键在于历史教育和历史教科书。历史教育有助于公民确立正确的国家概念、民族概念、国际概念(赵亚夫,2004)。历史教育研究往往与政治认同、国家认同的研究互相渗透,形成学习者对本国历史演进的回溯和基本价值取向。而在传统历史教育中,历史知识的呈现绝大部分来自教材和教师的讲解,学习者怎样在带有讲授者个人立场和意识形态色彩的文本的基础上,分辨历史知识和预设的前提,并进行自我理解,自发接受国家意识形态,形成国家认同感,是一个重要议题。当前传统的历史教育面临着困境,而数字技术对历史教育带来的变化是革命性的,个体的媒介实践成为推进数字时代历史教育发展的新方式。

近年来广泛流行的数字媒介产品中,符合主流旋律、增添历史细节的作品数量增加,受到青年群体的追捧,通过消费历史类文化产品,青年群体在兴趣、群体氛围的推动下实现了主动的历史知识学习,在娱乐消遣的同时展开了对历史文化产品的二次创作,深化了对历史知识的认知。在中国近代史和革命史中,"红军长征"作为一个具有代表性的历史事件,具有战略性的意义。红军长征行动中出现的各类史实大量出现在官方叙事中,也在历史教育中占有较大比重,"长征精神"被纳入官方话语体系,有利于推进当代中国政治认同,为新时代政治认同的构建提供了思路(胡建,唐菁爽,2017)。在政治层面,长征精神的传承有助于构建政治认同;在事实层面,长征精神包含的艰苦卓绝、百折不挠、团结进取等精神又从根本上唤起了民众对民族精神的共鸣,同样有助于构建民族认同和国家认同感。

如今在网络空间中,与长征相关的内容、创作也逐渐出现,与传统的长征叙事不同的是,数字时代参与长征叙事的主体不再仅是国家机构,专业机构和个体共同参与了对红军长征的历史叙述。此外,网络空间中出现的叙事视角也更加丰富,为大众了解更多的长征细节提供了途径。数字技术能在多大程度上推进历史教育的多样化,使青年群体接触过往历史知识,加深对中国红色文化的认知和理解,这点值得深入研究。本章以 B 站视频合集《再现中国工农红军史实般的长征全历程》为研究案例,尝试探讨青年趣缘群体如何通过红军长征视频的弹幕互动,展开对"红军长征"这一红色历史事件的集体回溯,在长征的数字媒介实践中提升政治认同和国家认同。本章将集中考察以下几个研究问题:数字技术将为历史教育带来什么改变;青年群体如何通过媒介实践构建对国家、民族的态度和认同;历史教育如何与技术等手段共同服务于青年的政治认同、国家认同构建。

第一节　历史教育的形式创新与数字化实践

红军长征是中国共产党红色历史的重要组成部分,对推进当代中国政治认同的构建和政党合法性提升起到了积极作用(胡建,唐菁爽,2017)。而当前党史教育也逐渐由传统历史课堂教育向数字化实践转型。

一、传统历史课堂的局限性与突围

正式学习(Formal Learning)是在以课堂或典型制度化、结构化的,基于有助于学习执行的具体的既定目标或孤立性事件、经验之上的学习(Marsick,Volpe,1999),正式学习主要是在集体中开展的,接受间接知识,以书本为主要学习形式(陈乃林,孙孔懿,1997)。正式学习主要是有组织的,强调集体性传授的一种学习类别,在大部分正式学习活动中,学校是主要活动场所,班级授课是典型形式,灌输式教学不利于培养学生的批判性思维能力,缺乏互动和讨论,弱化了学习者的主观能动性。这种学习类型使学生个人的兴趣、积极性未能得到有效重视,自主的思维活动难以呈现。如何创新教学方法,使历史课堂更加生动有趣,同时提高学生的参与度和思辨能力,是当前历史教育需要解决的问题。

和正式学习概念对应的是非正式学习(Informal Learning),主要是发生在人们的日常经验中,出现在非正规教育场所涉及追求理解、知识和技能的活动中(Livingstone,1999)。非正式学习强调人与人之间的互动关系,其知识的解读是多面的,对知识的意识预设影响较小。非正式学习是偶然的、附带的、次要的学习,它并非以学习知识为首要出发点,可以理解为一种伴随性的学习活动,但其同样带来提高知识和能力的效果(杨晓平,2015),如场馆学习是非正式学习的重要组成部分。以参观、游玩、休闲为主的各类博物馆具备丰富的知识,参观的经验经过转化可以变为有效的知识(郑旭东,2015)。马尔库斯和莱文(2020)认为学生在参观历史类博物馆的同时,采用摄影训练的方法,既能够培养学生的批判性思维能力,又通过视觉手段让教师获得评估学生在博物馆实地考察的效果。在教育学家杜威看来,并不是所有的社会经验都具有教育价值,经验需要具备"上手"(hands-in)和"上心"(minds-in)的特征,经过组织才能具备教育价值(郑旭东,2015),非正式学习对学习者而言更容易产生自发性的深入思考。

在中国的课堂设计中,在义务教育阶段,由教育机构设计的历史教育非正式学习相对较少,学习者自主的非正式学习缺乏充分的反馈机制。正式学习形式为学习者提供了更多的知识储备,难以完全抵抗网络环境下多元历史观念的冲击,将学习者自发的经验中获得的认知和态度与学校教育结合,才能更有效地促进学习者综合历史观念的发展,形成理智的国家观念和民族观念。

二、历史教育的数字化创新

历史教育面临着数字媒介带来的冲击,同时数字技术也为历史教育带来了新的机遇,李稚勇(2006)分析英国历史教育关注到了史料教学的价值;数字时代,围绕"数字中国"进行教育的数字化转型,数字技术将被整合到教育的各个层面(黄新辉,徐盈,宋子昀,2023)。怎样利用技术开展多元化的历史教育设计成为一个新的探索领域。

（一）历史课堂上的数字化应用

（1）游戏化学习。利用互动游戏和模拟体验来进行历史教育。一些教育游戏模拟历史事件,让玩家在游戏中体验历史决策过程,增强对历史事件的理解。历史教育的游戏化和交互化,使数字化的历史故事承载于历史知识的学习中;游戏作为一种媒介,其叙事性、沉浸感、体验式、互动性等特点,都意味着游戏作为历史知识普及工具的强大潜力。

（2）多媒体融合教育。利用视频、图文、音频等多种媒介形式,使历史教育更加生动和立体,如利用动画和图表来解释复杂的历史事件,可以帮助观众更好地理解和记忆。采取这种多媒体融合呈现的方式,能够有效提升教育效果。

（3）故事化教学。通过讲故事的方式来进行历史教育,使历史学习更加吸引人。通过纪录片或者网络系列节目讲述历史故事、传授历史知识,已然是大众熟悉的一种教学方式。

此外,数字技术丰富了教学资源,为历史教学提供大量的在线资源,包括电子书籍、历史档案、多媒体材料等。这些资源可以帮助青少年更好地理解和吸收历史知识。数字化应用促进历史学科与其他学科的整合,如结合地理信息系统(GIS)进行历史地理教学,使历史学习更加立体和全面。同时,数字技术也为历史教育带来了新的教学方法。通过数据分析和可视化工具,学生可以直观地理解历史事件的发展脉络和复杂关系;通过网络协作平台,学生可以进行跨文化交流,共同探讨历史议题;通过在线开放课程,如中国大学MOOCC(慕课),学生能够随时随地获取高质量的历史教育资源。

数字时代的历史教育促进青少年批判性思维能力的培养。在网络环境下,学生需要学会辨别不同来源的信息真伪,评估多种观点,并在此基础上形成自己的见解。这种技能对于培养学生的独立思考能力和终身学习能力至关重要。

技术改变了历史教育的开展方式,也影响了人们对历史的认识和理解。历史教育变得更加生动、互动和多元化,使得学习历史成为一种更加有吸引力和参与性的体验。

（二）数字环境下的历史教育创新

（1）互动式学习。在 B 站等新媒体平台上，历史内容经常以互动视频、直播讲座等形式呈现。这种方式增强了学习的互动性和趣味性，使得历史学习不再局限于传统的课堂教学。例如，一些 up 主通过直播互动，让观众参与到历史事件的讨论中，提升了学习的参与感。青年群体对长征沙盘推演的深度讨论，让他们产生了从认知、情感到行动的多维度转变。

（2）在线讨论和论坛。青少年通过网络论坛和社交媒体参与历史话题的讨论，在频发的历史争论中，借助社交媒体参与对历史内容的辩驳，本身也是一个分辨知识真伪、把握个人历史立场的过程，能够提升青少年与他人交流观点、提高批判性思维的能力。

数字技术改变了媒介环境，媒介也反过来改变了社会生态。传统的历史课堂教育已经难以应对青少年在数字媒介中面对的认知冲击。此外，对于党史教育这类严肃的知识，难以和娱乐大众的数字媒体进行有效结合，党史教育难以渗透进入青少年的日常生活中（曾悦宁等，2023）。基于此数字时代官方话语需要适应网络环境，以平等的姿态与大众沟通，用鲜明的价值立场形塑青少年群体的国家认同、民族认同。

三、数字时代青年历史教育的媒介实践

数字时代的历史教育实践主体不仅仅局限在教师与学生这两种身份，任何人都可以成为实践的主体。网络环境提供的实践空间，让大众的非正式学习变得更加常见。学校聚集了具有同等受教育水平、相似文化背景的人群，基于历史教育课堂构建的国家认同教育相对模式化，和官方意识形态一脉相承，而数字媒介对生活的渗透作用则使多元意识形态对青少年的冲击提前化、差异化，青少年对各种民族、国家和历史观念的习得较大程度上取决于互联网技术的接触和参与程度。媒介化社会更深层次地改变了青少年的认知建构过程，在这一前提下，非正式的历史学习凸显其重要性，包括数字时代个体怎样通过媒介实践重塑对国家、民族的历史认同和共同伴想象。

（一）主流叙事下的青年数字实践

数字时代，传统意义上的知识教育和传播秩序已然改变，历史教育在数字时代实践的官方主体不仅是学校、教育部等教育机构，还包括政党媒体、专业机构和专家等。这些实践主体通过在各类社交、资讯平台进行身份认证，共筑网络历史空间，为历史人物辩驳、厘清历史事件的真相、对谣言进行披露，并宣传党的历史故事、建立历史人物典型等正面信息，共同引导网络的认知空间，把握民族、国家在网络中的正确立场。

1. 社交媒体中的知识生产

官方机构、主流媒体纷纷进入社交媒体，借助各类宣传、传播策略进行党政文化宣传，同时实现对历史知识、历史观念的传播。例如，新华社入驻亚文化社区 B 站，在报道党史故事中，绝大部分视频都采用了大量史料史实为支撑，力求还原历史真相（王铭霄，王闯，2022），共青团中央入驻 B 站采用了兼具B 站二次元特色的制作形式与宏大的民族、国家主题相结合的方式，积极进行青少年的思想宣传动员（吴莹，2019），以及通过在政务短视频中增添自豪、感动、喜悦等个体情感，加强与爱国主义元素结合的情感共振，构建起政府和民众的"情感共同体"（章震，尹子伊，2019）。不论是报道历史新闻事实，抑或创意剪辑历史类短视频，国家机构在努力参与网络空间的历史知识生产，积极引导正确的历史价值观念。

2. 平台式学习情境

主流媒体通过搭建平台进行思想政治和历史知识的传播实践，更新了学习模式。如"学习强国"平台具有情境性、中介性、嵌入性等特征，是知识服务领域的重要范式（汤天甜，温曼露，2021），通过策划答题板块，突出反映"寓政治传播于学习活动"的创新理念，有效增进用户的政治认知、强化政治认同，其答题活动也激发用户的政治学习热情（梁悦悦，罗碧，2021）。此类平台由政府主导建设，通过掌握平台的话语权，集成历史资源，吸纳主动学习的用户，实现网络平台的学习情境转移。

（二）网络环境中的个体文化实践

数字环境给予个体参与文化生产、分享消费体验、进行符号再创造的可能性,个体对文化产品(如电视剧、电影、游戏)的历史信息捕捉和探讨更易获得反馈;同时社交媒体的互动特性鼓励用户参与历史事件的讨论。这有助于历史知识的传播,促进了新知识的生成和对既有知识的修正,但也带来数字化历史书写的隐忧和迷思。

1. 网络事件中的情感生成

近年来,网络环境中出现的公共事件频率增加、态势复杂,青年网民基于社交媒体关注并参与历史讨论,逐渐生发出民族情感。如"帝吧出征"事件中由粉丝群体构成的出征队伍,是一种带有女性气质的网络民族主义实践,"小粉红"们通过"萌化"编码历史信息,以一种交流者的姿态向中国台湾地区宣传大陆的真实情况(王洪喆,李思闽,吴靖,2016),被网络扩散传播的文本带有教育、启发的功能,培养了大陆民众集体性的民族情感和国家认同感。

2. 历史文化产品的消费和再创作

个体对历史教育的媒介实践不仅体现在消费文化产品,还体现在主动的历史学习和文化产品的创作中。数字空间使个体可以用多元的态度参与历史创作,在认真严肃地对待史实的同时,使对历史的灵活性运用和自发创作成为可能。如为庆祝中国共产党成立 100 周年创作的电视剧《觉醒年代》,通过真实地塑造历史人物,摆脱说教和过度拔高,将历史人物和历史事件在特定的历史舞台上进行刻画,通过大众文化产品,艺术化地呈现历史的真相,让历史知识变成了鲜活的叙事:为什么要倡导"德先生"和"赛先生"、为何提倡白话文等出现在历史书上的概念在电视剧中得到了体现(尹鸿,杨慧,2021),是对历史知识的进一步运用和再传播,也是对民族情感的释放和再延续。

3. 数字时代历史书写表达的隐忧

教育手段的革新、培养思维的改变,背后关联的底层逻辑是技术对社会环境带来的结构性改变。网络时代,传播技术发生根本性变革,数字时代为历史教育的开展带来了新的难题和议题。在网络带来的信息泛滥中,民族虚无主义死灰复燃,歪曲、抹黑民族英雄的新闻多有出现;历史虚无主义泛滥,否认中国革命、丑化领袖人物等事件时有发生(葛玉良,张晓娜,2014),网络短视频为博取眼球虚构历史,对青年群体带来不利影响(杨国辉,2020)。这些网络现象背后体现出媒介技术带来的多元历史观的汇聚、观念的交锋日益显现,使主流历史价值观的建构、民众国家认同的形塑变得更加复杂,数字时代历史书写表达存在隐忧。

第二节　数字弹幕空间历史教育的青年实践

B站作为一个面向青年群体的新媒体亚文化平台，通过设置开放的讨论空间、鼓励二次创作等形式，不仅为年轻群体提供了积极参与历史讨论和群体互动的空间，也促进了历史和文化教育的传播和创新。本节将探讨"红军长征"视频合集在B站平台的媒介实践过程，基于扎根理论分析相关视频的内容、观看量、评论以及观众反馈，以此来理解当前数字时代历史教育的新趋势和变化。

一、弹幕空间青年历史实践的研究设计

扎根理论（Grounded Theory）最早由施特劳斯（Anselm Strauss）和格拉泽（Barney Glaser）在一项基于医务人员处理将逝病人的实地观察中提出，二人于1967年共同出版了《扎根理论的发现：质化研究策略》。基于建构主义的扎根理论分析方法，本部分立足于中国本土语境下历史教育的行动实践，从个体视角出发，扎根于网络时代下提供的弹幕讨论空间，以三级编码为基础，分析、归纳范畴和核心概念，以此构建有关历史教育的框架。

下文将选取B站up主"沙盘上的战争"制作的视频合集《再现中国工农红军史实般的长征全历程》（下文简称"长征沙盘视频"）为研究对象，选取合集（全28集）弹幕文本、评论文本为研究对象，运用python爬取合集共28个视频的实时弹幕，对弹幕、评论文本进行三级编码，形成三级编码表（见表4-1），归纳范畴和核心概念，构建理论模型。

表 4-1　三级编码

核心范畴	主范畴	初始范畴
认知的多维转换	多维度讨论	数学式理解、地理式理解、亚文化角色化、亚文化叙事、游戏式理解、体育式理解、情节讨论、人物评价
	他者对比	排他比较、进行排名、行为比较
	对立视角	对话假想敌、讽喻假想敌、代入假想敌、切换角色

（续表）

核心范畴	主范畴	初始范畴
情感的广泛唤醒和共鸣	个体与集体认同	角色行为认同、身份认同、角色神化、自我类比、身份类比
	赞誉	情节感叹、集体表彰、个体致敬、民族共鸣
	互文	代际勾连、诗词互文、史书笔法、历史细节、历史事件比较、历史话语复现、引用借代
行为的逻辑改变和期待	教育训诫	映射教材、教育方式、映射教育、教育方式建议、教育效果对比、滞后效应、宣传建议
	现实行动	现实体验、行为驱动、现代生存环境类比
	外生想象	游戏式复现、游戏反思、影视化期待

二、数字弹幕空间历史教育的青年实践

（一）青年历史认知的多维转换

青年群体在 B 站观看长征沙盘视频，既是一种休闲娱乐行为，又带有自主学习的特征。青年群体参与 B 站的媒介实践带来的认知转变，既与 B 站这一媒介环境的特性相关，又和青年群体如何解读、理解长征视频文本及文本背后关联的社会文化要素有关。媒介改变了青年群体的观念以及观念生成的方式，青年群体观看长征沙盘视频、参与弹幕讨论，首先在认知层面建立起对长征这段历史的理解。在数字媒介环境中，信息是被建构的，同时又与特定的社会经济、政治、文化背景相联系；数字信息的产生必然和整个媒介环境、社会环境关联。而个体对自身认知的建立，一方面与个体对文本，以及文本背后所形成的意义有关，另一方面则受到不同媒介形式类型、符号特征的影响，而这些媒介的表征又将影响个体对社会现实的理解（甘莅豪，2011）。基于多元的文化要素、媒介环境共同参与弹幕互动和个性化表达，构成"历史认知的多维转换"的核心范畴。

1. 信息获取：弹幕互动和个体化表达

B 站以独特的弹幕文化为青年群体所喜爱，弹幕技术丰富了内容观看形

式,实时的弹幕互动为用户提供了一个评论吐槽和影像同步的"群体观影"场景(谭雪芳,2015)。互动不仅表现为弹幕文本和视频文本的互动,弹幕文本间的互动还显现出参与发送弹幕的个体之间文化知识和价值观念的互相沟通交流。青年群体在观看长征沙盘视频过程中,既满足自我表达的需要,又获得具有陪伴感的社交体验;对红军长征这段历史的认知和理解也在个体与视频的互动、弹幕文本与弹幕文本的相互碰撞中得以展开。

从认知层面来看,个体对红军长征视频进行了更为广泛的互动,通过发送弹幕,多元视角、不同学科知识、身份立场在弹幕空间中交汇。有别于传统的历史教育形式,青年群体并非不加辨别地接受沙盘视频提供的所有有关长征的知识,而是在视频文本的基础上,对文本提到的相关细节展开思考,与弹幕空间中的其他观点进行互动或商议。青年群体不断发送弹幕、解读弹幕,如借助数学、地理、体育、游戏等各种知识和文化思维来综合解读他们所理解的红军长征。这些弹幕文本极具细节化,并在已经展开的细节上增添了更多发挥和想象的空间。

> 马拉松才 42 公里,也就是 84 里,泸定桥和安顺场可有 300 多里。(6-4735)
> 伏击上野区的敌方,我方从下野区绕了半个地图到达战场,时机还刚好?(6-3083)

传统历史教育对党史、长征的知识传授侧重于宏大叙事,以关键事件的转折点为核心,多强调事件的政治意义;在弹幕空间中,青年群体的讨论则是具体、细致的,他们通过弹幕互动展开对具体细节的多角度交流,拉近红军长征这段历史与青年群体的心理距离。在大渡河泸定桥(下)的视频中,青年群体通过现代体育竞赛的方式来比照红军行走的速度(如 6-4735)、借助游戏概念来理解红军行军策略(如 6-3083)等。弹幕讨论增加了历史事件的信息密度,由个体主动采取的讨论行为,让青年群体对长征这段历史的认知变得具体而形象,改变了青年群体对长征的平面化印象:到今天我才真正看明白,我军是怎么飞夺泸定桥的!感谢 up 主!(6-858);同时弹幕的风格化表述又常用新的公众印象来理解长征:这不比"漫威"好看,电影都不敢这么拍,牛!(6-

1412)。这些更大众、更娱乐化的表述混杂了其他的信息要素,让弹幕空间内的知识流动与解读变得更具多样性。

弹幕为青年群体搭建了虚拟的共同时空,在长征沙盘视频中,历史时空和由弹幕构成的虚拟时空重叠,使青年群体的主体性表达得到充分释放。青年群体对长征的讨论松散而自由,它们体现出青年观看长征视频的基本意图:交流信息,获取知识,同时也是在传递立场。从暂停视频、点击弹幕、编辑文本,到发送弹幕的机械程序,时间的中断在弹幕文本中继续延伸,青年群体意图在参与互动过程中进行自我表达、交换立场。此外,红军长征这段较为严肃的历史在弹幕的吐槽、戏谑中逐渐消解;同时弹幕的重复性刷屏、致敬,又在另一种程度上呈现出这段历史的重要性,由个人自制的长征视频不同于官方制作视频的讨论风格,讨论的空间变得更松弛;技术改变了青年群体的媒介使用习惯,使刷屏行为成为一种青年群体表达对红军长征认同的方式。

2. 观念:亚文化空间中的文本交流

B站主要用户来自"90后""00后""10后"三个年龄段,其浓厚的亚文化色彩让B站受到青年群体喜爱,B站带有的反叛、戏谑、自嘲精神与青年群体在自我发展路上的认知和情绪不谋而合;而近几年伴随着大量官方媒体、国家机构进入B站,尝试融入和收编这一网络空间,这一股官方力量也参与了对B站的文化建设。B站既包含二次元、鬼畜等内容,也出现了大量"根红苗正"的视频文本,B站成为一个混杂着批判现实与爱国主义色彩的亚文化空间。

在批判和爱国兼具的网络文化空间中,青年群体在亚文化和主流文化中穿梭,其文化解读、文本创作形态更为多元化。历史内容的创作主体不仅是国家机构或官方账号,大量对历史议题感兴趣的个体也参与到文本创作中,这些专业用户产出的内容尝试规避官方账号难以避免的主流意识形态预设,因而体现出创作者的自主性立场。沙盘上的长征视频由个人up主"沙盘上的战争"自行创作,该up主创作的主题是用数字沙盘来复现全世界范围内的重大战争,采用客观全面的视角来呈现战争,为青年群体解读长征系列视频提供了更多空间,尽可能地阐发红军长征的历史情节,形成对历史人物的观点态度。

实际上按老蒋的情报来说,他做出的决定和战略基本都是没错的吧。

(3-3923)

四渡赤水确实是声北击南最远距离的极限拉扯，正常人太难想到了。（3-3966）

其实国军布置得一点儿不菜，又有10倍多的人数优势，奈何面对的是德胜爷爷。哦不，德胜老祖。（4-960）

处处虚晃一枪，毛将兵不厌诈贯彻到了极点，这才是真正的战略家，不战而屈人之兵。（3-3300）

青年群体在相对客观立体的视角下观看长征的过程，对四渡赤水、巧渡金沙江等关键行动进行解读，许多弹幕如3-3923、4-960试图从敌对方的视角换位思考，对历史的理解变得更加深入，对历史人物脱离了脸谱化的认知，形成由内而外的认知转变。

亚文化有清晰的进入边界，B站将网络消弭的地域区隔再次重建到了网络空间中；人们想要进入亚文化，只有具有能够理解或具有相似的价值观念和文化积累，才能实现和他人观念的交流分享（郭峥，2021）。青年群体多元的文化积累和媒介实践，使B站文化和弹幕文本的意义解读存在复杂性。在文本实践中，长征视频弹幕包含多种文本编码，个体需要具备同等的文化储备，才能实现优先解码。

红九军团可以理解为顶级打野的野王。（6-2527）

把古代地狱级难度的副本都打了一遍，还都通关了。（15-1854）

全都是人形高达，要么就是人形eva。（6-4985）

6-2527的文本包含两层文本编码，个体需要既理解红九军团的特殊性，又能解读"打野"这一游戏概念；在视频中红九军团因多次作为红军断后队伍而一直游走存活，为弹幕所关注讨论；"打野""野王"是MOBA游戏（多人联机对抗类游戏）的常用概念，打野是处于游走支援位置的角色，在游戏中的野外环境中获得资源并支援其他队伍；对这两种文本同时进行优先式解码，才能理解弹幕对红九军团高超行军策略的认可。"高达""eva"分别来自日本最著名的科幻动画系列《机动战士高达》《新世纪福音战士（EVA）》，其有所向披靡、钢甲附体的形象设定，将红军比喻为能力超群、人均战无不胜的钢铁洪流队伍。

为使宏观历史事件能有效增加个体对事件的记忆程度和理解效果,青年群体参与讨论的信息越详细生动,越容易加深他们对长征的理解程度。青年群体从自己熟悉的文化环境、日常喜好出发参与弹幕讨论,为缺乏现实参考、难以代入想象的战争过程提供了具体化的意象。当然,多重文本编码及文本背后交错的文化形态,使具备共同亚文化背景的青年群体得以有效交流,但也阻碍了其他群体对其的理解。

对弹幕文化的多维度视角背后,汇集的是成千上万个具备独立意识的青年用户个体。现代社会的个体呈现出高度游离、原子化的态势,弱社会关系是一种更为广泛的社会关系。个体化意味着青年个体和社会文化间的关系变得更加难以把握,数字媒介改变着个体规范性取向和社会关系的建立发展过程。无论是用游戏话语解读长征的战略,还是将红军类比为某个动漫角色,使青年群体充分进行主体性表达。网络媒介环境影响了个体的表达技巧和认知方式,也改变了个体历史认知的形成过程和方式。

(二)遍在的共鸣:长征史诗的理性歌颂

赫普(Andreas Hepp)认为,数字时代因新媒介平台而汇集,由于类似喜好、人物画像而被大数据推流出现在一起的群体可以称为平台集体(platform collectivtivities),这些因数据推荐集合在一起的群体会产生类似的交流、观点,但并不能称之为社群(community)。集合体因平台而出现,群体产生的交流丰富多元,但未能形成一种集体意识或产生集体利益,也就是赫普所说的"共同的我们"(赫普,2020:4-11)。因各种要素推荐汇集在沙盘视频中的青年群体,是这样一种平台集体。在这里引入"平台集体"这一概念,首先是为了说明本案例中青年群体的基本特征,他们内部的联系十分松散,现实所处的阶层、环境千差万别,文本的类似性和多元性都能够体现这一点。集体内部的人员构成是流动的,人员不断地进入、离开,观念的认同或推翻随时都可能发生。其次,这一概念从中观层面体现出媒介的过程性本质,数字时代的媒介不仅本身在不断变化和发展,数据的生成、处理也不断改变媒介实践的过程。

青年群体关于长征的集体讨论,群体对内容和弹幕的遍在共鸣激发个体对史实的探究心态,巨细靡遗的讨论、情节,营造出遍在的歌颂氛围。如果说认知的形成和改变主要出现在文本讨论层面,那么青年群体对长征、红军的情感唤醒则将社会现实、历史文化勾连进入情感的形成中。弹幕和评论在正确认识长征历史的基础上，反复与历史、现实相互文，产生革命认同，并发表赞誉，这些赞誉表现在个体、集体到民族的多个层面上，构成"情感的广泛唤醒和共鸣"的核心范畴。

1. 互文：历史与现实的联结

互文性（intertextuality）最初广泛用于文学领域，该概念要求我们跳脱单独的文本，将文本理解为一个差异化、历史的和其他文本结构相互重复、转换形成的系统。互文在中国古诗文中是一种修辞方法，指征上下文或上下句出现的单独两件事，这两件事相互阐发、互相补充，用于说明同一个事物或观点。一个是修辞形式，一个是文学理论，但互文这个概念本身指向语言的不同方面，语言是一种工具，包含语法、词汇等，如木兰辞中的诗句互文；而语言的目的是传达意义。媒介研究引入互文理论后则更加关注文本背后所共鸣的社会、经济和意识形态系统，互文能够反映媒介话语和社会权力、政治经济结构之间的映射（Alfaro，1996）。

其一，关注的是如何构成文本间的互文性。从内部视角出发，弹幕文本和史实构成历史性互文。对长征的沙盘复现，吸引着大批对这段历史感兴趣的青年群体，他们的目的并不仅停留在传统意义上的学习知识，更多的是从民间叙事中找到和官方不一样的叙述痕迹，完成自身对长征这段历史的知识拼图。

文本的表述和长征这段历史勾连，形成互文性叙事。其一，弹幕在特定情节出现诗词，文学作品和长征史实互文使得弹幕文本具备了诗意美学。这些文本为集体感叹红军长征提供了艺术化表达，诗句的选择与平台集体意图传达的感情一致。红军渡过大渡河时，弹幕重复《七律·长征》中的诗句。

诗词中出现的意象来自亲历者的目光所及，弹幕所处的视频空间和远在1935年秋天的四川恍如重叠，媒介成为一面镜子，一面照着电子空间，一面观照着近百年前的血汗光阴，数万人和当时的毛泽东一齐发出了这声感慨，正如某评论感叹的："他们用了大约700天的时间，完成了这个视频合集7个小时所描述的伟大壮举"。作者毛泽东成为一个象征，指向艰苦长征中具备长远战略眼光、革命历史眼光的领袖代表，不仅勾连起当时的年轻领袖，更与政治意义相勾连，人们认可毛泽东对中国革命的关键性意义，以及长征对中国共产党的关键意义。

其二，多类型历史事件的反复讨论与长征的史实相互文。中国漫长的历史进程使得大众喜欢寻求历史资源的支持。这与过去历代的教育、历史逻辑是一致的，"以铜为镜，可以正衣冠；以古为镜，可以知兴替。"对历史的参照性丰富了长征的历史性互文叙事。平台集体选择将百骑劫魏营、石达开安顺场投降、汉尼拔远征、敦刻尔克大撤退等中外史实与红军长征进行对比。选择这些历史事件并非为了简单的二元对立，肯定某一方的胜利或失败，而是集中各类历史史实，共同编织起红军长征整个过程的英雄叙事。集体情感的唤醒并不是盲目的，这些多元史实的出现，从不同行动的人数规模、领袖的策略选择，到不同历史环境的对比等，使得对历史叙事的逻辑更加理性。红军长征和其他历史在战争转折、国家发展、民族认同等意义相勾连，丰富了集体情感的层次，平台集体为自己的认同、情感共鸣赋予了正当性，历史和情感在弹幕空间中反复涤荡。

其三，红军长征弹幕互动与青年群体的现实情境构成互文。平台集体汇集了具备各种现实背景的年轻人，为弹幕空间提供多种类型的现实叙事，呼应青年群体的现实活动和社会体验。个人的生命体验如何和发生已久的"红军长征"历史产生关系？引发联系的要素主要包括代际传承、地理位置、生活经验等。

> 强渡嘉陵江—涧溪口渡江，用到的可乘坐5—6人的大木桶。作为四川巴中人来给朋友们讲一下，我们老家有两种大木桶可坐5—6人。一种叫"黄桶"，椭圆形，杀年猪时装开水烫猪，便于脱毛，之后用它装分解好的猪肉，因为猪肉要用盐腌制几天才会挂起来烟熏成腊肉，平时黄桶可用于储存粮食。另一种方形带把手的叫"半桶"，收割稻谷时脱粒机放在上面，脱下来的谷粒就集在半桶里，然后由农民用背篓背回家。（A-37）
>
> 家里老一辈红军末期参军，之后是新四军第三师，再后来部队改编成39军115师，小时候总纳闷老人的脚底板怎么凹凸不平，以为是天生的疾病，后来才知道那时候可没有现在这么好的鞋子，一天行军几十公里都是常事，一边战斗，一边高强度行军。草鞋、布鞋磨破了，磨穿了，就磨肉。（A-4）

以上两段叙述分别还原了红军渡江使用的工具、老红军的身体状况，这些现实细节在长征的宏大叙事中往往被隐藏，出现在历史传记、个人传记中也很难让人记住。这些日常细节和思考存留在个人的记忆空间里，而长征视频所涉及的叙事细节激活了公众留存的宏大历史叙事，生命体验共同支撑起长征历史的真实性，形成现实与史实的情感交织。

2. 颂歌：长征的电子咏叹调

从传播特性来看，弹幕是即时的、短暂的；从内容来看，弹幕大量重复、意义雷同——相较于评论的丰富细节，弹幕的"营养价值"显然没有那么高。但对平台集体而言，在弹幕中刷屏重复，是他们表达情感的有效手段。数字技术成为青年群体媒介实践的前提之一，网络群体的情感表达也与技术高度关联。弹幕除了广泛意义上的即时互动，还提供了各种细节设置：可以调整文字的颜色、文字出现在屏幕中的位置、文字在屏幕中心停留的时长、各种图案在屏幕中构成的形状、给精彩弹幕点赞等功能，这些功能在媒介实践中发展出丰富的意涵，与历史意义、现实意义联结在一起。

B站的弹幕使用习惯也影响了实践过程。B站用户对弹幕的开发程度、使用习惯具有平台化特色，如弹幕热衷于用红色字体、红色五角星来装饰文本，和长征这一题材产生共鸣，形式的表达和政治意义在技术层面互相影响。弹幕对红军长征中集体性的诗词吟咏、致敬、表彰，以及对过往历史事件的互文性叙事，共同构成对红军长征的史诗颂歌。网络时代，流量成为大众传播关注的一个重要指标，传播效果变得可量化，转发量、评论量、观看量等数据占据了传播主体的关注重心，也改变了公众媒介实践的逻辑。青年群体将刷屏作为一种情感表达和认同表达，运用实质技术改变了青年群体媒介实践的底层逻辑。平台集体将自身认同的评价标准复现在弹幕空间中，他们重复刷出"打卡""致敬""镇站之宝""人民英雄永垂不朽"等语义含糊的词语，目的并不在于准确的表意，而是作为一种仪式性行为，留下自己的电子脚印，同时为视频营造高热度的播放讨论环境，形成感官上的震撼。这种文本多出现在视频开端及某些高潮情节，大量重复性弹幕突然喷涌而出，表达同一种感叹。这意味着集体意识在这些时刻达到高度统一，这种统一并非组织化行为，而是基于媒介实践习惯和平台上集体共识的体现。

青年群体对长征的表彰叙事与生活实践、媒介体验和教育经历联系在一起。在集体叙事中,表彰呈现出由浅入深的演化,从对情节的感叹到个体层面的感悟和致敬,上升到民族共鸣的层面,但这一演化过程并非是线性变化的,而是多条叙事逻辑在同一时间存在。

个体叙事表现出比较性视野,情感的唤醒诞生于对历史的"反刍"。

> 再次回看这个合集,有一种感想,小时候看新闻总是说长征精神,到底什么是长征精神呢? 小时候根本不懂,只感觉是大人在整那套虚的,就算是初高中学习历史,对于长征的艰难一点概念都没有,我没饿过肚子,没穿过草鞋,没见过战友死在身边。后来看到了这个视频,我才懂长征的艰苦;因为我跑过1 000米,我才知道奔袭泸定桥有多难、多可怕;因为家里老人去世,我才知道至亲死去时内心是什么感觉;因为我爬过脚手架、走过钢筋,我才知道泸定桥上的战士是怎么过去的。怎么说呢,我经历了,然后这个视频让我用我的经历类比了先烈的艰苦,我才大概明白长征精神到底是一种什么精神,而不是仅仅一句口号。现在的我对于此事虽不能说是完全理解,但至少我有了概念,也明白了这个国家是怎么走过来的,只能说尝过了苦楚才能明白他们的伟大吧。(A-3)

在这段评论中,可以解读出三个递进层次:质疑(过去教育)—反思(联系现实和视频文本)—个体感悟(事实层面和意义层面),情感的递进在叙事结构中得到有效体现。个体叙事结构的完整性是通过反复的比较体现的,历史史实、视频文本、其他弹幕文本都成为参考性文本,贯穿的主线依旧集中在个体身上,因而,可以说青年群体的媒介实践是以个人为主体的,即使讨论的文本和感悟是围绕国家、民族历史等集体性范畴抒发的。

传统历史教育为青年群体建立的长征记忆,主要是一种基于抽象符号意义的语义记忆(Semantic Memory),需要国家、社会通过各种宣传、仪式进行唤醒、强化(邵鹏,王晟,2023),网络空间正如B站将青年群体带入新的意义空间,个体与视频、个体与个体、社群之间的互动成为唤醒真实经历的场域。青年群体所形成的长征记忆和爱国情感建立在自身生活经历的基础上,正如A-3不断进行换位思考、代入式理解,尝试用个体真实的生活体验来理解长征的艰难,使长征史诗不再仅是浮于国家叙事、宏大而伟大的民族赞歌,而是和长征中每一位人民子弟兵相关联、与后辈在遥远又亲密的连接中升华出的理性颂歌。

（三）生活实践：个体行为和公众期待

理性取向的集体行动理论认为集体的组织化程度是决定集体行动成败的关键要素，文化建构论则认为集体行动不仅是一种社会动员，还是集体认同的建构过程。集体一方面在民间社会内部沟通形成共识，另一方面以集体力量向权力系统施压（冯建华，周林刚，2008）。前文提到，参与长征视频媒介实践的青年群体是一个松散的平台集体，经由数字平台聚集的集体和传统的集体并不相同。平台集体内部并没有形成强有力的组织、凝聚出集体意识，他们的行动开展有一定的一致性，类集体共识对他们的行为有显著的推动作用，但不能称之为集体行动，平台集体的行动动因和更具有广泛意义的社会结构、文化背景和社会群体相勾连，本节讨论中更偏向于将这种集体性的行动状态描述为准集体行动。教育训诫、现实行动和外生想象构成了"行为的逻辑改变和期待"这一核心范畴。

克兰德尔曼斯认为社会问题本身并不会必然引发集体行动，只有当社会问题被人们感知并赋予其意义时才会成为问题，是人们对现实的解释，而非现实本身，引发了集体行为（冯建华，周林刚，2008）。从理论视角出发来比较，青年群体在媒介实践过程中意识到：过往的历史教育存在不足，历史教育问题将影响青年群体对历史的正确认知、影响对民族和国家政治认同的形成。这一问题在对长征事件的反复讨论中被提炼，准集体行为的动因逐渐得以显现。沙盘长征视频中内容和弹幕的遍在共鸣激发了用户对历史的探究心态，巨细靡遗的讨论从认知、情感上改变或加深个体对长征历史的思考，但个体的认知并不意味着仅为个体所有，而是在泛在的群体接触中，对处于集体中的个体产生推动力，并试图将媒介实践转化为现实中的实践行为，这些个体的行动共同构成准集体行动。

因为他的解说，我骑摩托车去了遵义，去了娄山关，去了泸定桥。（A-52）

我一有空就把up主的视频放给我的学生看，我希望他们不仅从书本

上看到那些记录先辈们事迹的文字,让他们更加直观地感受先辈们当时的苦难。(A-60)

这两段文本代表了青年群体准集体行动的两种类型。其一,个体的行为改变。青年群体受到个体对历史的认知和情感态度转变,开展主体实践,行为逻辑的改变主要围绕个体自身,情感和体验实现从线上到线下的转移。青年群体在和视频文本的互动中捕捉与自身产生关联的地理要素、生活场景、时间线索,当个体的现实生活体验和真实历史产生联系后,宏大历史和微小个体间的距离消弭,在传统历史教育不断建构的"人民群众是历史的创造者"的认知中,青年群体在长征事件的细节中找寻到历史与个体间的联系。

"漫威"充斥着个人英雄主义,然而人民才是创造世界历史的动力。(15-1640)

我是成都土著,看到这里五味杂陈。我去泸定桥看过,很难,太难了。(6-1838)

这么好的讲解,我自己都会看第二遍,好的讲解总会激发人的主观能动性。(15-2232)

几代人传承下来的长征回忆在被宏大历史讲述过程中的某些特定情节击中,经由直接生活经验代入历史情境,历史的沧桑感扑面而来。个体采取行为,通过抵达现场、抵达物理空间或虚拟空间,以同样的地名符号、经验符号激发与遥远过去的联系。情感的累积改变了个体的行动,再次抵达同样的地点,尽管实质上已然物换星移、难以看到当年情形。经由个体情感链接再现历史情境,将现实体验与历史相叠加,从而激发起青年人的爱国情感。

其二,青年群体改变个体态度的同时,将认知转移到自己所处的社会角色中,产生社会行动,其中尤以教师、长辈的角色为主,希望学生、后辈或曾经处于价值观形成期的自己,通过长征沙盘视频这一新型的教育素材来塑造、改变更多青年群体对长征这段历史的认知和情感。

记得小时候书本学的长征,感觉就是一个个的地名,感觉就是空洞的宣传,照本宣科的讲解。我对此没有任何的概念,也不理解什么是长征,什么是长征精神,什么是革命理想高于天。真心希望这个节目推广到初中、高中、大学的课堂,让现在的青少年有直观的概念,长征是怎么来的,就能理解先辈们是怎么突破一个个的艰难险阻,才有了现代人的幸福生活。(A-54)

我一有空就把 up 的视频放给我的学生看,我希望他们不仅仅是从书本上看到那些记录先辈们事迹的文字,让他们更加直观的感受先辈们当时的苦难。(A-60)

up 主你好,你的视频太好了,我们学生活动引用了此视频,不做商业用途! 微信公众号做了一篇推送,也标明了出处。联系方式 54xxxx08。谢谢您。(A-39)

参与观看的群体不仅表现在本就是教师的群体中,也有相关人群希望成为受教育者或施教者。在长征沙盘视频中,青年群体在观看、交流视频文本的同时,改变了个体的认知态度,通过制作优良的视频,使人们获得良好的观看体验,并由此反思个人对长征的情感为何通过此类自制视频才能被充分激发,了解过往历史教育存在的不足欠缺。A-54 的心路历程反映了观看者心理角色的转变,从过去作为受教育者角色回忆曾经接受的历史教育是"空洞的宣传、照本宣科的讲解",到现在作为受教育者,在观看视频的过程中理解了"什么是革命理想高于天",并产生施教的心理角色转变,希望将此类视频引入整个教育系统中。而在对 A-60 的访谈中,上述观看者的期待事实上已然成为一种现实。

在弹幕和评论文本中,多种教育途径的时间线索共同编织起对历史教育的期待和想象。一方面,已经脱离学校教育的青年群体对学校历史教育的总体认知停留在自己当年的时空,并基于个体经历批判当下的历史教育,从施教者的角度给出建议,此类建议很难完全吻合已然发展改变的现实教育情况。此外,这些文本并非完全为了给出建议,而是表达了对过往历史教育的不满态度,展示个体在观看视频后产生的认知改变程度、对国家民族未来的忧患意识等。另一方面,已经进入教育系统的个体正在跳出教材、课堂的限制,将视频文本引入历史课堂,在实践层面上丰富历史教育开展的手段、素材。同时,当下的受教育者已然接触到长征沙盘文本,并参与弹幕讨论,与上述两者共同开展媒介实践。历史教育的发展脉络在青年群体的媒介实践中交错体现,不同视角、身份角色的口吻集中描绘出繁杂的当前历史的教育实践状况。

在红军长征视频的媒介实践中,贯穿其中的线索是该视频如何改变个体对长征的认识和态度,包含的两个前提是:过往的历史教育存在缺陷,当下的行动能够填补过往教育的缺陷。青年群体采取了具体行动来应对问题:个体增加和长征相关的生活体验;对他者,改进关于长征的历史教育,包括对教育方式提出建议和改变课堂教育方案。青年媒介实践与民族国家叙事、政治认同、教育环境等相勾连,通过个体行为改变历史教育的现状,以符合公众的期待。

第三节 数字技术对历史教育的重构与认同唤起

一、技术生发唤醒历史教育中的青年群体

青年群体通过参与媒介实践,改变了自身对长征的认识和情感,并带来行为的转变,弹幕空间作为数字媒介中介,连接着个体与虚拟空间、网络与历史教育、网络空间与爱国主义。媒介技术塑造和改变着人们的日常生活,人们的社会互动、认知习惯、文化实践都发生深度转变。青年群体在长征沙盘视频中的媒介实践,个体摆脱传统历史教育的灌输方式,能够在媒介提供的教育资源中反思历史知识和历史教育本身。同时,数字媒介也为施教者提供了一个反思和改进历史教育的实践空间。

数字媒介为个体提供了技术手段,青年群体通过参与媒介实践主动或被动地接受历史教育;数字媒介也为个体带来了认知深化、转变的途径,青年群体的媒介实践不仅产生教育效果,也形成了宽泛意义上的爱国行动。无论是对视频文本中提到的情节进行传播、解读,还是对历史人物的评价,甚至是对整个历史教育的不满和反思,都是由个体开展的生动的爱国行为,跳脱出传统历史教育的窠臼,背后关联的依然是涉及民族、国家和政治的认同话题。

二、网络空间历史创作的规训

网络为青年群体的历史创作和传播设置了审核和传播的限制，尽管技术从广泛意义上确保网民接近历史真相的可能性，但这种限制也将带来历史知识传播的新困境和新的谬误。传统的把关人是编辑，贯穿着人的意志，而数字技术时代拉起的防护网，不仅影响着内容的审查传播，也对更多的知识文本建立起滤网。诸如B站，在平台的后台建设中，建立起人机协同的审查、监控机制，带有政治色彩、多种立场的内容会被打上敏感词的标签，容易在传播的各个环节受到拦截。青年群体创作和传播的历史内容往往带有政治色彩，需要对这些内容进行必要的自我审查，也有在生产、传播阶段采取相应手段规避风险，包括回避关键词式的封面、标题，设置代号、缩写等绕开机器和人工审查。

在长征沙盘视频中，创作者规避了领袖"毛泽东"的名字，选择了毛泽东在转战陕北期间自取的化名"李德胜"作为视频中的代称（赵志超，2018），这为许多不求甚解的用户带来了解读困难。

> 我看四渡赤水的时候，就疑惑这个德胜是谁，这么牛，怎么历史书里没有。（15－1449）
> 天哪，我看到这一集才知道德胜大大是谁，我错了。（15－1160）

这段化名历史真实可考，但难以出现在普及性的教材中，部分用户通过这一化名了解到新的历史知识。而在技术便利下，"懒用户"越来越多，他们对历史知识缺乏考证或懒于考证，形成新的认知上的谬误。

青年群体在亚文化空间中的历史实践，编织出一套复杂的话语策略来对抗技术审查，如代称、关键词等带有亚文化表述风格的措辞，在平台内部便于绕开监管，降低视频遭到管控的可能性。此外，这种抵抗式行为也意味着用户不再满足于数字技术提供的服务。正如算法提供了一套以用户为中心的个性化服务，对于用户来说，但一旦算法无法为用户提供良好的使用体验，用户会采取抵抗战术，对算法文本进行逃离、重组、嵌入和反噬等"底层运作"（张萌，2022）。

历史事实是历史本体的构成要素，是研究历史的基本出发点（周玉，2020），认识历史、学习历史知识，需要从历史事实出发，这要求每个人能够客观、理性地认知历史。网络空间中对历史知识的传播则不仅传递知识本身，还包含着情绪、立场，以及对历史的再创作。在长征沙盘视频中，内容一经创作者发布，对长征的解读就不再单纯受到创作者的控制，青年群体对长征的再解读、传播过程带有个体的主观想象、情感化表达，存在虚构或主观臆断长征历史的风险。

经由专业用户创作的历史题材的作品，在亚文化空间传播效果更好，原生用户对平台的风格更加了解，创作出的历史内容更容易获得用户喜爱，这些具备专业度、知识含量高、认真考究的作品能够弥补历史教育难以融入亚文化群体的困境。然而，事前技术的把关，传播过程中的再创作、再拼贴，将原本完整的历史叙事线索切割，为应对审查采取的抵抗战术等，都将导致历史宏大叙事的消解，历史虚无主义在亚文化空间有蔓延的可能性。这一问题不仅出现在青年群体的媒介实践中，而且历史虚无主义在整个网络空间中的泛滥，被肢解的爱国价值观、被神化或贬斥的民族英雄、盲目热血的崇拜历史人物等，将可能带来国家历史叙事解构的风险。网络不仅改变了传播历史知识的渠道和方式，同时改变了历史教育背后形塑国家、民族认同的生态环境。

三、历史阐释社群建构与认同唤起

因大数据推荐、主动搜索或其他行为汇集在沙盘长征视频中的青年群体是松散的平台集体，他们因各种圈层文化而集合起各种社群，如在长征沙盘视频中出现的既有游戏爱好者、军事爱好者，也有历史爱好者。这些青年群体在不同的社群中活跃，伴随着对长征事件的再创作和阐释，他具有历史阐释社群的特征。

文化认同感和强烈归属感是各种网络文化、圈层文化能够进行群体性建构和社群传播的前提（闫伊默，张瀚，2023），经由视频文本本身汇集的群体中，并非每个人都能获得或加深对民族、国家的认同感和归属感，但能够与长征视频共鸣的青年群体，其意识形态和观念已然受到来自国家和教育机构的长期渗透，这种泛在的认同感是青年群体的情感基础。网络空间中来自不同圈层文化的个体以悠久的中华文化和革命历史为底蕴，在网络空间中参与各种历史议题的互动讨论，超越时空的情感在网络空间中涤荡在媒介实践中激发起他们的爱国情感。参与观看长征沙盘视频的青年群体和其他历史爱好者互相交流、互动，构成一种宽泛意义上的历史阐释社群。虽然社群内部没有严密的组织和持续的联系，但群体活动主要体现为有意识地反复刷屏、到其他空间中传播社群内共享的网络历史话题、分享网络式的爱国主义观念。其明显的亚文化特征和构成人员年轻化的趋势，都体现出青年人意图在网络空间中构建带有年轻人风格的历史叙事的期望。

历史阐释社群以遍在的国家、民族情感为社群构建的基础，在网络流行的风格中捕捉、建立起一套特有的爱国主义表述，通过参与各种媒介实践、穿梭不同平台和网络空间，关切国家历史议题、倾诉和播撒观点。例如，动画片《那年那兔那些事儿》在 B 站走红后，B 站用户多用"兔子"来代指中国，"毛熊""老鹰"代指俄罗斯、美国，萌萌的"兔子"过去受到了其他"动物"的欺负，在网络话语的实践中，"兔子"软弱的外表和强大的祖国内核形成极具反差张力的印象，成为青年群体追捧、向往的人格化偶像。该动画片中出现的口号"此生无悔如华夏，来世还生种花家"，随着社群成员的网络流动出现在各种历史报道、视频中。该口号既带有明显的亚文化特征，又包含着真挚的爱国情感。例如，B 站某一热门动画爱好者会用"此生无悔入四月，来生愿做友人 A"这类带有韵脚、包含故事情节的自创诗句来刷屏。这些口号不仅表达了群体对内容的喜爱和感叹，当其出现在其他话题和空间中时，还带有明显的身份识别特征，是一种互联网"移动横幅"。正如"种花家"谐音"中华家"，"德胜"谐音"得胜归来"，又指向领袖毛泽东。历史阐释社群巧妙地设计各种代号、口号，尽管一开始出现在原始视频文本的弹幕和评论中，只是一种"电子避讳"，但伴随着青年群体媒介活动的展开而扩散到各种互联网情境中，则被附加更多的历史意涵，最终成为青年群体历史书写实践和认同唤起的方式之一。

第五章

网络空间红色亚文化
历史书写实践

2021 年 12 月 6 日,国家语言资源监测与研究中心发布"2021 年度十大网络用语","觉醒年代"位列第一①。作为一部现象级的建党百年献礼剧,《觉醒年代》讲述了从 1915 年袁世凯复辟到 1921 年中国共产党成立的壮阔历史,并借陈独秀、李大钊等革命先驱之口,诠释了中国历史的趋势和走向。可以说《觉醒年代》不仅在讲述一段历史,也渗透着一种思想或观念,这不仅影响着观众如何回忆过去,也关系着社会共同认知和思想秩序的形成。

《觉醒年代》经由历史影视剧展开的党史教育,自然而然地引发了学者对主流话语如何建构历史的话语分析和影视叙事解读(张磊,2021;陶庆梅,2022),本章关注的则是《觉醒年代》引起的亚文化社群的反响。与以往同题材的影视剧不同,《觉醒年代》不是一场官方历史话语的单向输出,而是引发了观众积极的回应,甚至在主流边缘的亚文化圈层引起了强烈的共振。亚文化群体围绕但不局限于剧集所提供的历史资源,充分发挥自身在历史书写和传播中的能动性,以独特的风格进行着文本再创造和意义再生产。在 B 站、豆瓣等亚文化平台上,基于《觉醒年代》的衍生创作不胜枚举,其中颇为瞩目的是国内知名同人创作平台 LOFTER(乐乎)上展开的同人文写作。在 LOFTER 上搜索"觉醒年代",截至 2022 年 7 月 20 日,相关同人作品已获得 3 094 万浏览量,

① 2021 年度十大网络用语发布"觉醒年代""双减"上榜[EB/OL]. 中国日报网,2021 - 12 - 07. http://language.chinadaily.com.cn/a/202112/07/WS61aef14ca310cdd39bc79dd1.html.

超过 3 万人参与同人创作，热度最高的同人作品点赞量超 10 万。通过对《觉醒年代》同人文的初步经验分析，发现《觉醒年代》的同人文与以往粉丝文化中的娱乐取向不同，诸多同人文都以历史题材为书写主题，且同时交织着艺术想象、历史回忆和情感抒发。这些同人文通常用《觉醒年代》中出现的角色作为主角，在原剧集叙事的基础上设计新的情节和人物，讲述全新的故事。从这一意义上说，围绕《觉醒年代》的同人文写作亦可视作一场新媒介空间中公众参与历史书写的新实践。

本章以公众历史书写和亚文化传播为核心理论，考察同人群体基于亚文化平台展开历史书写的机制。当然，同人群体书写题材与以往其他亚文化书写题材的特殊之处有以下三个方面：第一，作为一种典型的亚文化群体，素来在小众娱乐领域"自嗨"的同人群体主动参与到主流历史的书写与阐释之中，体现着同人亚文化的转型；第二，同人群体的历史书写是"自下而上"的民间书写，与传统历史书写以男性为主不同，同人亚文化群体往往以女性为主，该群体亚文化与历史题材的结合重构着传统的历史书写方式；第三，同人群体的历史书写依托于 Lofter 这一新媒体平台展开，商业属性的亚文化平台对历史书写和公众历史价值观可能会产生影响。基于以上三点特殊之处，本章旨在探究历史题材的同人亚文化群体如何在新媒体空间进行历史书写，尤其关注：同人创作者如何展开具有亚文化特征的历史书写？新媒体平台对亚文化社群历史书写意味着什么？这样的历史书写是否会带来历史的重构甚至是历史虚无主义，以及维系同人作者参与历史书写的社会机制究竟是怎样的？

第一节　公众历史书写、历史重构与亚文化社群维系

一、公众历史书写与新媒体互动

公众史学(public history)是 20 世纪 70 年代以来从西方兴起的解读历史的新视角。美国历史学家罗伯特·凯利(Robert Kelly)1978 年在《公众历史

学家》(The Public Historian)杂志的创刊号发表的《公众史学：起源、特征及展望》一文，标志着公众史学的发端。他提出"公众史学"的定义以及历史的实用价值，将历史从学术界的神坛降下来，与普罗大众产生关联，并推进公众史学家发挥专业能力，参与公共进程(Kelly,1978)。公众史学强调让公众融入历史，参与到历史的建构之中，改变了以往经典历史学自上而下的"大历史"叙事风格，形成以公众需求为导向的历史实践(Grele,1981；Jordanova,2000)。此后，有学者以口述史学的方式参与历史，强调口述历史与公众史学积极地对话，从而超越生产与消费、历史学家与公众等二元对立的论断，使公众与职业史学家共同形成"共享权威"(Frisch,1990)。这种自下而上的"小历史"书写模式提升了公众对经典历史的解读和再创造的过程，赋予历史更加动态和社会化参与的内涵，呼应了卡尔·贝克尔(Carl Becker)所称的"人人都是他自己的历史学家"的认识(贝克尔,1935/2013)。公众历史书写这一理念与 20 世纪 80年兴起的"记忆潮"有诸多相似之处，两股思潮都强调自下而上的历史叙事和记忆建构(哈布瓦赫,1952/2002；丘比特,2007/2021)，赋予历史更为生动、全面的理解和参与，公众不再是历史的被动接收者，而是历史主体的参与者和实践者(Glassberg,1996；Olick & Robbins,1998)。

　　而公众历史书写的广泛推广与网络数字化技术的普及有着密切的关系。互联网出现早期，历史学家就展开了网络数字化应用的探索，实现历史资料的数字化储存、浏览和使用(Rosenzweig & Cohen,2005；Weller,2013)。尽管早年的数字化运用缺乏有效的对话和互动，但开创了 Web1.0 时代历史资料数字化的先河。而公众历史书写和网络高频率互动是在以博客、YouTube、推特、维基为代表的 Web2.0 时代为开端的，网络的开放性、互动性和超链接属性赋予了公众参与历史书写的可能(Ho,2007；Gardner,2010；Foster,2014)。近年来，国内学者也开展了引介公众史学和公众历史书写相关的研究视角(王希,2010；钱茂伟,2015；李娜,2019)，公众史学从三个维度解决史学与公众的关系问题，即书写公众历史、让公众参与、写给公众看，赋予公众以历史的话语权(王艳勤,2013)，而互联网技术的发展，使公众积极参与历史的生产和传播成为现实(陈新,2013)。这种自下而上的公众史学观与新媒体技术的结合，使本章可以从新的视角认识数字时代网络社群内部历史题材书写这一新现象的特征和机制。

二、公众历史书写对历史的重构与迷思

数字技术和网络互动背景下，公众历史书写改变了以往经典历史的写作方式，形成对经典历史的重构，同时满足了公众史学创立之初提出的发挥公共价值的职责（Kelly，1978；Tyrrell，2005）。不同学者对公众历史书写之于经典历史重构的影响有着不同的认识，但大部分学者给予乐观的态度，认为公众书写有助于历史议题的多样化呈现，形成与公众记忆的关联，促使历史知识的建构和传播（Glassberg，1996；Noiret，Cauvin，2017）。加德纳（James B. Gardner）对公众历史书写的认识更为激进和乐观，他认为数字技术确实为公众史学书写和共享权威带来更为便利的条件，但公众史学家不应成为被公众利用的原材料供应者，而是要承担起更大的社会责任，为过去创造意义。他提出"彻底的信任"的理念，旨在通过开放式交流培养公众，在网络上采取冒险行为让公众决定公众史学的未来（Gardner，2010）。还有学者从后现代主义和后殖民主义的视角，审视公众历史书写挑战经典历史的权威性，为边缘群体的发声和赋权提供可能（Green，2018）。总之，受美国历史学实用主义模式的影响，西方公众史学遵循"有用的历史"观，主要宗旨在于践行历史在社会层面的应用、多元化建构和公众参与，具体体现在博物馆研究、历史保护、档案教育等领域（Tyrrell，2005；Groot，2009；Conard，2015），从而推进民主化和社会改革议程（Kean，Martin，2013）。

当然，也有少量学者对公众史学持谨慎的态度，他们关注到相关历史议题的特殊性，认为公众历史书写在具体的实施过程中存在一定的难度（Thelen，1995），以及对历史书写可能存在的风险和挑战进行思考（麦克米伦，2009/2021）。此外，由于受历史学家兰克（Ranke）对历史真相的捍卫和客观历史分析方法的影响，近代史学逐渐将非理性和情感因素从历史书写中剔除（Rosenwein，2002；王晴佳，2018），历史学界内部对公众史学有着认识上的分歧。但总体而言，西方史学界对公众参与历史持较为积极的态度（Gardner，Hamilton，2017），学界和公众都试图推进公众史学在社会历史领域的推广与应用，目前既有研究较多以新媒体和数字技术作为考察的路径和实践方式，较少论及商业资本、社会权力因素对历史书写带来的影响。同时，受自由和多元

价值导向的影响,公众历史书写的历史价值观、政治立场等议题较少被论及。

国内学界在引介西方公众史学和公众历史书写理念的同时,也注重结合新媒体时代的历史学转型。大部分学者认为自媒体时代到来,对历史学专业带来的机遇大于危机。公众史学为公众提供适应新环境、易于接受的作品,使公众参与到历史的书写和建构过程之中(陈新,2013;杜嘉慧,2021),这类看法与西方对公众史学数字化转型的观点类似。当然,有学者在对比中西方的公众史学发展脉络后呼吁,各国公众史学应植根于各自的历史文化,中国历史学界应建立适合本国历史传统和文化语境的公众史学体系(李娜,2014),从而区别于西方公众史学。在目前的研究中,考察公众历史书写对历史价值观的影响,是国内学者关注公众历史书写较为独特的研究议题。一方面,有学者从历史意识和历史反思的视角指出,公众史学并不会消除历史学家的权威性和专业性,自媒体时代缺乏史料甄别和历史反思的公众并非真正意义上的历史学家,需要通过公众史学家引导和公众历史意识培育而得以提升(陈新,2012;李红岩,2020);另一方面,对新媒体背景下的公众历史书写发出了警示,认为公众历史书写在丰富历史写作多样性的同时(Yang,2010;黄顺铭,李红涛,2015),也需要关注公众史学书写的争议性问题(孟钟捷,2014),以及后真相时代事实与情感的交错带来爱国主义教育的困境(赵丽涛,2019)和历史虚无主义泛滥对青少年历史价值观的影响(尤学工,2021)。本章关注的是同人亚文化社群,这一社群内部的历史书写与一般的公众历史书写有何异同,以及亚文化社群历史书写对公众历史意识和历史价值观的影响是值得关注的问题。

三、同人文化、网络亚文化与社群维系

"同人"并非汉语词义所指的"志同道合的人",而是与西方的"Fanfiction"、日本的"Doujin(どうじん)"相对应的亚文化概念,指"爱好者们源于特定的共同热衷(明星、影视制品、文学作品、工业产品等),基于原有文本或原型进行的再创作文本"(曹冉,2013;何旻,2017),包含文章、视频、漫画等多种形式,本章中的"同人文",即产出形式为文章的同人作品。西方语境中的同人小说(fanfiction)起源于20世纪60年代《星际迷航》等科幻作品,粉丝依据原作人物或背景进行再创作的"参与式文化",成为研究粉丝和亚文化群体意义

再生产的重要概念(詹金斯,1992/2016)。从历史渊源上看,中国大陆的同人文化与日本"Doujin(どうじん)"渊源更深,并与日本以动漫、漫画、游戏为代表的"二次元"(にじげん)文化有着不可分割的联系。日本的"同人"有两种含义,一种是指不以盈利为目的的非商业性原创作品,比如东方 Project；另一种是指基于二次元原文本进行的二次创作。20 世纪 90 年代,日本的二次元作品通过互联网传入中国,同人文化亦作为二次元文化的一种开始在国内生根发芽。在中国,同人作品更多地表现为二次创作。由于政府对动漫产业的介入、文化系统差异、资本运作等因素,二次元的概念边界变得模糊,演变为涵盖网络小说等更多外延的"泛二次元"文化,成为与主流文化相对独立的次文化体系(何威,2018),其愤世嫉俗的批判性有所削弱,商业性则被加强,中国的同人创作也不再仅限于以日本二次元作品为原作文本,真人影视剧、小说文本、明星本人等都被纳入同人爱好者二次创作的基础(刘书亮,朱巧倩,2020)。

同人文化是网络亚文化的形式之一,在伯明翰学派认识到的亚文化所具有的边缘性、抵抗性和被收编的基础上(霍尔,1976/2015；胡疆锋,陆道夫,2006),有学者认为网络青年亚文化只不过是"无关政治、远离主流意识形态的纯娱乐文化"(斯威特曼,2004/2012：99),或是已由抵抗现实的文化形态演变为一种自我宣泄、自我满足的技术方式和文化形态(马中红,2015：61)。这种对网络亚文化的认识是对一种新技术重构文化的去阶级和"去抵抗式"的理解,然而,大量研究者以商业逻辑和政治权力关系来考察网络亚文化背后的政治经济因素。一方面,公众展开亚文化互动和二次创作,对经典文化和原始文本解构和拼贴,体现出后现代文化的特征(李礼,2013),最终无法改变被商业收编的命运(吴志文,2014)。当然,网络亚文化中的商业利益元素与文化认同并不完全是截然对立的,商业元素甚至可以激发、再造青年亚文化(马中红,2015；吴畅畅,2021),这也表明网络亚文化与传统亚文化有着不同的运作逻辑,亚文化互动与商业价值可能共存；另一方面,亚文化也可能被政治权力和主流意识形态收编和转化(林品,2016；陈霖等,2021：8-9),而网络打破了传统主流文化和亚文化的界限,模糊了原有的阶级属性,主流文化、商业利益和亚文化之间的关系呈现出错综复杂的情形。就此而言,网络亚文化与主流意识形态也呈现互相融合的特征,体现为近年来网络亚文化与商业逻辑、主流意识形态共融的"帝吧出征"过程中表情包和商业娱乐逻辑的运用(王洪喆,李思闽,吴靖,2016;王喆,2016),以及央视播出的历史题材、传统文化类综艺节目在B站的入驻和弹幕社群互动等(曲春景,张天一,2018;王润,吴飞,2020)。

当前对同人社群维系机制的研究主要集中在以下三个方面:第一,同人社群与其他亚文化社群维系具有类似的特征,包括趣缘群体的情感互动与社群凝聚、群体意识与认同、圈层的相对封闭等(蔡骐,2014;李宗洋,2021)。第二,对于同人创作的动机,有研究证实同人参与者对偶像的准社会关系会提升同人群体的创作意愿与行为(吴玥,王江楠,刘艺萱,2021)。还有学者从礼物交换视角,以"馈赠—接受—回礼"互动链考察参与者之间的关系维续(丁汉青,杨立奇,余冰玥,2022)。第三,考察商业平台的运营机制对同人文社群的影响,以及通过"游牧"、能动性策略来应对平台的审查机制(吴舫,2020)。尽管以往的同人社群研究基于情感互动、社会交换、需求满足等方面已展开了研究,但大量研究将同人社群视为统一的整体,聚焦于同人社群在娱乐文化尤其是"耽美"文化领域的种种实践(张文青,2021),忽视了同人社群内不同议题可能存在的差异性(胡岑岑,2018)。虽然已有相关研究表明,网络游戏有助于历史意识的形成(何威,2021),但基于亚文化社群进行历史题材的研究还较少。《觉醒年代》在LOFTER上掀起的同人文创作热潮,为本章提供中国本土同人文创作者参与历史书写的案例,有助于在数字时代下探究公众尤其是亚文化青年群体参与历史书写和亚文化社群维系的新机制。

第二节　数字空间同人亚文化历史书写实践

一、研究方法与研究对象

本章主要采用网络民族志、文本分析和深度访谈等质性研究方法。研究者之一从《觉醒年代》播出时便对剧集本身和相关同人创作持续高度关注,且为LOFTER平台的四年深度用户,拥有一定的同人参与者人际网络,在撰写本章之前,已在《觉醒年代》的同人社群内进行了接近一年的民族志观察。同时,在LOFTER平台♯觉醒年代♯的创作标签下,根据平台智能热度排序,选择热度 top50（截至 2022 年 7 月 20 日）的同人文及其评论作为经验研究材料。需要说明的是，本章所选择的同人文均以历史书写为主题，剔除了少数纯娱乐取向的"玩梗"式同人文。

《觉醒年代》同人作者的历史书写主题可分为以下四种类型：第一种为纪实性的书写型，即"中规中矩"式的历史书写，较为严格地遵循官方历史的讲述规则，重视史实的时间线呈现，只是在细节处增添自己的合理想象。这类完全纪实性的历史同人文相对较少，而后三种与主题相交叠的同人文类型占大多数。第二种为"错位时空"式的想象型，将剧中人物与特定的时空背景进行重组，构筑想象中的"异质时空"，如在《觉醒年代》同人文中非常流行的"穿越体"（设定历史人物穿越到不同的时空场景）和"观影体"（设定历史人物可以通过虚构的"荧幕"观看到非当下发生的事件）。第三种为关系的想象型，既可以是对剧中人物间关系的想象，虚构剧中人物角色的"小剧场"，包括陈独秀与陈延年、陈乔年的父子情，赵世炎、郭心刚等"青年组"的革命友情等；又可以是自己和人物角色间关系的想象，如有作者创造"我/原创男主/原创女主 * 历史人物"的同人文。第四种为对某一剧中人物的个体想象型，此类同人文的作者通常作为某一历史人物或具有《觉醒年代》演员的粉丝属性，如以陈延年为主角的《拨云见月明》《共赴法兰西》，以微传记的形式讲述了陈延年赴法求学前后的故事。

在 LOFTER 上关于《觉醒年代》的所有历史同人文中，用户"程枫词"所写作的同人文《奢愿》热度最高，总评论数近万条，且该文曾被《觉醒年代》导演张永新在央视新闻的采访中提及①，引发了大规模的"破圈"传播。从 2021 年 3 月 28 日开始连载到 2022 年 1 月 18 日正文完结，《奢愿》已持续更新近一年，共创作 71 章，创作字数超 12 万字。2022 年 7 月 6 日，作者又开始创作《奢愿》番外篇。其篇幅之长、更新时间之久、热度之高在《觉醒年代》同人文中独一无二，且集以上四种主题类型于一身，因此，后文将主要以《奢愿》文本及其评论作为文本分析材料，以此分析同人文作者群体如何展开具有亚文化色彩的、独特的历史书写，结合参与式观察考察在书写过程中同人文社群内的互动。此

---

① 见央视新闻·面对面 | 专访《觉醒年代》主创："神剧"是怎么炼成的?. https：//news. cctv. com/2021/05/03/ARTIC77dbKlGy90929Ko3WPB210503. shtml. 20210503.

外,笔者选取包含《奢愿》的作者程枫词在内,共 10 位《觉醒年代》的同人作者进行访谈(见表 5-1),以期更加深入地研究《觉醒年代》同人文作者的历史书写机制。

表 5-1　《觉醒年代》同人文访谈对象的基本信息

编号	昵　称	年龄	职　业	接触同人文的年限 (截至 2022 年 7 月)	写作《觉醒年代》 同人文篇章数
1	程枫词	20	学生	4 年 4 个月	1 长篇,共 71 章
2	铁锈钉	21	学生	5 年 11 个月	1 中篇,共 25 章
3	穷极一生	18	学生	1 年 3 个月	1 长篇,共 85 章
4	椰奶	21	学生	4 年 2 个月	4 中篇,共 47 章
5	西西西米露	24	自由职业	3 年 5 个月	28 短篇,共 31 章
6	一捧薏米	20	学生	8 个月	1 长篇,共 47 章
7	春江	25	金融从业人员	1 年 7 个月	11 短篇,共 11 章
8	晚晚意	19	学生	1 年 7 个月	2 中篇,共 32 章
9	CC	21	学生	4 年 3 个月	10 短篇,共 14 章
10	染柳烟浓	28	教学人员	10 年 6 个月	1 短篇,共 9 章

＊ 篇章数的界定:对连载文而言,同文名下的整个作品界定为 1 篇,如将《奢愿》定义为 1 长篇(短篇:10 章以下;中篇:11—30 章;长篇:31 章及以上),共含有 71 章;对非连载文而言,算作一篇/一章。

二、同人亚文化情境下的历史书写实践

虽然同人文群体的历史书写是由《觉醒年代》剧集缘起,但同人作者并不仅仅局限于《觉醒年代》所讲述的 1915 年—1921 年的历史,而是通过"穿越"情节的设计、"代入"式的沉浸形式和"萌化"编码等方式体现亚文化群体历史书写的独特方式。

(一)"穿越"情节的历史时空重组

在《觉醒年代》同人作者的历史书写中,"穿越"是极为常见且受欢迎的情

节设计方式，作为 2000 年—2011 年间曾在《神话》《宫锁心玉》等当红影视剧中风靡一时的流行主题，"穿越"是"90 后""00 后"群体的童年记忆，后因涉嫌"不尊重历史"，国家广播电视总局于 2012 年前后加强了对穿越剧的管理。然而，《觉醒年代》"穿越"情节的运用并非"无厘头"式的胡编乱造，而是通过重组时间、空间、人物、事件等要素，充分挖掘和调用历史资源，或是融合个人的现实体验，在"异质时空"的建构中展开独特的历史诠释。

在《奢愿》中，作者设定李大钊、陈延年等革命先烈陆续"重生"并"穿越"到了 2007 年，在逐渐熟悉现代生活的过程中，亲历了汶川大地震、北京奥运会等一系列当时的大事件。在作者笔下，李大钊在天安门广场托举着孩童观看升国旗仪式："1927 年，他用鲜血托起苦难的人民；2007 年，他用肩膀托起民族的未来。"（《奢愿》第一章）；先烈们经历了"5·12"汶川大地震，并奔赴灾区参与救援，在众志成城、共渡难关的过程中："这些天，他（文中指革命先烈邓中夏）终于真切地感受到，百年后的青年依然热血，国家的担子从来压不垮伟大的中国人民，他想起上一世的死，觉得真值。"（《奢愿》第五十七章）；他们也见证了 2008 年的北京奥运会："2008 年 8 月 8 日晚上 8 点整，2 008 名演员击缶而歌，整个中国在'有朋自远方来，不亦乐乎'的吟诵中沸腾……五星红旗冉冉升起，看台上的人们激动地站起来一同歌唱国歌，陈仲甫几人混在人群里，满眼热泪地看着那亮亮的红色，那是他们上辈子期盼了一生的旗帜啊。"（《奢愿》第六十章）在作者的行文中，通过"穿越"这条虚构的线索，串联了众多真实的历史事件——既有对近代史的书写，借先烈们的回忆追溯革命史；也有对晚近历史的书写（2008 年的部分历史亦是作者的亲身经历），以先烈们的视角回顾2008 年。在历史的交织辉映中，既通过生动的细节想象丰富革命先烈的形象，又借先烈之口抒发对历史的看法，在对历史时空的重构之中，作者将自己对历史人物的情感态度、历史认知和亲身经历相融合，对历史事件进行独特的诠释。

（二）"代入"式的历史想象

在同人文《奢愿》中，作者"程枫词"虚构了"程子"这一原创角色，"程子"作为"时空引导者"，引导着李大钊、陈独秀等革命先烈陆续"复活"，并且为他们提供重要的指引，在相处中和他们成为朋友。最终，当革命先烈们完全融入新生活以后，"程子"才最终离开。借助"程子"的自述，作者在文中这样诠释"程子"这一角色的意义：

> 我大概不是一个传统意义上的人，我是无数人信念的集合体，我来的时候，带走了他们的一部分灵魂……我有我自己的命数，后人对你们的爱汇聚在一起形成了我，如今你们亲眼见到当今中国，生活也都步入正轨，我的使命完成了，我得回去啦，回到他们每个人的心里，去填补那每一处因对各位先生的敬仰与爱，所空出的窟窿。我得回去，让他们心安。（《奢愿》第七十一章）

同人文中的"程子"不是作者一个人的化身，而是被设定为"无数人信念的集合体"，这样的设定使得"程子"不仅是作者的情感寄托，也为读者提供了可代入自身情感的入口。在正史的书写过程中，历史书写者与被书写者往往是分离的、独立的，但在同人作者的历史书写中，书写者亦在历史中，即使远隔百年，仍能通过这种"想象的代入"，与历史人物产生情感上的联结。

（三）历史书写中的"萌化"编码

在亚文化的话语体系中，"萌化"编码是常见的诠释方式。"萌"（萌え）最初被御宅族用来表达面对令自己心动的美少女等动漫形象时，所产生的狂热的喜爱之情。后在互联网传播以及商业化浪潮的推动下不断发展壮大，"万物皆可萌"，形成以可爱为主要内涵的"萌文化"体系（蒋兆雷，叶兵，2010）。亚文化群体对"萌元素"的追求体现了后现代语境下的解构特征，这些文化生产者们不再以作品背后的宏大叙事为重，而是更加关注具体角色身上所携带的、能够唤起读者强烈喜爱之情的"萌元素"。历史议题亦在青年亚文化群体和试图亲近青年群体的主流媒体的共同推动下被纳入萌文化体系之中，如国内历史普及漫画《那年那兔那些事儿》将中国的拟物形象塑造为一只可爱、勇敢的兔子，凡此种种都加速了主流历史话语与萌文化的"互构"（席志武，2022）。

在《觉醒年代》同人作者的历史书写中，"萌化"编码是同人文本区别于正史书写的重要特征之一，也是连通公共历史和私人情感的一种路径。与正史的宏大叙事相比，女性同人作者更热衷于挖掘历史人物身上那些她们感到喜爱、亲近的"萌"属性，比如在《奢愿》中，作者刻画了陈独秀疼爱儿子却吝于表达的"傲娇"属性；陈乔年依赖哥哥、举止可爱的"软萌"属性；鲁迅外表严肃但却像孩子般爱吃甜食的"反差萌"属性。当然，这些"萌"属性的塑造也受到《觉醒年代》剧集中演员演绎方式的影响。这样以往在教科书上只可远观、敬仰的英雄人物变得更加生动可爱，书写者与被书写者之间不再是仰视与被仰视的关系，而产生更加具有开放心态和意义赋予的文化实践。

三、新媒体历史书写中的情感凝聚与平台规训

《觉醒年代》同人文群体的历史书写不再是静态、孤立的传统书写形式，而是动态的、交互的过程。一方面，LOFTER 这一新媒介平台以数字技术和社交互动的方式将同人参与者连接起来，为同人群体提供了对话交流和情感凝聚的空间；另一方面，在享受新媒体平台历史书写便利性的同时，同人群体还需遵循平台治理和主流历史观的限定，在符合主流价值观的大框架下，展开协商和相互规训。

（一）新媒体空间的协同合作与意义共创

LOFTER 平台的创作标签设置将同人作者的文章汇聚在一起，同人参与者的讨论在♯觉醒年代♯的标签下展开，由此形成可稳定交流的圈层结构。根据创作者来划分，《觉醒年代》同人作者的历史书写形式可分为独立写作和联合写作两种类型。联合写作既可以是单篇文章，也可以是合集或系列。当作品属于联文，同人作者在发布时会@参与作者，他们往往在 QQ、微信中或保持私人联系或有共同的群聊，群内讨论的内容比较广泛，包含兴趣爱好、热门时事、历史事件等，其中，互相"点梗"（指一位作者提出自己想看的内容，由另一位作者来完成）、"催更"（催促更新），是同人作者创作的直接动力之一。例如用户"椰奶"提到，"有的时候其实会有些文思枯竭，也不知道该写什么了，这时候群里的姐妹们就是我的灵感源泉，大家在一起聊天时说到一些有意思的故事，再来个人催催我，我就能开新文了。"此外，同人作者间的交流有时也是共同阐释历史的过程，例如被访者"西西西米露"曾说，"历史这个东西不像平时写 cp 文可以天马行空，我很害怕会 OOC（指同人文中的人物做出与原真实

人物性格不符的行为),有时候拿不准这个人物在这个场景下会有什么样的反应,我会和群里的朋友们讨论:他是这样的人吗? 他会怎么对待这件事? 我这样写是符合历史的吗?"多次参与联文的同人作者"穷极一生"还提到,除了线上互动,同好们也有线下"面基"的打算:"今年下半年打算大家一起去鲁迅故居,去三味书屋看一看。"可见,同人作者在历史共同书写和意义共创的过程中增强了彼此的情感关系和对历史的想象,逐渐从线上的历史讨论转向线下的场所体验。

(二)新媒体空间的情感凝聚与认同唤起

《觉醒年代》的同人文读者会对喜爱的文本积极回应,且评论区常常凸显出强烈的情感色彩。通过对《奢愿》评论区的高赞文本进行分析,悲伤("明明充满希望,却边看边哭""如果他们还活着,该有多好")、遗憾("看哭了,多么希望真的有这样一个机会让他们看看今日盛世")、崇敬("他们走时都带着一身伤,可是心是热的,血是烫的""大钊先生千古!")、感动("百年后,山河犹在,国泰民安,这盛世如您所愿")等情感最为常见。在某些特殊的章节,比如在提及南京大屠杀的章节下,评论则被"愤怒"所占据:"我们不能替上一辈人去原谅,因为遭受痛苦的不是我们""忘记历史就意味着背叛!"可以看出,这些引发读者共振的情感并不是关于个人情绪的"私情",而是对于国家和历史的集体情感。同人作者希望通过对历史的再书写,在想象与史实的交织中弥补近代史的痛苦与创伤,以期在一定程度上实现情感的补偿与疗愈。"以前我对近代史的态度比较微妙,处于自豪和痛苦之间,自豪是因为我们有很多为国家和民族奋斗的革命先烈,痛苦是因为我们当时被欺压的屈辱。写《觉醒年代》同人文让我对待近代史的态度更加平和。"(铁锈钉)

进一步考察这种情感的唤起与凝聚,以《奢愿》中的一段曾在微博、豆瓣等多个社交媒体平台上引发大规模刷屏的语段为例:

　　他们看到有人带着孩子,有人带着老人,有人拿着酒,有人拿着花,并没有很多人哭,大家只是很安静,李大钊和陈延年藏匿在稀松的人群里,人们并不知道自己身边的小年轻就是他们正缅怀着的烈士。

　　一拨人散去后,李大钊走过去拿起一捧花,放在鼻尖闻了闻,然后递到了陈延年手里。

"很好闻。"

陈延年笑着接过，对着花止不住地傻笑，"先生，他们爱我！"

"因为你爱他们。"

——《奢愿》第五章（此处情节背景为"重生"后的李大钊和陈延年在龙华烈士陵园）

这段情节引发评论区"泪目"刷屏，有读者回应："谢谢'程子'转达我们的爱，追《奢愿》这半年多，我从发展对象成长为预备党员，更懂'他们爱我'是因为'因为你爱他们'，我相信我们的信仰没有错，我们不知道他们在哪里，但或许在新闻里，在生活里看到的每一位英雄，都是他们。"（卿卿）从读者的评论中可窥见，读者由对革命先烈们的共情发展到对党和国家的感恩与自己归属感的确认，实现了国家认同的唤起与升华。这种情感和认同的转换在《奢愿》完结章的长评中体现得更为明显：

完结撒花！感谢大大给了我们这么好的一个故事！谢谢您帮我们圆梦，让这个"让黎明能够更早到来人们，亲眼见证新中国"的梦得以圆满。嗯，请多多给番外啊。这篇文章现在已经完结了，但是我相信我们会继承先辈的意志，为实现中华复兴梦，为更多的基层人民站起来做出自己的贡献。（旭月铭）

可见，在新媒体历史书写和用户的评论中，公众逐渐将对先烈的追忆、自身生命体验、国家命运浮沉和身份认同感交织为一体，形成了集体共振的历史回音。

（三）新媒体历史书写中的协商与规训

同人创作者的历史书写围绕《觉醒年代》这一主流历史文本展开，在新媒体平台仍整体上遵从着主流历史话语的大框架，这种看似自觉的遵从，实则来自主流价值观教育、同人社群和平台规制的共同规训。"拉郎配"（指将两个并非爱情关系的人物设定为伴侣，并对他们的亲密互动进行想象）和"OOC"是同人文常见的主题。《觉醒年代》的同人创作者会尽量依循历史的人物关系,否则会被视为对历史缺乏尊重:"在革命历史同人文里拉 CP 真的是很离谱的行为,感觉是对他们的一种冒犯。"(晚晚意)如果作者的想象与史实出入较大,还会引发读者的不满:"希望能结合所出现年代的时代特征,不要张冠李戴⋯⋯希望各位读者,读完后是满足了他们敬畏伟人的心情,而不是被误导了思想走向,要理智看文。"(看书)此外,同人文社群内也有着不同历史观点的交锋与协商,但这种交锋仍是较为温和的,并以亚文化戏谑式的风格巧妙应对。例如,有读者在涉及描写"四一二反革命政变"的文章下反击个别为蒋介石开脱的人:"还有人粉他、洗他? 一个稍微有些良知的中国人了解他的事情之后都不会这样。"(叶姝)同人文群体以亚文化用语书写,在形式上淡化了历史讨论的严肃性,但表达的立场仍是清晰而鲜明的。这些既是因为以"90 后""00 后"为主的同人参与者自幼接受主流价值观教育,形成了对革命历史的尊重和敬畏,也是出于保障文本安全性和正当性的考量,避免遭受其他用户的非议或网络监管的风险。

　　同时,受"227 事件"①、"清朗行动"②等多因素影响,LOFTER 平台因"生存"的需要,也加大了对同人文的审查力度,而历史同人文又难免涉及政治敏感内容,平台审查尤为严格。"有的时候我也不知道哪里违规了,不过我知道教员的名字是不能过审的,所以如果涉及最高领导人或者其他非常敏感的历史内容,我干脆就不写了,因为很难被通过。"(CC)有时,同人文作者会通过在不同平台间"游牧"来应对这一问题,比如将被 LOFTER 屏蔽的内容搬运到"爱发电""write. as"等其他同人平台发布,仅在 LOFTER 为读者"指明"外部链接,以保证文本的可存续。有趣的是,哪怕少数同人文作者已经将含有敏感内容(如涉及争议性政治议题,抑或不符史实的 CP 内容等)的文章转移到LOFTER 之外的更小众的平台甚至境外网站,但诸如"同人创作请勿上升真

---

① "227 事件"指 2020 年 2 月 24 日至 3 月 1 日,明星肖战的部分粉丝对 LOFTER、AO3(Archive of Our Own)等同人创作平台进行了大规模举报,导致 AO3 网站在中国大陆被封锁、LOFTER 的外挂链接大范围失效,同人创作边界一度成为社会讨论热点。该事件中资本和平台无底线地操控舆论、推动网络暴力的行为引起了国家有关部门的重视,并逐步展开对饭圈乱象的治理。

② "清朗行动"指国家网信办在互联网领域开展的"清朗"系列专项行动,2021 年将整治饭圈乱象、网上历史虚无主义在内的八大任务列为治理重点。

人与史实""本人尊重历史，但写同人文只为快活，别当真别较真"之类的"免责声明"依然被作者醒目地标注在阅读须知里。可见，这些同人文作者清楚地明白此类"潜隐文本"的不正当性，也明白何为"正当"，但他们依然借助自己成熟的新媒介素养为这些不正当文本寻找网络生存空间，"免责声明"就像是中规中矩与离经叛道之间的一种折中与协商，既满足自己无法公诸大众的宣泄欲和表达欲，又通过反复陈述对主流的认可、主动将自己的文本归为"不入流"的产物，避免和主流价值观产生正面冲突。这些举措未尝不是针对平台审查的回避策略，为自己的创作文本赋予一定的安全保障。

第三节　同人文社群历史书写的形成机制

通过对文本和社群互动的考察，已初步廓清了同人文爱好者参与历史书写和互动的大概面貌。然而，作为亚文化的独特一支，一直活跃在娱乐文化领域的同人文作者为何会突然向《觉醒年代》这样的主流历史题材靠拢，大规模、持续性地为其创作历史的同人文？这背后的深层驱动与维续机制是什么？笔者认为，该同人文社群历史书写的达成，从某种程度上实现了情感与历史的"接合"(articulation)。斯图亚特·霍尔(Stuart Hall)是"接合"理论的集大成者，尽管该理论是在工业时代对政经结构、历史语境和文化语言有机整合的实践和探讨，成为整合文化主义和结构主义范式的关键概念(李开，2017；黄典林，2020)，但在数字时代以及本章的同人亚文化语境中进行研究仍然具有意义。以往新媒体研究强调数字技术打破媒介和文化的边界，实现的连接、融合和转化往往有某种技术决定论的色彩，而霍尔的"接合"理论恰恰提出将不同要素结合、统一在一起，以及一种话语在某种历史语境中与某种社会力量的接合并不是必然的，而是具有某种偶然性(Hall，2005：141)。这样既承认了"接合"的可能性，又指出了"接合"生成的条件。

在数字时代，文化生产的主体和文化结构发生了根本性变化，使原有亚文化理论中主流文化与亚文化、抵抗与收编的二元对立已不适应数字时代的文化实践特征，同时也不符合中国本土的网络亚文化发展实际(王敏芝，2020)。

在数字平台语境下,"亚文化"和"历史"褪去了其边缘或官方的固有特征,亚文化与主流历史并不是简单的"收编"关系,而是双方在各自需要下展开的多层次协商(曾一果,2020)。以下从同人文群体历史书写过程中书写题材、平台商业逻辑和社会情境等三方面探究情感与历史的"接合"现象出发,揭示数字亚文化平台的历史书写实践和维系的机制。

首先,情感化的历史"另类"书写。无论是主流历史叙事,还是传统的以男性主导的历史书写,比如互联网"军迷"群体对历史的讨论,总是致力于讲述历史事实或者输出观点,具有严肃、理性的书写特点,而《觉醒年代》同人文作者往往是女性,较大程度地体现出以往在历史书写中未受到足够关注的情感向度,更加偏重情感的输出、交流与共鸣。在以往主流历史的书写中,男性往往掌握着主导话语权,女性的声音被边缘化或处于被"淹没"的地位。在这种背景下,历史同人文的写作被女性群体视为一种凸显个体历史意识的途径,同人实践以二次创作的方式提供了一种弥合主流历史话语和亚文化的方式,尤其是女性自身拥有的丰富的情感和想象,恰恰促成了一种极具浪漫色彩的、感性的历史书写样貌。情感倾注在历史文本的构筑之中,"时空重组"将个人体验融入宏大叙事,公共历史和私人情感得以交融和连通;"代入式"想象使得她们在想象中模拟和体会历史人物的际遇,从而实现情感的共通;对历史人物的"萌化"深化对革命先烈的喜爱之情,发展出类似粉丝与偶像的想象性亲密关系。这种亚文化二次创作方式为公众参与历史提供了一条合适的路径,即以正史为基础,又能在一定的限度内通过自行阐释满足参与历史的渴望;同时,结合同人文作者在其书写文本中时常出现的家国叙事,凝聚情感,将其上升为较为强烈的国家认同感,这是以往传统精英化的历史教育无法达成的。

其次,商业逻辑下亚文化社群的拓展。作为小众的趣缘平台,LOFTER的用户主要活跃在亚文化和娱乐领域,创作内容多以言情、耽美和饭圈话题为主;在平台应用模式上,不设置门槛,向所有用户开放,仅以标签形式进行聚类,弱化同人群体与外界的圈层区隔,尽可能追求更大的用户流量。而本案例中《觉醒年代》的同人群体与历史题材的"联姻",无疑是对同人社群内长期同质议题的拓展,加强亚文化实践的多元性和公共性。例如受访者晚晚说:"谁说同人文就只能写谈恋爱啊,同人文也可以写历史啊。而且写历史的话,原始资料真是无穷无尽,想象无范围,跟平时写 CP 文相比,感觉能在书写中看到更广阔的世界。"可见,同人文作者能够获得不同于娱乐内容写作的另类情感满足,这也是其主动参与《觉醒年代》这一主旋律历史剧同人文创作的重要因素。此外,更为重要的是这种历史的、契合主流和具有公共性的同人议题的出现,不仅有望吸引更多娱乐领域之外的用户流量,还能让平台以历史和主旋律为背书,进一步确立平台自身的商业运作和平台所承载的亚文化实践的双重合法性。①

最后,重大事件情境化的历史书写。《觉醒年代》播出正值 2021 年建党100 周年,社会上掀起了百年献礼的热潮,建党百年的大背景为同人文社群的历史书写提供了社会情境。同人文作者书写《觉醒年代》同人文、表达家国情怀可视为一种青年群体献礼的方式。在全社会共庆建党百年的热烈氛围之下,同人文作者更加愿意主动"外显"自己的爱国意识。比如,作者"程枫词"在LOFTER 上的置顶动态是一张五星红旗的图片,她给自己的别称是"四九",寓意"1949","很多人不好意思直说自己爱国(至少我印象里前几年是这样的),然后我就想,这有什么不好意思的,因为有中国,我才能作为一个人而存在,而不是像别的一些国家的人民一样流离失所。"这说明,同人文作者即使平时活跃在娱乐文化领域,也有着"国家面前无偶像"的坚定立场(刘海龙,2017),一旦受到重大历史事件的触发,就有可能将亚文化实践的阵地从娱乐转向政治历史,书写家国叙事,抒发爱国情怀。而当同人文《奢愿》在央视新闻等主流媒体中被提及、被《觉醒年代》的导演所认可,同人文群体的创作动力更加高涨。他们正是希望在重大事件中通过书写历史和社群互动的方式,得到社会主流的接纳与肯定,以进一步确认自身的合法性。当然,建党百年是具有标志性意义的纪念时刻,主流媒体和主旋律题材的造势也正是希望公众尤其是青年群体能感受革命历史、接纳主流价值观,从这个意义上说,主流价值观宣扬和同人亚文化群体实现了共谋。

以上考察了本案例中亚文化社群维系和公众历史书写的"接合"机制。然而,霍尔在提出"接合"理论的同时,也特别指出任何要素的"接合"都有其条件

---

① 《奢愿》作者"程枫词"在接受访谈时提到,《觉醒年代》的同人文作品曾多次被推荐至平台热门,LOFTER 官方也曾邀请她参与一场以讨论同人合法性为主题的同人文作者线下联合采访活动。虽然这场邀约因为当时的其他客观原因未能顺利完成,但从中可窥见 LOFTER 有意扶持和推广《觉醒年代》的同人实践。

和特定的情境。对于本章而言,值得进一步反思的是,部分学者警示的历史随意书写和建构可能会导致"历史虚无主义"的陷阱,而为何该案例中并没有过多呈现出该困境? 此外,这一"接合"方式能否延续以及成为可复制的模式? 最后,该如何理解案例中本土的数字化历史书写与西方情境的不同? 考察本案例中情感与历史"接合"的条件和情境可能有助于解答上述问题。

一方面,这是亚文化平台与政治权力和商业利益博弈的结果。近年来,国家在互联网领域多次展开"清朗""净网"行动,不仅是对网络低俗炒作、不良有害信息进行清理,对网络中"历史虚无主义"现象的整治也在互联网治理之列。在这一政策背景之下,亚文化数字平台要想持续获得更多的商业利益,在主流历史题材作为可调用的文化资源的同时,平台自身也要谨慎对待可能触碰底线的话题,对历史讨论的尺度进行必要的审查和规训。值得指出的是,平台的审查机制可能会束缚部分同人文作者创作的自由空间,但同人文群体与LOFTER商业平台是既对抗又互利的关系:从长远看,正是这种博弈和限制防止了历史题材同人文创作因发挥尺度过大而招致的风险,确保了同人文创作的可持续进行以及LOFTER平台的良性运作;另一方面,同人亚文化社群与历史题材接合的持续性问题。同人文社群建立和发展本身具有很强的游戏、动漫等二次元文化的特征,在商业利益和主流文化的带动之下,日趋扩大的"泛二次元"文化是否会遭到同人文群体的厌恶甚至抵触,以至于失去对历史题材创作或亚文化本身的兴趣,需要进一步观察。此外,本章中的同人文社群历史创作是在建党百年的重大历史时刻和《觉醒年代》开播的契机下出现的,同人文群体是否有持续的、对不同历史事件的创作热情,依然是存疑的。

本章研究有助于审视数字时代亚文化平台下公众历史书写的可能性,以及在中国网络亚文化情境下的创造性转化。历史题材书写与同人网络亚文化相结合,并使历史书写实践的尺度控制在一定的限度之内,这种较为独特的文化现象既与西方公众史学理论强调的实用性和社会服务性有所不同,又确保在历史价值观正确之下的公众书写实践。这是在国家权力和商业利益规制的特殊情境下实现的亚文化社群情感升华和历史记忆唤起,是中国网络亚文化与主流文化结合的"意外"效果。此外,本章也对进一步反思霍尔的"接合"理论提供了经验案例。在数字时代,数字媒介空间的开放性为多元主体、商业资本和权力的嵌入带来了更多的可能性,对进一步探讨文化主义和结构主义范式的整合提供了新的技术和社会情境，一方面，数字技术以技术接入的形式实现了不同空间和文化的连接；另一方面，数字空间中的行动主体（用户、商业平台）对既有文化形式展开能动的实践，通过情感要素补偿、商业利益驱动、权力审查规避等方式，实现了网络空间的意义生产和文化实践。可见，数字场景下的"接合"需要更加关注数字空间的文化和社会情境，以及综合考察地方性的网络文化形态、互联网空间政策和历史情境等具体状况。

综上所述，本章案例中的亚文化群体基于 LOFTER 平台展开《觉醒年代》同人文的历史书写和创作，数字空间使亚文化与历史题材、情感与历史这些原本属于对立或矛盾的元素"接合"了起来。历史题材的情感化书写、商业逻辑下的平台运作，以及建党百年主旋律的渲染维系着同人亚文化社群的有序运作，从而形成同人文群体在合理范围内的个体历史书写和情感碰撞，促进历史记忆的唤起与国家认同的升华。然而，这种"接合"是亚文化社群发展、商业逻辑、互联网治理和历史情境共同作用的结果，一旦受同人文群体对历史题材的兴趣衰退、商业资本的撤出和互联网治理政策变化等因素影响，同人文社群的维系和可持续性还面临着不确定性。当然，本章仅是对《觉醒年代》同人文社群历史书写案例的初步观察和讨论，未来需要通过更多个案和经验现象的观察来进一步理解数字时代公众历史书写的多样性和复杂性。

第六章

数字时代建党短视频
翻拍的文化展演

    2021年是中国共产党成立100周年,在这一庆典时刻,我国上下组织和举办了各类纪念仪式和活动,如"七一勋章"表彰大会、庆祝中国共产党成立100周年大会、"伟大征程"文艺演出以及一系列线下主题展览和文艺演出等。这些活动经由媒体报道被受众了解和熟知,而随着数字媒介的发展,新媒体短视频的低门槛、较强的开放性和参与性,使用户得以成为内容创作的主体,参与到短视频的制作和分享之中,感受到建党短视频所营造的纪念氛围之中。

    本章试图通过多案例比较研究考察《建党百年版少年MV》(以下简称"《少年》")短视频翻拍的文化展演与情感凝聚机制,以此研究在建党百年背景下,如何通过翻拍《少年》短视频的文化展演烘托纪念仪式、营造社会认同。具体研究问题如下:第一,不同主体如何运用翻拍短视频进行视觉建构和文化展演。第二,翻拍短视频通过何种方式烘托纪念仪式、凝聚情感。第三,翻拍《少年》短视频如何形成线上线下相勾连的情感凝聚和认同营造。

第一节　新媒体语境下的政治仪式展演

一、文化展演与新媒体展演

    新媒体和短视频展演的实质是一种特殊的"表演"类型。"表演"一词涉及多重含义，一般在狭义上可被认为是艺术范畴中的扮演、表演或演奏，在广义上指人类日常生活中实行、执行、履行、举行、操作、表现或者实践的行为与事件。此外，人类社会中某些装腔作势、矫揉造作的行为或特指语言哲学中具有行为功能的言说也可被视作表演（王杰文，2012）。而理查德·谢克纳将表演分为"是表演"（is performance）和"作为表演"（as performance）两类，前者指音乐、舞蹈、戏剧、电影等艺术活动的表演行为，而后者指人类举行的活动、庆典、仪式等涉及不同身份、不同领域的人类行为（Schechner，2002：30-35）。类似地，美国民俗学家理查德·鲍曼将前者视为特殊的艺术交流方式，而将后者视为一种特殊的、显著的事件（鲍曼，2005）。区别于艺术学对表演和肢体行为的关注，文化人类学将仪式庆典视作文化现象予以研究。

人类学有关表演的讨论最早可追溯至20世纪30年代格雷戈里·贝特森和玛格丽特·米德对巴厘岛的研究，该研究以影像记录的方式记录岛民生活中的舞蹈、仪式和族群经验，将传统表演理论运用到文化人类学的讨论中（Beeman，1993），此后，米尔顿·辛格（Milton Singer，1972）的相关研究有较早关于"文化表演"（cultural performance，或译为"文化展演"）的明确论述，包括游戏、演讲、祈祷、节日、庆典、仪式等在内的宗教和文化现象，且这一过程有明确的时间、地点和流程并被框定、强调和公开。

而随着新媒体在日常生活中的广泛应用，"是表演"和"作为表演"这两类表演类型的界线变得日益模糊，以往较多的研究考察用户依托新媒体平台进行内容的自主分享和表达，成为展演自我与心灵的方式（陈彧，2013；彭兰，2018），从而进行自我建构和日常化展演，主要属于"是表演"的题材类型。然而，有研究者也通过审视用户，特别是青年群体新媒体展演背后的社会心态和政治经济因素，认为商业资本助推着青年群体在新媒体平台进行美颜自拍和产业包装等（刘胜枝，2018；李安，余俊雯，2020）。此外，优质内容竞争、国家政策环境、商业平台的可持续性也影响着视频的产业化呈现和媒介展演（黄楚新，王丹丹，2018；王昀，杨寒情，2023）。这些研究从个体和身份认同层面对新媒体展演做出了讨论，较少从广泛的社会意义出发讨论当下的新媒体展演所带来的社会影响，而这正是本章关注的重点。

本章所关注的短视频展演即属于"作为表演"范畴，新媒体展演经由新媒体将社会特殊事件的上演作为向公众进行符号化、戏剧性地展现最重要的象征和价值观。随着媒介技术的发展,仪式展演行为已不再局限于庆典和仪式等大众媒体的呈现,通过新媒体平台实现线上的新媒体展演逐渐成为可能。当然,区别于新媒体的自我展示和表演,从新媒体的仪式展演来考察新媒体展演的文化意涵和社会价值也更具公共性。

二、政治仪式与仪式展演

从传媒的视角来看,仪式传播现象不仅丰富了人类学的仪式范畴,也使传媒文化成为现代生活的一部分(王铭铭,1996),将仪式置于现代传媒的语境中来探讨,仪式的媒体建构成为文化展演的方式(朱凌飞,孙信茹,2005)。而受到广泛关注的纪念活动、庆典、奥运会开幕式等重大事件或赛事,通过电子传播扩散和共同体凝聚的文化展演形式,成为卡茨所称的"媒介事件"(media event)(戴扬,卡茨,2000)。仪式中丰富的象征符号内涵经由传媒传播而形塑共同体的想象(高进,2021),比如在国庆阅兵仪式和改革开放周年纪念活动的报道中,通过国旗、国徽、国歌等国家象征符号或标语、音乐、会标等纪念符号传递政治信息,传播国家形象,强化情感,构建国家认同(李华君,窦聪颖,滕姗姗,2016;叶小力,2019;曾楠,2019)。这些纪念仪式中的象征符号经由传媒的仪式传播,共同建构政治意涵、唤起公众的历史记忆,从而培养在情感审美、国家认同和爱国主义教育方面产生的正向效果。

"象征"是仪式研究的基础性概念和重要范式之一,被用来作为交流的载体和传统的陈述,以满足人类进一步思考的需要(彭兆荣,2002)。而政治仪式区别于其他仪式类型的关键之处在于"政治"这一仪式范畴,因此,在政治仪式中,权力的存在和表达方式都与象征紧密地联系在一起,象征不仅是一种能够直接影响政治生活的权威性资源,它还渗透进社会生活的内部,塑造了文化及其价值,甚至能够掌控心灵和渗透,通过其内在的生产动力,主宰人民的行为和思想(王海洲,2016)。这种对政治仪式的认识,不仅关注到仪式中象征符号的内涵,还考察象征符号与权力渗透的潜在关系,也即政治学家大卫·科泽(David Kertzer,1988/2015)对政治仪式的权力解读,探究如何通过仪式争夺权力以及运用仪式构建政治合法性。

以往较多研究是对政治仪式中象征符号的解读,较少从科泽政治仪式的权力维度进行考察,较为典型的是对国庆阅兵政治仪式中的权力和象征符号嵌入的考察(王海洲,2009),以及"以歌爱国"活动中政务新媒体视频的视觉展演构建国家权威的案例(王玉玮,阳志标,2020)。前者是大众传媒时代对政治仪式展演和权力再生产的揭示,后者尽管涉及新媒体时代短视频在仪式展演中的权力形塑,却未揭示短视频在新媒体展演方面更具独特性的方式,而以上两项研究对本章研究新媒体语境下的政治仪式展演提供了相应的借鉴。当下新媒体成了构建政治仪式的全新途径,政治仪式的去神圣化和媒介化也是其突出的特征(郝宇青,2018),因此,在政治仪式的新媒体表征、象征权力转化的基础上,考察新媒体仪式展演的情感凝聚和记忆唤起机制,探究《少年》建党短视频如何在建党百年之际营造纪念氛围,以及如何通过新媒体展演构建青年群体的国家认同。

第二节　建党百年背景下主流媒体短视频的文化展演

与以往新媒体短视频具有普通用户通过分享个人经历、兴趣进行内容生产的自娱自乐目的不同,建党百年背景下的系列短视频呈现出专业化和组织化的内容生产特征,率先由最具权威性的党媒《人民日报》推出《少年》短视频,引领建党的主旋律基调,随后全国其他党政机关、学校、企业等机构纷纷组织开展专业性的视频模仿和翻拍。

一、主旋律之下的建党短视频制作

作为我国最为权威的主流媒体之一,2021年3月,《人民日报》积极响应号召,采取融媒体形式对庆祝中国共产党成立100周年的纪念报道进行创新性制作,并率先在抖音平台推出"建党百年主题MV"系列短视频,选取年轻人喜爱的热门歌曲进行改编和创作,以兼具趣味性和仪式感的方式献礼建党百年。

《人民日报》新媒体中心的系列短视频是党中央在建党百年纪念的主旋律背景下制作并推出的。在2021年年初,中宣部举行了"奋斗百年路　启航新征程"大型主题采访活动启动仪式,要求生动鲜活地讲好中国共产党的故事,齐声唱响共产党好的主旋律。2021 年 3 月,中共中央召开 2021 年首场新闻发布会,由中宣部介绍中国共产党成立 100 周年庆祝活动的主要内容。2021 年 4 月,中共中央办公厅印发《关于庆祝中国共产党成立 100 周年组织开展"永远跟党走"群众性主题宣传教育活动的通知》,对庆祝中国共产党成立 100 周年群众性主题宣传教育活动作出安排部署,号召各地基层党组织广泛开展主题宣讲、主题作品展播、微电影和微视频融媒体宣传活动等。《人民日报》的"建党百年主题 MV"系列短视频,正是起到为建党百年主题宣传教育活动预热、以融媒体形式烘托建党百年纪念主旋律的作用。

此后几个月间,全国各级政府和机构广泛开展各式庆祝活动和主题教育活动,包括全国性和地方性的颁奖典礼、知识竞赛、演讲比赛、征文比赛、主题班会等等,营造出建党百年的强烈庆祝氛围。例如,浙江省委从庆祝大会、党史教育、群众性文艺演出、文艺作品展播等八个方面开展建党百年庆祝活动;上海市委推出庆祝大会、专题展览、红色旅游等 11 项重点活动,发布 136 个"永远跟党走"群众性主题宣传教育重点项目;海淀区从基层出发,推出"十二个一"系列活动;北京大学开通建党百年专题网站,线上线下同步进行主题展览等等。从国家通知到全国各地各单位响应,从线下活动到线上庆祝,这些都为中国共产党成立 100 周年纪念仪式的开展呈现出多重叙事和丰富形式,也为各机构主体通过新媒体平台开展新媒体的仪式展演提供素材,营造出盛大的庆祝建党成立的氛围。

二、建党短视频的制作和翻拍

人民日报新媒体中心于 2021 年 3 月制作和推出"建党百年主题 MV"系列短视频,选取年轻人喜爱的热门歌曲进行改编和创作,在抖音平台以破百万的播放量传播,引发抖音用户的广泛"翻拍"。其中,短视频翻拍以《少年》的翻拍度最高。据统计,截至 2021 年底,已经有 112 位来自政府机关、主流媒体、学校、企业和个体户等不同机构组织的抖音用户对短视频《少年》进行了翻拍(见表 6-1)。抖音用户一方面通过主流象征符号的整合与改编献礼建党百年,另一方面借助抖音短视频平台的流量,通过个性化内容创作来宣传所在机构和组织。这种自发参与和制作完成的短视频"翻拍"实践是对建党纪念仪式的创造性媒介展演，与政治仪式形成的勾连以及所起到的社会作用和价值观影响是值得深入探讨的议题。

表 6-1　不同机构组织建党短视频翻拍状况

发布主体类型	账号名称	所属机构	发布时间（月/日）	内 容 简 介	点赞数/评论数/收藏数
主流媒体/共11个	人民日报	人民日报	3/9	建党百年主题 MV：少年。百年只不过是考验，初心从未有改变！	254.4w/12.1w/4.9w
	小央视频	央视网	6/25	感动！"80后"清华合唱团和 00 后共同唱响《少年》♯2021 中国正能量	1.7w/150/375
	东方卫视	东方卫视	6/27	♯尚长荣 ♯丁禹兮 黄浦江上共唱《少年》，少年意气，用歌声来注解！♯潮涌长三角	7.1w/184/1249
	看潮州	潮州市广播电视台	7/2	燃！潮州市广播电视台主持人版的《少年》来啦！♯庆祝建党一百周年	618/26/37
	天津广播	天津市广播电视台	6/16	超燃！♯建党百年 城市主题 MV《♯少年》全球首发！♯天津广播 30 名天团主播倾情献唱！转起来！	47/3/5
党政机关/共25个	南京发布	南京市委宣传部	6/3	今年是中国共产党成立 100 周年。经过全新打造，南京推出致敬建党百年城市主题 MV"宁好·《少年》"！一起来听！	1.6w/73/473
	这里是南湖	嘉兴市南湖区委宣传部	3/23	红船的红是红旗的红。南湖的少年，也永远是种花家的少年。（来源：南湖街道）♯建党百年主题 mv 少年	131/0/10
	美丽西湖	中共杭州市西湖区委宣传部	7/1	不忘初心、牢记使命！杭州西湖公安演唱《少年》，庆祝中国共产党成立 100 周年（供稿：西湖公安）♯共富西湖	144/2/2
	黄浦新青年	上海市黄浦区共青团委	4/30	2021 年 4 月，一群黄浦青少年"快闪"苏河，唱支歌儿给党听	30/2/2

（续表）

发布主体类型	账号名称	所属机构	发布时间（月/日）	内　容　简　介	点赞数/评论数/收藏数
校园媒体/共25个	华中师范大学	华中师范大学	4/10	你还是从前那个少年，初心没有改变——华小诗讲述华中师范大学红色记忆。@中央财经大学 下一个请你来接力讲述。	927/24/11
	浙江音乐学院	浙江音乐学院	7/1	浙音版《少年》来啦！流行音乐系以青春之声庆祝中国共产党的百年华诞！♯建党一百周年 @浙音流行音乐系	6721/1/95
	陆军边海防学院	陆军边海防学院	4/28	军校版《少年》mv ♯陆军边海防学院 ♯军校 ♯少年	1113/74/15
	交院青年	广西交通职业技术学院	6/3	第3集｜献礼建党100周年｜交院版主题MV《少年》超燃上线！♯建党百年 ♯大学 ♯广西交通职业技术学院	786/15/37
企事业单位/共18个	青春柳钢	广西柳州钢铁集团有限公司	5/4	建党百年主题MV《少年》柳钢版，重磅来袭！♯青春的样子 ♯五四青年节 ♯建党一百周年	1181/1/41
	中国电信	中国电信集团有限公司	7/3	第102集｜♯电信小姐姐版 ♯少年，初心依然未变，使命永远放心间！♯建党100周年 ♯甜甜的舞蹈 ♯甜美女孩	3.7w/195/273
	山东能源集团	山东能源集团	3/17	百年山能砥砺前行，我们仍是少年！	577/10/11
自媒体/共33个	R·小樱桃手势舞	个人账号	4/27	建党版少年来喽，♯建党百年 ♯手势舞 ♯羊气满满夺蓝罐	910/39/124
	美娜	个人账号	5/15	我还是曾经那个少年，剪辑来自我们帅气的颜主任，♯献礼建党100周年 ♯中交二航局蕲春项目	134/18/2
	咩志	个人账号	5/19	♯百年风华正青春《少年》——建党一百周年作品	75/18/3

在《人民日报》"建党百年主题 MV"系列短视频的策划制作过程中，新媒体中心基于年轻人喜爱的《少年》《星辰大海》《错位时空》等抖音短视频和歌曲进行筛选和改编，二次创作后纳入具有主流价值的象征资源，一方面提升了短视频的主旋律和纪念色彩，另一方面也为之后抖音用户的短视频翻拍实践提供了可调用的象征资源和价值限定。

人民日报新媒体中心编辑曾撰文介绍短视频《少年》的制作考虑，"在歌曲选择上，编辑注重主题宣传与歌曲格调、流行度的搭配，确定了'百年征程波澜壮阔　百年初心历久弥坚'的主题，根据建党百年历程和"十四五"规划对歌词进行改编；在画面选择上，精心梳理建党百年风雨征程中的重大历史事件、动人场景和近几年来我国在各领域取得的辉煌成就，辅之以主流影视素材、新闻素材和原声音频"（杨丽娟，曹磊，2021）。因此，《建党百年主题 MV 少年》选用了"1921 壮丽篇章开启""2021 新的征程开启""新时代一起打赢新的战役""征途漫漫惟有奋斗"等歌词以及"五四运动""开国大典""载人航天""冬奥夺冠"等影像画面，从宏观的国家和社会发展的角度将中国共产党的百年奋斗历程浓缩为 4 分钟的短视频，就此建构了一个小型的主流象征资源库。

最终，《人民日报》推出的短视频《少年》不负众望，不仅以破百万的播放量广受好评，也触发了抖音短视频平台数量可观的各机构的翻拍热潮。作为权威性的党媒短视频作品，《少年》为后续翻拍实践制定了"回顾百年历程·砥砺初心向复兴"的主题基调，也为其他机构组织提供了可调用的主流象征符号。

三、《少年》短视频的能动翻拍与文化展演

在模仿《人民日报》制作的短视频《少年》的基础上，各级政府、企业和高校组织等社会机构纷纷结合各自的特征，调动不同元素，对歌曲《少年》MV 进行改编，开展庆祝建党百年的新媒体文化展演。本章在兼顾地域、机构类型和视频关注度等因素的综合考量下，选取"南京发布"的《宁好少年》、"青春柳钢"的《少年》柳钢版以及"华中师范大学"的《少年》这三个机构的翻拍短视频为研究案例，运用政治仪式、文化展演等理论，试图通过多案例比较方法考察《少年》短视频翻拍的文化展演与情感凝聚机制，以此研究在建党百年背景下，如何通过翻拍《少年》短视频的文化展演烘托纪念仪式、营造社会认同。

　　（一）结合机构自身的文化展演

　　在庆祝建党百年的主旋律背景下，与《人民日报》短视频的宏大叙事不同，"南京发布""青春柳钢"和"华中师范大学"分别结合其各自主体的特色，通过不同元素和方式，共同烘托建党百年的庆祝氛围。本章关注的三条翻拍短视频虽都基于《少年》歌曲改编展开，但它们分别立足于自身机构的微观视角，将烘托庆祝建党百年氛围的目的融入青年成长、企业工人集体行动和高校纪念活动中。

　　具体而言，"南京发布"和"青春柳钢"都从具体的人物群体出发，"南京发布"的《宁好少年》关注青年，以大学生毕业季为契机，通过采访同期声表达来自全国各地的大学生对南京的印象并打算留在南京的意愿，结合大学生军训、上课、运动会、毕业典礼、招聘会等画面场景，表达出建党百年之际南京欣欣向荣的发展前景和城市吸引力，烘托出积极向上的庆祝氛围。"青春柳钢"的《少年》柳钢版则聚焦于钢铁工人，通过工人集体列队合唱歌曲《少年》的画面以及集体朗诵的口号，如"不忘初心跟党走""青春不停步永远跟党走""青春心向党 征途志飞扬""做时代先锋 为党旗争辉""青春向党 奋斗强国"等直接抒发钢铁企业和钢铁工人在建党百年之际一心向党的意愿。而"华中师范大学"是以事件为线索，华师版《少年》串联起学校庆祝建党百年的活动画面，如《恽代英》话剧演出、"传唱百首赞歌 庆祝建党百年"合唱、革命油画创作《黄麻起义》、党史学习百日打卡活动等，结合话剧台词"中国共产党万岁"和合唱歌词"没有共产党就没有新中国"等，传达出高校群体在建党百年举行的纪念仪式，从高校层面营造出建党百年的庆祝氛围。

　　此外，在短视频视觉符号的选择上，不同机构也有各自能动地呈现。《宁好少年》着重突出"南京长江大桥""紫峰大厦""南京地铁"等南京地标符号画面并穿插真实的城市地铁到站播报声，《少年》柳钢版多次采用工人在车间炼制钢铁的特色工作场景，华中师范大学的《少年》则拍摄和呈现了学校的校门、操场、教室和 CCNU 标志服装等校园符号。三者通过不同画面的拍摄选择，强调和突出了各自的城市特色、企业特色和高校特色，可见不同社会机构在线上平台开展建党百年纪念的文化展演时，一方面，试图共同实现纪念仪式的参与和庆祝目的；另一方面，还能够能动地发挥和表现自身的行业特征。当然，尽管三者在进行新媒体展演时所依托的表现对象和表达方式不同,但均基于不同机构特色进行了能动地改编,通过不同的视角共同营造出积极向好的喜庆状态,以烘托建党百年之际的庆祝氛围。

（二）与国家复兴共振的文化展演

在三个机构翻拍的短视频中,不同机构体现出自身特色的元素,并进行能动地翻拍和改编,但短视频的翻拍和创作仍然是基于建党纪念的主旋律和《人民日报》的《少年》短视频的主基调。三者均将各自的机构发展融入国家复兴的进程中,庆祝中国共产党成立以来取得的成绩,烘托出庆祝建党百年的热烈氛围。

在视觉符号运用和歌曲改编过程中,三个机构分别基于政府、企业和高校的不同定位,将自身的定位与较为宏大的主题联系起来,通过视觉符号、歌词和歌曲进行文化展演。《宁好少年》在改编中融入"创新名城""宁聚计划""紫金山英才计划""南京创新周"等具有南京特色的意象,将南京的城市发展与人才引进、创新活力等宏大主题结合起来。从年轻人在南京的成长线出发,通过旁白播报的方式传达南京发展的新闻和福利政策,还以字幕的形式说明了南京的经济总量排名、"自然指数—科研城市"排名、营商实力排名、国家创新型城市排名等数据,以此凸显当下南京的城市发展吸引力,衬托出党和国家的辉煌成就。

《少年》柳钢版以"一体两翼、钢铁版图""钢花铁仔"等改编歌词表达钢铁企业的定位,体现钢铁重工企业在国家发展和产业布局中的重要地位,"一步一脚印,撸起袖子加油干""实现世界 500 强企业腾飞梦想"凸显出钢铁企业以自身发展推动国家复兴的愿景,体现在建党百年之际钢铁企业发展与国家复兴同频的主旋律。而华师版《少年》则结合"华师精神""双一流战役""教师教育"等歌词体现作为师范类高等院校的专业特色,用"教育报国目标不断实现""实现教师教育领域领先的世界一流梦想"彰显新时代高校的办学精神和国家教育方针理念。这些翻拍短视频既立足于机构的自身特征,又显现出机构与国家命运与共、同频共振的关系。

在视频叙事的主题和逻辑上,《少年》的主题为"回顾百年历程·砥砺初心向复兴",以此为基础,三个新媒体展演的案例将各自的叙事主体(南京市、柳钢企业和华中师范大学)比作"少年",遵循回望过去、讲述当下和展望未来的总体叙事逻辑,表达出在建党百年之际"不忘初心,砥砺奋斗"的主题。"南京发布"的《宁好少年》以青年成长映衬南京城市发展,以南京的城市发展凸显建党百年成就;《少年》柳钢版回顾了柳钢集团建设初期的历史画面,通过"企业表彰墙"和"发展史陈列墙"等企业符号过渡至当下发展,将柳钢集团披荆斩棘的企业创业史与党团结带领人民站起来、富起来强起来的百年历程相呼应;华中师范大学的《少年》以恽代英游行、演讲和战斗的历史画面过渡至当下的党史学习和教师教育等画面,同时在结尾处以历史照片穿插当下画面的形式回顾学校的建校历史和发展成就。尽管三个短视频在叙事方式上各有侧重点,但整体而言,均是将自身特征融入献礼建党百年的核心框架中,后两个视频还以黑白画面过渡至彩色画面的方式显示出机构发展的历史感,以机构发展历程衬托出国家百年发展的历程,自然而然地将微观的个体发展与宏观的国家复兴相关联,以翻拍短视频烘托出建党百年的庆祝氛围。

（三）短视频文化展演的权力嵌入

尽管翻拍短视频体现了一定的主体特色,但这样的能动改编仍是一种有限的发挥,其展演实践始终镶嵌在庆祝建党百年的主流价值框架之中,所调用的象征符号等也大多来源于《人民日报》的原版视频和政治仪式的神圣化元素,在具体的新媒体展演中也通过对特定视觉符号和歌词意象的重复强调,体现党和国家设置的政治仪式的权威性特征,以此实现线上和线下的统一配合,形成建党百年的主旋律特征和权力的嵌入。

在视觉符号上,不少翻拍的短视频中都出现了国旗、党旗、党徽、"100""中国"字样等具有明显的代表党和国家特征的象征符号,《少年》柳钢版还通过红色锦旗、突击队红旗、社会主义核心价值观等意象符号,凸显企业服务的成果,烘托红色献礼的氛围。这与主流纪念仪式和线下政治仪式的符号选取都高度重合。例如,在一般的政治仪式庆祝典礼上,天安门广场升起国旗,在东西两侧升起100面红旗,中国共产党党徽在中央矗立,直升机和战斗机组成"100"字样等。此外,新媒体展演也与主流媒体的媒体纪念活动联动了起来。"央视新闻"发起的"唱支山歌给党听"线下主题快闪系列节目中的参与者同时挥舞党旗和国旗,以及新华社发起的"百年红色体育行"活动参与者带着党旗和党徽等走访 8 个中国红色地标城市，这些视觉符号均为党和国家的标志性符号，线上新媒体展演和线下政治仪式共享同一套符号系统，使得线上的新媒体展演与线下政治纪念仪式相配合，不仅在全社会形成庆祝建党百年的热烈氛围，还使权威符号和政治权力通过新媒体文化展演得以自然渗透。

同时，在歌词改编中，尽管各翻拍短视频基于各自特色对歌词进行了能动地创作，但《人民日报》的《建党百年主题 MV 少年》中的主要歌词"初心从未有改变""百年只不过是考验""使命永远放心间"等被保留且在歌曲中被反复强调。习近平总书记在十九大报告中指出："中国共产党人的初心和使命，就是为中国人民谋幸福，为中华民族谋复兴。"此后，自 2019 年 6 月起，全党自上而下分两批开展了"不忘初心、牢记使命"主题教育。"初心"和"使命"也成为党的政治仪式的标志性符号，在建党百年之际，《人民日报》和各抖音用户在翻拍实践中通过对"初心""使命""百年"等词汇的反复强调，突显了新媒体展演中的权力嵌入，也与线下主题教育相呼应，共同营造出献礼建党百年的主旋律氛围。从某种程度上说，抖音用户在短视频翻拍实践时所拥有的自主性和能动性是有限的，事实上仍受到主旋律基调和政治权力的限制，与现场仪式和主流媒体等共享主流的符号系统，从而推进公众的情感升华和价值观提升。

第三节　短视频展演延伸的情感凝聚与记忆实践

线上短视频制作和传播的出发点是希望通过线上的纪念活动，与线下的政治纪念仪式相配合，带动公众的注意和社会参与，从而凝聚公众情感，营造建党百年周年纪念的氛围。而更为重要的是，通过短视频翻拍，使得公众在潜意识里产生对建党百年纪念时刻的认知，经由新媒体展演延伸出的各类政治参与活动加强对党史党建知识的传播和普及，形成公众的情感凝聚和历史记忆唤起。

一、短视频翻拍中的情感凝聚

在抖音平台，《少年》歌曲 MV 的改编主体虽各有定位，但改编活动大多由政府部门发起并倡导具体的机构落实,各地试图以歌曲改编的形式庆祝建党周年。例如,中共深圳市委网信办和深圳市教育局推出"最潮中国观　看我圳少年"策划后,深圳中学金钟少年合唱团对《少年》进行改编;"宁好少年"主题MV 由中共南京市委网信办指导,南京发布和紫金山新闻联合出品。教育部新闻办公室官方账号"微言教育"推出"我和我的学校红色记忆"篇章微视频接力活动,由此,华中师范大学改编并发布华师版《少年》。《少年》歌曲 MV 的改编活动几乎均由上级政府部门发起,调动下级基层单位机构和新媒体用户等的共同参与,以自上而下的方式在全社会营造该庆祝仪式的政治氛围,确保短视频的主旋律特征,如深圳中学金钟少年合唱团被邀约改编《少年》时就提到"重新演绎《少年》这首歌时既要与建党 100 周年结合,还要带有深圳特色"。因此,后续的歌曲改编既凸显了主体的特色,又营造出具有权威特征的主旋律氛围,从而在翻拍展演中实现对建党百年纪念的情感凝聚。

同时,为了配合《少年》短视频的拍摄和制作,各主流媒体和机构主体还展开了各类线下的纪念活动,以线上线下相结合的方式,在全社会形成建党百年的纪念氛围,营造对党和国家的政治认同。例如,南京市委举行庆祝中国共产党成立 100 周年座谈会暨市"两优一先"表彰会、市委书记讲授党史学习教育专题党课;柳钢集团开展庆祝建党 100 周年大型主题党日活动以及快闪表演;华中师范大学组织师生学习恽代英事迹和党史故事、排演话剧、创作革命油画、开展合唱快闪活动等。一系列线下政治仪式不仅为线上新媒体展演提供了素材,也在一定程度上提升了主体的参与度,在具身化的建党主题纪念活动中凝聚起青年群体的爱国情感。

二、短视频翻拍延伸的历史记忆实践

在短视频制作的过程中,实际参与创作改编或表演拍摄的用户为了进行短视频展演,通过对党史或机构发展史的资料搜集和学习感受,实现了历史记忆的传承和再生产,在一定程度上提升了社会认同。《人民日报》的短视频《少年》的改编词作者罗高丞曾在采访中提道:"为了进行改编查阅了大量的资料,梳理了建党前后的中国历史,对重大历史事件和近几年的时事热点进行了提炼,并且在此过程中,越是了解建党后国家取得的发展,越是感到自豪,同时更想把这份激动分享给更多的人。"深圳中学金钟少年合唱团的廖梓含在改编歌词时也表示："《少年》这首歌表达的是初心不变，我们本就是少年，因此将歌词的内容中心改为'正逢青春，更要努力向上'。围绕这个框架，我用了一下午时间翻阅资料，结合自身所学的党史知识，将中国共产党的发展历程融入歌词中。"在改编的过程中，为了结合党史和个体特色，创作者往往通过资料的收集回顾历史，将其融入歌词改编并传达给受众，由此践行历史记忆的再生产。

在歌曲的重新演绎和拍摄过程中，参与者能亲身体会歌曲传递的价值，回望和传承历史记忆。深圳中学金钟少年合唱团的指挥刘梅认为，带领鹏城青少年用合唱的形式来庆祝建党百年，也是让孩子们用发自内心的方式来表达对党的认同和热爱。她说："排练的过程能极大地激发他们的爱党、爱国情怀，同时也能树立他们更加正确的价值观。"广东实验中学合唱团的同学在交响音乐会上演绎改编版《少年》时也表示排练和演出这首曲子给他们带来了新的感受。周雨潼同学说："现场排练《少年》这首曲子时，竖琴、打击乐、号声响起，让我回忆起课本上学习到的中国共产党的诞生历史，敬意和感动油然而生。"梁乐凡同学则表示："这首改编后的歌曲更让我们体会到了作为少年被国家委以未来重任的使命感和责任感。"参与歌曲演绎和制作的主体能更直接地感受庆祝的氛围，从而传承和唤起历史记忆，提升国家认同。

三、营造认同：新媒体仪式展演的认同形成机制

《少年》短视频的制作和推出逐渐扩展到了全国上下的《少年》短视频翻拍和新媒体展演，从某种程度上达到了政治宣传的效果。其中，《人民日报》的《少年》短视频取得了良好的传播效果，在发布后两日内播放量突破 1.6 亿。截至 2023 年 4 月底，视频的点赞量达 254 万，评论数和转发分享量分别为 12.7 万和 21.8 万，该短视频成功"出圈"，成为党史学习教育新媒体宣传的优秀案例，并引发不同组织机构的模仿和翻拍。在建党百年之际，各地通过短视频翻拍和新媒体展演渲染纪念氛围、营造公众认同的社会机制，主要体现在以下三个方面。

首先，国家在场下新媒体展演的能动性发挥。一方面，"南京发布""青春柳钢""华中师范大学"三个机构对《少年》短视频翻拍的个案表明，抖音用户可

以凭借专业化和组织化的运作方式展开对建党纪念主旋律的渲染和元素调用,基于各自机构的城市、企业和高校定位展开能动地创作翻拍和文化展演,并将各自的机构发展融入国家复兴的进程中,烘托出庆祝建党百年的热烈氛围;另一方面,短视频翻拍实践具有一定的"强制性"和"国家在场"特征。机构发布的短视频调用的元素,一部分来自权威性党媒《人民日报》的原版视频,基本没有突破原版《少年》短视频的基调和框架,还有一部分来自以往重要仪式庆典和主流媒体呈现的代表党和国家的象征符号,使短视频翻拍实践在发挥能动性的同时,符合主流化的要求,并将权威性符号和主旋律自然而然地嵌入其中。此外,这种基于建党百年纪念主题展开的新媒体展演活动,从中央宣传部的主题宣传通知到各地各部门的高度重视、积极响应,自上而下的动员本身就具有一定的"强制性",也使建党短视频的翻拍活动在全国范围顺利扩展开来。

第二,新媒体展演形成的线上线下联动。尽管《少年》短视频翻拍和新媒体展演有很强的线上空间传播的特征,但线上展演活动并没有因为网络空间的部分虚拟性而失去影响力,不仅在视频点赞量、评论数和分享量方面有突出的传播影响力,在网络空间铺天盖地地"刷屏"、算法推送中引发了社会的广泛关注,各地各部门还调动下级基层单位和新媒体用户共同参与短视频翻拍,试图通过新媒体营造出庆祝建党百年的氛围。当然,研究中发现,线上仪式展演与线下并不是被明显分割的,线上仪式展演和短视频制作势必会延伸到参与者对相关历史背景知识的搜集和了解,短视频翻拍时也需要青年群体加入纪念歌曲的传唱和演绎,并且随着新媒体纪念主题活动的推广而与主流媒体的建党纪念活动勾连起来。这种线上线下的建党纪念联动形式,充分发挥了数字时代新媒体视觉传播和仪式展演的便捷性,又延伸到线下进行多次组织传播和系列推广,进一步加强了建党百年纪念的氛围感、增强了公众参与度。

第三,新媒体展演的情感升华与记忆唤起。无论是新媒体展演还是线下延伸纪念活动,兼具趣味性和主旋律的建党纪念活动,使得公众和青年群体在全方位的社会庆祝氛围熏陶之下,凝聚起社会情感。在短视频翻拍过程中,公众对建党历史知识的认知和对本组织机构历史的了解,进一步唤起了参与群体的历史记忆,间接地践行了纪念题材的社会再生产和历史传承。这种运用短视频翻拍进行建党百年宣传、主题教育的方式,寓教于乐、富有参与感,使公众和翻拍参与者自然而然地感受建党纪念的宏大主题，是一种新型的政治传播形式。在数字时代，短视频作为一种简易的视频制作形式，发挥了用户和机构的能动性，也是抖音用户运用视觉符号进行媒介化建构和展演的方式。通过专业化和组织化的运作，短视频《少年》将自身对建党纪念主题的理解表征到视频的创作中，在新媒体展演中营造国家认同感，并在这一过程中不断凝聚用户情感、唤起用户的记忆，从而达到主流题材创新型宣传的效果。

第七章

网络空间主流影视剧的社会共情

随着新媒体技术的发展,网络空间日益成为网络舆论表达的重要渠道,与之相关的是中国社会转型的背景下,特别是 20 世纪 80 年代以来,改革开放成为当代中国多元社会思潮交汇和引发公众追忆的重要事件和热议话题(郑雯,桂勇,黄荣贵,2019)。以改革开放为主题的电视剧《大江大河》集中表现了人民群众在改革开放大潮下创造美好生活的故事,揭示中国坚持走改革发展之路的历史趋势,播出后网民结合改革开放事件和剧情进行网络表达,形成了广泛的网络舆论。据尼尔森网联全国网统计,该剧收视率(1.995)高于被广电总局赞扬电视剧的平均值(1.383),市场份额(3.6)高于被赞扬电视剧的平均值(2.499)。与此同时,该剧还在爱奇艺、腾讯视频、优酷网等视频综合类网站同步更新播出。据视频监测与分析系统的大数据抓取显示,该剧的豆瓣评分(8.9)和褒贬值(0.359)高于被赞扬电视剧的平均值(6.854、0.349)(葛进平等,2020)。当然大数据分析已经勾勒出该剧大致的情感表征和态度倾向,但还未就网络舆论文本背后深层次的社会心理机制展开分析。

与以往电视剧传播仅通过收视率、市场份额指标等收视数据体现不同,新媒体平台的在线流量和文本数据全面地体现传媒收视的用户反馈和社会舆论,为本章提供了数据来源(喻国明,2013)。此外,以往网络舆论研究以突发类和群体性事件为主,缺乏从非突发类的热点事件网络舆论现象中分析背后的社会机制及社会影响。基于此,本章的研究问题包含以下三点:第一,网络空间形成何种关于“改革开放”的舆论表达;第二,网络舆论场的多元主体表达反映出了怎样的社会心理;第三,主流话语舆论场与网络舆论场能否形成两大舆论场的弥合与整合？

第一节　网络舆论、社会心理与
舆论场融合

一、网络舆论的研究范式

早期网络舆论研究聚焦舆情领域，对功能主义范式的依赖与日益市场化的舆情产业发展有着密切关系；摆脱行政式的管理思维，通过询唤多元主体的不同情感、构想和记忆，多维度、综合地考察不同舆论主体之间复杂的互动过程显得尤为必要，使网络舆论研究重回舆论本源（邹军，2008；曲飞帆，杜骏飞，2017）。此外，以往主流意识形态试图通过多种方式实现主流话语的政治传播和社会引导（施惠玲，杜欣，2016），但处于较难衡量的状态，而主流话语借助网络平台的传播与反馈，能较为直观地反映社会舆论的状况。本章选取改革开放电视剧这一现实生活化题材来考察主流话语的网络舆论反响，并基于热点事件分析网络舆论产生的社会心理机制。

二、网络舆论形成的社会心理机制

社会心理学是重要的分析传统，也是将舆论形成过程中微观个体与宏观社会连接起来的理论工具（张志安，晏齐宏，2019）。相关网络舆论研究分析了网络舆论扩散与演化的路径与形成机制，一类是关注到媒体议程在网络舆论传播中的作用。大众传媒的议题设置和报道是引发网民关注的重要信息来源，因公众（网民）与媒体议程的互动、网络空间意见领袖的作用形成网络舆论的扩散（安珊珊，2012；曾繁旭，黄广生，2012）。新媒体的广泛普及和网络传播使信息生态发生变化，由社交媒体引爆、传统媒体跟进报道与网民联动的网络舆论模式正在逐渐形成（谢耘耕，荣婷，2011；李彪，2017），而电视与微博类社交媒体的深度融合，形成社交电视与粉丝互动的微博舆论传播方式（袁靖华，郝文琦，2015）。另一类则是关注到形成网络舆论引爆与公众情绪宣泄启动有关,公众的社会信念往往是网络舆论产生的心理根源,转型期的社会现实与社会信念之间存在着相互转化的关系,其中利益相关、价值共振、情感共鸣是网络舆论生成的根本原因(黄永林等,2010;余红,李瑞芳,2016)。有研究者指出,情感在当代中国网络舆论和网络事件中发挥着关键的作用,受情感驱动并不等同于非理性的盲目行动,其实质是争取"承认的政治"而寻求社会发声的动力(谢金林,2012),而非突发事件网络舆论的社会心理动因以及情感因素在网络舆论中的体现是值得关注的。

当然,网络舆论的形成过程也体现为媒介联动与社会心理两者的结合,有研究者认为网络舆论产生的动因体现为议程来源、议程流动与议程整合三者之间的互动,各种利益群体的诉求、网络议程的社会舆论与公众接收是不断变化和修正的过程(王艳玲,何颖芳,2011),还有从情绪、态度、行动三个层次进行综合考察,网络舆论的生成既体现微观的个体心理动机,又涉及网络表达生成、媒体议程设置、线上线下联动等的动态过程(张志安,晏齐宏,2016)。关于非突发事件舆论的研究,有学者将改革开放以来的舆论格局视为社会心态、媒介技术与政治力量三者动态博弈的过程(钟怡,2018)。本章将以网络舆论形成的多维视角,基于电视剧的网络舆论传播,较为全面地理解和把握公众(网民)、媒介议程与网络舆论的相互关系。

三、多元舆论场的分化与融合

网络舆论场在新的技术环境下形成了多元的舆论主体,专业媒体、机构媒体与民营自媒体平台共同构成了复杂的信息生态格局;不同舆论势力在相互博弈中此消彼长,呈现出与现实社会中的舆论力量不同的新特征(雷扬等,2015;张志安,汤敏,2018)。此外,当前信息舆论生态的复杂性体现在传统媒体舆论场与网络空间舆论场的叠加,呈现为介质、群体、功能的分化,理性化与情绪化的博弈,存在两个舆论场相隔离的现象(王国华等,2012),主流政治话语或主流电视剧提供了正能量传播的方式,在多元化的网络舆论场内是否会形成意见的分化是值得关注的内容。

当然,如何打通以传统媒体为代表的官方舆论场与以网络空间为代表的民间舆论场,成为研究信息舆论生态良性发展的重要议题。有学者基于近年来网络热点舆论事件的分析发现涉及社会类新闻事件或国外政治事件时，两大舆论场的相关性较高，具有融合的可能性（曾凡斌，2018）。相关研究者提出了"两个舆论场"融合的具体措施：推进传统舆论场生产机制转型、吸纳和鼓励民间化的话语方式、从群众角度设置议题、加强良性互动、在对立中走向统一等（文新良，2018），但还缺乏对网络舆论传播扩散的深层机制，特别是缺乏对网民的社会动员和情感认同的心理动因进行深入研究。

综上所述，过往研究已对网络舆论形成的社会机制、官方与民间舆论场的融合展开相关研究，但现有研究过多考察突发事件中的网络舆论演化和规律，缺乏对非突发事件和主流话语传播的案例进行经验考察，以及揭示多元网络舆论场域中舆论传播的社会情绪和心理动因。与以往的质性访谈资料类似，网络舆论表达提供了直观、可见的在线文本，通过质性文本分析可以阐释文本背后的社会心理（波特，韦斯雷尔，2006），为理解网络舆论的社会心理机制提供了可能性。本章将以庆祝改革开放 40 周年主旋律电视剧《大江大河》的微博评论为研究资料，考察主流话语的网络舆论和社会心理机制，并延伸到关于"两个舆论场"融合和改革开放记忆形塑话题的讨论。

第二节　网络舆论场中多元主体的网络表达

本章基于微博评论内容，采用扎根理论和质性文本分析的方法，通过编码数据过程揭示网络舆论表达背后的社会心理机制。以电视剧《大江大河》的新浪微博评论作为研究对象，鉴于本章的研究问题和电视剧的实际特征，以"大江大河"和"改革开放"作为关键词进行搜索研究。

一、网络舆论数据的基本状况

选取 2018 年 12 月 1 日起三个月内（截止日期为 2019 年 2 月 28 日）作为微博评论分析的时间段，根据"浙江传媒学院视频监测与分析系统"大数据测评，共监测到微博 12 804 条。使用人工智能的语义分析技术，计算网络用户对于视频和明星的网络褒贬值为 1.62。经新浪微博自动省略相似结果后(可视为精华帖),搜索结果共计 34 页、606 条微博帖子。经测评,606 条微博的褒贬值为 1.39①。在一名学生助理的协助下,笔者通过保存、单独编码、归类,并对差异部分进行讨论、二次编码,去掉与研究主题无关的,实际共计 584 条微博帖子,各自单独编码、归类,并对差异部分进行讨论、二次编码,具体数据状况与研究开展过程如下:

从微博搜索出的精华帖来看,三个月间日均推出精华微博帖子 6.49 条,出现最多的时间为 2019 年 1 月 5 日,达到 36 条;其中出现 10 条以上的共 23天,分别为 2018 年 12 月 16 日、18—23 日、26、28、30 日,2019 年 1 月 2、4—14日、19 日。从电视剧开播 12 月 10 日到 12 月 18 日前后,再到 1 月 4 日剧终前后出现了两波网络舆论表达的高峰,其中 12 月 18 日庆祝改革开放四十周年大会召开与电视剧播出掀起网民对"改革开放"议题网络表达的热潮,而随着电视剧的剧终再次引发网民的讨论,线上网络舆论的热度与线下电视剧热播、热点事件相互呼应,将网络舆论推向高潮(见图 7-1)。

图 7-1　电视剧《大江大河》微博舆论时间分布

① 大数据监测(N=12 804)的褒贬值大于精华帖(N=606)的褒贬值,且数值近似,因而通过分析精华帖可较为近似地反应出该议题整个网络舆论的倾向和表达特征。

微博精华帖在搜索区间内的首条微博帖子为"优酷剧集"12月3日的微博帖子："突然惊喜！♯大江大河♯先导片来袭！该剧讲述了1978年到1988年，改革开放的第一个十年间……♯大江大河定档1210♯不愿辜负，期待播出@王凯kkw @杨烁 @董冬咚d @童瑶"。该影视大V通过新浪微博率先向网友推介即将上映的电视剧《大江大河》的基本剧情，为电视剧的后续播出预热。

据统计，584条有效微博帖的平均字符数为145.8个，其中微博字符数最多的为"新世相"1月11日发布的微博，占2 873个字符；微博字符数最少的为"果壳面壁者"1月5日发布的微博，占13个字符。微博帖子的字符数表明，与弹幕语言表达简短、内容相对碎片化的特征不同，新浪微博该议题有效帖子的网民发言内容丰富，且有一定的深度，网民言论质量较高，为后续展开扎根理论分析奠定了基础。

此外，微博评论的网民身份也体现出多样性，既有《人民日报》《南都娱乐周刊》《新京报》等媒体的官方微博，又有"淮安司法行政""C科技""世界经理人网站"等企业及机构的微博，还有电视剧"大江大河官微"。当然，更多的是普通的微博网友。因此，网络舆论的表达主体呈现多元身份特征，可能会有不同的网络舆论表达心理。

二、扎根理论分析实施过程

作为一种较为成熟的质性研究方法，建构扎根理论最初是由格拉斯和斯特劳斯20世纪60年代提出的，强调从行动者的角度建构理论，理论必须来自经验资料（Glaser，Strauss，1967），并逐渐运用于社会科学和新闻传播学的相关研究中。扎根理论是一种归纳法，提倡理论越少越好的方法，研究者在分析前所做的任何理论被认为是阻碍，而不是促进研究者在分析过程中形成看法；强调将数据中的具体现象归类到符码中，从而发现数据背后的理论（库卡茨，2017）。本章将抓取的电视剧《大江大河》新浪微博的评论作为扎根理论分析的经验资料，实施开放式编码、轴向编码和选择性编码三种编码过程，进行自下而上的理论建构，根据经验资料提取概念并发展相关理论，进行理论饱和度检验，研究结论通过验证后形成相关理论，反之将再次编码,直到通过检验,从而考察主流电视剧传播的网络舆论和社会心理机制。

1. 开放式编码

开放式编码是从研究、比较、概念化到给数据编类目的过程,这一过程为分析"敞开大门",研究者仔细地分析数据,形成初步的概念及相应的概念维度(库卡茨,2017)。本章根据所爬取的新浪微博帖子,按顺序进行编号,XT01 代表第一个帖子,以此类推。最初的文本编码用 an 表示,旨在归纳和简化帖子中庞杂的信息,为最小的编码单位。在此基础上,将概念化数据不断分析归类后形成相应的类属(An)。通过这样的研究步骤,最终得到 85 个初始概念(an)和 45 个类属(An)。

2. 轴向编码

轴向编码在开放式编码的基础上,根据类目之间的联系组合成新的类目,往往通过现象、因果条件、情境、干预条件、行为策略和结果六个类别来分析类目,形成主类属(库卡茨,2017)。本章在 45 个类属(An)的基础上,结合本章中微博帖子的核心主旨、博主身份、话题情境、言说动机等方面,形成 14 个主类属(Bn)。

3. 选择性编码

通过选择性编码分析核心类目与其他类目之间的关联性,整合之前所有的分析工作,系统化地将所有其他类目与核心建立联系,并将方法与所要解决的具体研究问题联系起来,为后续的理论创建与评估奠定基础(库卡茨,2017)。本章的主要研究问题是考察网络舆论形成的社会心理机制,其核心类属旨在解答影响主流电视剧网络舆论的多维因素。

本章基于对 14 个主类属的选择性编码,将其归纳为四个核心类属:剧情评价、亲身体验、追剧推剧、变迁感悟;其中,将"剧情内容""期待下部""好剧推荐""内容赏析"4 个主类属编码为核心类属"剧情评价";"感慨时光""联系自身""个人随想"3 个主类属编码为核心类属"亲身体验";"追星状态""追剧状态""影片推广""主创感言"4 个主类属编码为核心类属"追星推剧";"时代变迁""国家强盛""致敬时代"3 个主类属编码为核心类属"变迁感悟"。以上 4 个核心类属共同影响着该电视剧的网络舆论(见表 7-1)。

表 7‐1 电视剧传播的网络舆论类属分析过程

类　属	主类属	核心类属
改革事件叙述、人物故事情节、剧情场景、期待情节、期待演员、期待故事发展、同题材对比、向外推荐、赞赏剧情题材、赞赏人物……	剧情内容 期待下部 好剧推荐 内容赏析	剧情评价
追溯改革时光、追溯前人的生活、回忆过去的成长、联系自身实际、联系家人、努力奋斗、把握时机、感动心情、负面评价……	感慨时光 联系自身 个人随想	亲身体验
演员外表、演员演技、演员人气、粉丝剪辑、追剧情形、影片推荐、影片介绍、演员感言、编剧感言、制作人感言……	追星状态 追剧状态 影片推广 主创感言	追星推剧
感慨社会变化、国家政策改革、时代发展、感慨祖国变化、民族复兴、时代精神、致敬改革开放……	时代变迁 国家强盛 致敬时代	变迁感悟

三、主流电视剧网络舆论形成的机制

本部分通过对微博舆论的三级编码，逐渐揭开该议题网络舆论形成的"黑箱"，主要包含 4 个方面的因素（见图 7‐2）：① 电视剧传播作为内容题材引发

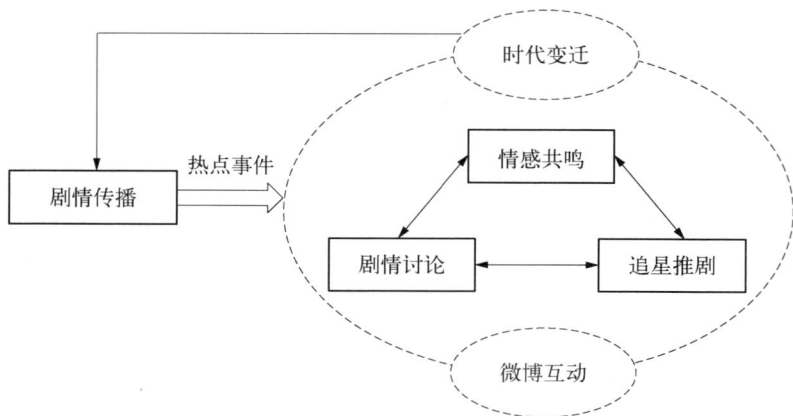

图 7‐2 电视剧传播与网络舆论互动关系理论建构模型

关注并形成微博互动;② 微博互动中的剧情评价、追星推剧、亲身体验互相作用形成微博舆论;③ 外部宏观的时代变迁提供电视剧剧本内容创造及微博互动的来源;④ 电视剧传播与网络微博互动形成了主流舆论场与网络舆论之间的博弈。此理论建构模型初步建立起电视剧主流话语传播与网络舆论传播之间的互动关系,反映出多元主体的网络表达状况和社会心理。

（一）网络舆论源于电视剧内容的"剧情评价"

网络微博互动的重要起始在于电视剧的上映,无论在传统媒体播出,还是通过视频网站播放,都能引发网民通过微博表达对电视剧的讨论和评价。首先,体现为对剧情内容的讨论,包括对改革开放这一热点事件和剧中人物故事的讨论,前者体现本剧所反映的改革开放这一社会阶段,比如有网友评论,"觉得《大江大河》真的是演员演技在线并且很有时代特色的一部剧,讲 20 世纪 70 年代的高考、改革开放,以及延伸到那个时代不同身份的职业发展……"（XT69）"这部改革开放 40 周年的献礼剧,立足于改革开放的大背景下,全景式展现了改革开放以来中国社会、经济、生活的巨大变化,从 2018 年火到了 2019 年……"（XT266）而后者评论剧中的主人公的性格、经历和命运,描述宏观社会进程中的小人物状况、拍摄外景地也成为讨论的对象。这些网络评论体现出了剧情内容讨论的丰富性,网友基于剧情场景的自由发挥,形成了对电视剧多样的网络舆论形态。

其次,体现为对内容的赏析、推荐以及对下一部的期待。网友在观剧的同时,自然而然地通过网络评价电视剧,向他人推荐该剧并表达对电视剧和演员的喜爱。"真实记录改革开放 40 年的风雨历程。以忠实的笔触、深刻的内涵、接地气的真诚赢得了观众……豆瓣高评分是有道理的。"（XT441）本部分对电视剧的剧情评价是网友关注电视剧本身最为核心、结合电视剧参与最直接的表达对象,普通网友以个体作为网络评论的主体进行发言,既有对电视剧剧情本身的整体描述,又有关于电视剧的推荐赏析和对下一部剧的期待,从而引发了更大范围和议题的网民热议。

（二）基于个人经历的"亲身体验"网络舆论

作为与日常生活贴近、反映改革开放主题的电视剧,随着剧情的展开,网友结合个体的生活经历，或感慨时光流逝，发表个人随想；或联系自身家庭，在情感共鸣中进行网络发言和个人追忆。有网友感慨道，"大江大河有点好看哎，老一辈的那个年代与改革开放40周年，好像离得很近，又好像离得很远。"（XT38）网友仿佛在这部时代剧里看到了自己，回想改革开放的青春岁月，通过观看电视剧获得人生感悟。网络舆论中反映出《大江大河》电视剧给观众带来巨大的心理冲击，他们在观剧中不断调动个人的情感和思绪，年长者回忆自身的成长经历，联系自身和家庭；年幼者则通过电视剧向身边的人了解改革开放的历史。

尽管有极少一部分网友结合自身的经历对比往昔，有相对悲观的倾向，但依然给予电视剧中改革开放历史较为正面的评价。"前段时间还有幸看到一组改革开放初期中国社会的照片，那时的人们充满朝气，精神面貌焕然一新。可是改革开放40年后的今天，我觉得这种朝气，这种活力似乎渐渐流失了。"（XT536）以上这些微博评论是在观看电视剧的过程中基于个人随想而阐发的，将个体的生命经历和感悟融入整个改革开放的过程之中，内化于心，外化于行，带动电视剧网络舆论的公众情绪不断升华。

（三）网络舆论中多元主体的"追星推剧"

除与电视剧的剧情评价和个人的亲身感悟有关的网络舆论外，"追星"也是推动网络舆论的重要方面，涉及明星外表、演技、演员人气等多方面，还有粉丝通过自行剪辑电视剧情节制作短视频。网友纷纷表达了对剧中明星的喜爱，"王凯♯大江大河♯宋运辉的成功塑造，赋予了这部戏灵魂。因为有宋运辉的存在，《大江大河》这部戏真正有了改革开放献礼剧应该有的格局。感谢王凯塑造的宋运辉！"（XT138）网友在微博评论中讨论演员角色演绎，因剧中演员的波折命运产生情绪起伏。还有多位网友把自己的昵称改为"王凯kkw的一盒虾饺""王凯kkw哈尔滨影迷会"等与"王凯"名字有关的粉丝团，其中"王凯的小迷妹1982love"写到，"王凯老师的这部电视剧真的很棒，政治老师讲课时用它当案例，历史老师也讲过它。@王凯kkw塑造了这么好的一个角色，真的是太棒了，喜欢王凯好幸运呦"。（XT190）以上无论是博主昵称还是网络评论内容，网友们通过微博对明星群体喜爱的表达十分直白，不仅是对电视剧情节本身的关注，更是对电视剧主演明星的热捧和追逐。

与普通网友为主的剧情评价舆论不同,网络舆论中的追星推剧呈现出多元主体的特征,其中"影片推广""主创感言"舆论中媒体官微和网络大 V 扩展了普通网民的发言主体。此外,电视剧主创的发言和采访报道反映的电视剧内核,往往能引发网民的强烈关注。其中,媒体大 V《人民日报》官微发布了"【《大江大河》制片人谈现实题材创作:记录时代,更要照亮人心】《大江大河》再现了改革开放先行者们的奋斗与觉醒。观众是宽容的,对创作的用心、用功、用情会由衷点赞;观众也毫不留情,对浮躁肤浅、急功近利的创作甚至会弃剧。真实、真诚、真挚,创作者秉持这种'真'来面对观众,观众绝不会辜负创造者。"(XT254)该条微博的点赞数为 7 128,转发数为 2 292,评论数为 1 876,成为本章样本中排名第一的微博帖子,体现出强大的舆论传播力和影响力。机构类媒体"淮安司法行政"以主演王凯参加节目"改革开放 关键一招"来助力《大江大河》电视剧播出,以王凯的演讲激励年轻人在改革开放成果下肩负国家的重任,推动网友情绪升华和舆论扩散。据统计,点赞量、转发量和评论量三者相加排名前 20 的微博帖子中,仅有 3 个为普通网民(粉丝数 1 000—3 000),粉丝数 1 万—10 万的网民(网络中 V)共 4 个;粉丝数超过 10 万以上的网络大 V 共 13 个,这些大 V 主要是媒体官微和知名评论人,在网络舆论中产生了巨大的扩散效应。

可见,多元主体的追星推剧也是促使网络舆论扩散的重要方面,因喜爱和追逐演员明星而热衷一部电视剧的这种"爱屋及乌"效益,成为当下网络亚文化群体追星推剧的重要方式。当然,尽管网络舆论场拥有多元的言论主体,但真正发声且能带动网络舆论的是网络大 V 群体,他们本身具有较高的人气和关注度,能提供重要的文化资本和品牌效应,强化对主旋律电视剧的推荐和追捧,促使网络舆论的传播与扩散。

（四）基于社会历程的"变迁感悟"网络舆论

通过对微博舆论的扎根分析,还可以发现许多网友结合电视剧剧情,上升到对社会层面的认识和讨论,感慨时代变迁,称赞国家强盛,提炼反映的时代精神,甚至向改革开放致敬,情绪由弱到强,总体呈现出积极的网络舆论倾向。

1. 感慨时代变迁

最浅层次的网络舆论表现为网友感慨国家政策改革，促成社会进步。变化、社会、时代是关键词，有网友写到"最近两部电视剧《大江大河》《启航》，讲了中国改革开放开始到现在的各种改革，真是感慨中国这翻天覆地的变化，中国仍处在不断深化改革中……"（XT64）"看完 47 集《大江大河》，突然某些瞬间让人老泪纵横。改革开放 40 年，祖国发生了翻天覆地的变化，时代的弄潮儿注定要遭受各种磨难和困苦。"（XT47）并且由社会的变化发展延伸到对改革开放所反映出来的时代精神的提炼。

2. 称赞国家强盛

网络舆论体现在用中国、祖国、复兴等关键词表达对国家强大和民族昌盛的刻画，"……我们都有幸生活在一个变革这么大的时代。真的，改革开放以来，中国的进步是有目共睹的……新一代的中国是属于那些敢拼敢闯的勇士们的，中国与他们也算是互利共赢了。"（XT43）"厉害了我的国，让我们青年人怎么能不奋起直追，在实现中华民族伟大复兴的生动实践中放飞青春梦想，书写青春篇章！家国相依，为了前程奋力拼搏，为了祖国强大更加努力♯厉害了我的国♯"（XT18）网络舆论中充满着网民对国家强盛的自豪感和敬佩之情，以及对自身努力奋斗的代入感。

3. 致敬改革开放

还有一部分网友的言论表达显得更为强烈，纷纷表达了对时代先行者的感激，"历史车轮滚滚向前，时代潮流浩浩荡荡，小溪小流汇聚成大江大河，我们要感恩每一位先行者的探索与拼搏，我们为他们感到骄傲！"（XT70）还有网友结合剧情感激改革开放带来的成果，"我很用心用情地看完了《大江大河》，你的感性深深地感染了我，与你极其相似的性格，让我每次都会潸然泪下……感谢改革开放，让我坚守自己想做的事情，无怨无悔！"（XT281）甚至有网友直白地表达了对时代的致敬，情绪达到了顶峰，"《大江大河》真是笑中有泪，生动朴实的标杆，幸福是奋斗出来的，致敬改革开放 40周年"（XT121）。尽管"变迁感悟"网络舆论的网民用词相对宏大，但都是普通网民的发言。他们面对改革开放的历史变迁，个人经历与国家命运交织在一起，产生情感共鸣，崇高的情怀和社会担当伴随电视剧剧情油然而生，情绪逐渐达到顶峰。

第三节 网络舆论场的情绪感染与 社会共情机制

从本章来看,代表主流舆论场的主流电视剧与代表网络舆论场的微博舆论呈现出相互融合的状态,前者作为庆祝改革开放的献礼剧和主流话语的烘托出现,后者在微博舆论场表现为积极正面的网络舆论,此案例为理解两者的融合提供了新的思考空间,究竟该如何理解和认识改革开放议题中两个舆论场融合的社会共情机制?

一、两个舆论场融合的社会心理机制

基于本案例网络舆论的扎根分析和理论模型建构,发现微博互动中的剧情评价、追星推剧、情感共鸣三者的互相作用形成了微博舆论场的生产机制,通过挖掘背后的社会心理归因,其核心在于网络舆论的"共情效应"。有研究者在关于共情力的讨论中指出,共情是指一个人能够理解另一个人的独特经历,并对此做出反应的能力;共情能够让一个人对另一个人产生同情心理,并做出利他主义的行动(乔位米卡利,2017)。共情是有意识地进行换位思考,来理解别人的思想和感受的过程(吴飞,2019)。当然,本章所认为的共情已不仅是一个人对另一个人的同情心理,而是在网络舆论场语境下更多的网民群体对改革开放电视剧,以及所属社会事件的理解、感同身受的心理状态。

当然,网络舆论场的多元主体特征也使得网民"共情"也有不同的面向(郝拓德、罗斯,2011)[①],具体表现为:普通网友对电视剧的观看和评价形成对电视剧内容的剧情评价,表达对电视剧的好恶和期许;网络大 V 推荐新剧,粉丝网友表达对演员明星和电视剧的追捧和喜爱,形成多元主体的追星推剧;网友

---

① 关于"共情"的概念和面向,国际关系学者有关情感类型的研究,把长期的情感性情称为"基调情感现象",并将其依次分为信念、忠诚、情感定向、情感氛围等四种类型,分别指称个人或团体对外部的认识、情操和情感习惯的集合及归属感、情感价值的附加、情感状态的社会气氛。这一情感类型的分类有助于本章对共情不同面向和层次的认识,在此基础上将情感氛围再划分为个体与社会两个层面,共计五个层面,并形成递进关系。

结合个人经历表达个人随想和生命感悟，从社会层面谈时代变迁、国家强盛，或致敬改革开放，形成基于个体—社会的情感共鸣。这些网络舆论内容多元且丰富，共情的程度由低到高，情绪和情感程度逐渐升高（见表7-2）。

表7-2 网络舆论内容与共情程度变化

序号	网络舆论内容	网民身份	共情程度
1	电视剧内容的剧情评价	普通网友	低 ↓ 高
2	网络推荐新剧	网络大V	
3	演员明星和电视剧的追捧	粉丝网友	
4	个人随想和生命感悟	普通网友	
5	社会层面谈变迁或致敬	普通网友	

在网络舆论的社会心理机制形成方面，首先，以主流话语为起始的电视剧传播，不仅形成了后续微博互动内容的来源，也构成了主流舆论场与网络舆论场的互动与勾连；其次，微博舆论场内部由普通网友、网络大V和粉丝网友等多元主体构成的互动关系彼此协作，展开剧情评价、追星推剧和个体—社会的情感共鸣，不同面向的共情效应形成微博互动。此外，宏观的社会变迁既影响电视剧的内容创作，又构成网民理解和表达网络言论的外部背景因素。一般情形下，主流话语舆论场与网络舆论场处于相互博弈的动态之中，而当网民在电视剧剧情的带动下，结合个体经历和社会背景，在网络舆论场产生情绪感染和社会共情效应，并且电视剧传播、微博互动和社会变迁之间形成有机整合的关系，就有可能促使两个舆论场的融合与再造。

二、社会共情：舆论场融合的新视角

以往对主流话语和社会核心价值观的传播试图通过坚持正能量、坚守主流话语权来维系，强调意识形态的崇高和理性逻辑。在新的技术环境和多元主体的网络舆论场背景下，主流媒体官微、机构官微、网络意见领袖和普通网民相互交织,主流话语和民间话语、网络新生代群体和传统的网民群体呈现叠加和多元化的趋势。不同的主体和角色身份都有自身的表达和认知逻辑,对弥合两大舆论场带来巨大挑战,时常会形成舆论场的分化,无法达到良好的主流意识形态传播效果。

本章的研究案例表明,追求社会共情是理解舆论场融合的新视角。需要充分挖掘能有效触及公众敏感神经的现实元素,将宏大的主流话语与个体的情感体验结合起来,尽管在突发类网络舆论中也存在情感的动员机制,但本章认为这两者存在着一定程度的差别(见表7-3):突发类网络舆论由突发事件引起并迅速引爆,情感的驱动与社会转型期公众的泄愤、情绪宣泄有关,实质是一种应激反应(丁迈,罗佳,2015),往往网络舆论一哄而上,持续周期不太长;而热点事件网络舆论并非需要由突发事件引起,可以由纪念日、社会仪式、新片预告等更具常规化的场景引发,情感的驱动是基于个人的生命体验和社会情境的交融而在网络互动中形成的情绪升华、感情融入,是一种在社会历史氛围中个体与社会命运融为一体、感同身受的心理状态,往往持续时间较长,能够反映社会历史的变迁。

表7-3 两类网络舆论的类型特征

类型划分	突发类网络舆论	热点事件网络舆论
舆论缘起	突发事件	常规场景
持续时间	时间短	时间相对长
心理动因	利益和群体泄愤	社会共情
社会因素	社会矛盾	社会变迁

电视剧《大江大河》既反映了改革开放四十周年来的社会变迁,播出时间又贯穿于四十周年纪念大会的前后,这一宏观的时代背景和历史时刻成为网络舆论社会共情的社会历史来源。电视剧《大江大河》的网络舆论在多元主体的网络舆论场中并未带来舆论场的分化,反而成为各类主体结合电视剧播出而纪念、追忆、追星、商业炒作的重要契机,既体现为公众的网络剧情书写,对自身经历和社会变迁的情感表达,又体现为对明星艺人的亚文化追踪,经过商

业和媒体机构的推广，多元角色间的情绪感染和网络互动进一步调动了公众的情绪，引发了社会记忆，对社会事件和民族国家形成情感共鸣和认同建构。简言之，正能量的内容通过改革开放热播电视剧引发社会的广泛关注，公众将电视剧剧情发展与身份角色、生命历程和情感体验融为一体，促使产生社会共情效应。

本章通过主旋律电视剧这一兼具主流价值和生活化的艺术传播方式来探讨热点事件网络舆论形成机制，而这类网络舆论区别于突发类网络舆论，在现实中更为普遍和常规化，主流话语和核心价值观通过重大事件、时政新闻、主旋律电视剧、主题电影等日常化渠道与网络空间的融合互动形成的网络舆论显得尤为普遍，为今后理解其他热点事件网络舆论的形成和舆论场融合提供了借鉴。该案例表明，舆论场融合须打破固有的意识形态灌输和宣扬的思路，既要注重理性的价值观塑造，又要关注感性的情感营造；须关注社会共情效应在网络舆论扩散中的重要作用，调动公众的社会记忆，摆脱传统的突发性网络舆论的治理方式，优化社会舆论场，积极建立起主流意识与公众主体之间的联系，真正打通社会舆论场内部的壁垒与隔阂，通过网络舆论形成社会凝聚和认同建构的有效机制。

第八章

数字空间新主流电影的
媒介怀旧实践

近年来,我国的影视作品中出现了大量的"新主流电影",如《建国大业》《湄公河行动》《金刚川》等。这些影视作品多聚焦于国家发展进程,在宏大的历史背景下进行叙事,以文艺作品的形式对改革成果进行总结和传播。以往的新主流影片大多从国家这一"大家"出发进行叙事,大多侧重于宏观叙事,将视角放在国家波澜壮阔的历史命运脉络中,而影片《我和我的家乡》则从家乡这一"小家"出发,将视角聚焦到微观层面,以发生在中国东西南北中5个地区的家乡面貌变化为叙事主题,通过对小人物命运的书写勾勒出城乡日新月异的变化,再现群体在时代洪流中的心路历程。影片呈现出新中国成立以来城乡发展的变迁,试图通过唤起观众的家乡记忆来建构家国想象,进而增强观众的国家认同感,在说教式的政治宣传逐渐势弱的情形下,探索出一条通过大众文化产业和乡愁叙事进行主流价值传播的可行路径。

以往学术界也不乏对新主流电影的研究与探讨,大多将宏大的历史事件作为叙事背景,以针对该历史事件的集体记忆如何被建构作为研究目标,研究领域较为单一。此外,在以往的研究中,研究者大多对影片的叙事策略、艺术手法、传播效果以及从电影作为一种大众文化产业的角度进行研究,较少从影片背后的社会心理机制出发进行研究。本章试图以与集体记忆理论相关的怀旧视角切入,以用户在新浪微博上发布的电影《我和我的家乡》用户评论作为研究对象,对影评中所呈现的个人怀旧及国家认同话语进行文本分析,探究作为大众文化产业的国庆电影如何唤起观众的怀旧情感和国家认同感,具体探讨以下问题。

第一，作为大众文化产业的电影如何唤起观众的怀旧情感并对其进行建构？第二，怀旧类主旋律影片怎样通过怀旧这一心理机制加强观众的国家认同？第三，在现代社会，媒介对怀旧叙事的表达和公众家国想象的社会凝聚产生了何种效用？

第一节　新主流电影、媒介怀旧与认同建构

一、从主旋律影片到新主流电影

作为一种影响广泛的大众艺术样式，电影一直发挥着意识形态主流言说与言说主流意识形态的双重功能。20世纪90年代，"主旋律"被正式作为一种创作口号提出。而"新主流电影"这一概念最初在1999年被提出，当时青年导演专题研究电影的未来趋势时认为新主流电影是"有创意的低成本商业电影"，但并未明确指出其与主旋律电影的关系，只是指出其用低成本的独立制作拍摄非边缘题材并具有商业的特征。2002年，上海电影制片厂在成立"新主流工作室"时明确提出其可以是"主旋律"电影，还要对影片的商业回报负责，旨在推进主流意识形态与市场化的统一（宋家玲，2006）。

近年来，中国电影产业伴随中国经济一同进入全面深化改革阶段，商业电影的骤然崛起进一步挤压了传统意义上的主旋律电影的生存空间，凸显了主旋律电影和商业电影之间长期存在的"叫好不叫座"与"叫座不主流"的尴尬情况。国家开始主动介入搭建市场与主旋律之间的桥梁，在市场化的浪潮中促成了新主流电影的出现。新主流电影打破的是观众长期以来对主旋律的刻板印象，是依靠大众喜闻乐见的方式将国家意志、产业驱动和观众需求三者融合，从而蜕变为比主旋律电影更显软性、比主流电影更具持续性的新主流电影（张斌，2020）。与传统的主旋律电影不同，新主流电影从题材选择到类型创作开始就在努力寻求最大限度地引发观众的情感共鸣和精神认同（尹鸿、梁君健，2018）。

二、怀旧的内涵变迁及研究路径

怀旧(nostalgia)是一个复合词,源自希腊文中"nostos"(返回家乡)和"algos"(痛苦)的组合,其字面意思指因思念家乡而引起的身体和情感上的痛苦。从时间维度来看,怀旧的内涵在不同的阶段也发生着变化。现如今,许多研究者则将怀旧视为一种情绪体验,将其称为"甜蜜的忧愁"。在我国,怀旧最早表现为一种文化意象,可从汉朝班固的《西都赋》中找到其来源:"愿宾摅怀旧之蓄念,发思古之幽情。"怀旧带有怀乡、乡愁的意思(薛婧;黄希庭,2011)。到了近代,怀旧日益演变为一种个人意识,并趋向于社会文化和心理现象。美国学者查尔斯·茨威格曼(Charles Zweigman)将怀旧的病理学基础和现代社会的特殊背景结合起来,得出了一个关于"生活的不连续性"的结论,即人类必须曾经历过或正在经历某种突然中断、剧烈分裂或显著变动的生活经验,才有可能产生怀旧的情绪,怀旧就是现代人思乡恋旧的情感表征,它以现实不满为直接驱动,以寻求自我的统一连续为矢的,是现代人为弥补生活的不连续性而自行采取的一种自我防御手段(Davis,1979)。

过去对怀旧的研究集中于其结构维度。此类研究大多从横纵两个方向展开,以横向路径为主,即个人或集体经历维度。研究的纵向视角则是直接或间接经历维度。现代学者对怀旧的研究日趋成熟,研究的焦点从过去的怀旧结构维度研究转向为对这种社会心理与现代社会问题之间的关系的研究。美国社会学家罗伯森(Roland Robertson)认为,研究怀旧问题有两条路径:一是考查关于乡愁的理论,关注的是对怀旧的理解,它关注怀旧的发生机制、社会效应及其对人类生存方式的塑造和影响,还包括了怀旧的心理学研究、社会学研究、历史学研究和哲学研究等。二是探究怀乡理论,与受怀旧限定的理论(和研究)有关(罗伯森,2000)。基于怀旧的词源和内涵变迁,本章中的怀旧是指个人的怀乡、乡愁之情,试图沿袭罗伯森提出的第一条研究路径,以《我和我的家乡》这部新主流电影为分析对象,探讨随着时代发展和个人怀旧行为的变化,怀旧这种社会心理机制如何借助大众影视作品将现实经验艺术化并与家国记忆相结合,进而重塑观众的国家认同。

第二节　主流影像中怀旧情感的
建构与生成

本章选取当下用户最为活跃的分享和交流型社交媒体平台微博作为素材来源，以用户在微博上发布的《我和我的家乡》电影影评为研究对象。具体的样本筛选过程如下：以♯电影我和我的家乡♯和♯国庆档影评大赛♯两个话题作为检索范围在微博进行搜索，选取自 2020 年 10 月 1 日起三个月内（截止为 2021 年 1 月 1 日）的微博帖子作为微博评论分析的时间段，去除与研究主题不直接相关的内容后，对实际有效的帖子实行各自单独编码、归类，并对差异部分进行讨论、二次编码，共得到有效文本 439 条并对其进行文本分析。

一、基于影片内容的怀旧情感生成

基于以往对怀旧研究的纬度，当下的怀旧行为已发生了一定的变体。影片作为唤醒观众怀旧心理的文本，面向的是广泛的受众，每个观众对于影片的内容都有各自不同的解读。从横向路径来看，影片唤起的观众的怀旧心理大多属个人怀旧，即每个人通过观看影片产生了不同的、基于亲身经历的个人怀旧。从纵向路径来看，观众产生的怀旧心理也多源于个人过去的直接经历。根据对影评文本的分析，可以将观众的怀旧情感划分为三类：第一类是经由影片中的符号再现而对过去的个人亲身经历产生怀念并移情于当下的个人经验怀旧；第二类是通过对与过去亲密的社会成员之间的人际交往产生怀念的人际情感怀旧；第三类是透过影片联想到了自己家乡并抒发自己怀乡情感的社会文化怀旧。

（一）基于亲身经历的个人经验怀旧

这类怀旧大多是观众通过影片中所呈现的人物符号或是场景，将自己带回对过去的回忆中而产生的，影片中的怀旧文本为引发观众情感的触发点。观众通过对影片的解读产生个人联想，在撰写影评时对与剧情相似的亲身经历进行叙述,经由回想过去移情到现在,完成了当下对过去的个人怀旧。例如,在影片的《最后一课》部分,由范伟饰演的范教授在患阿尔兹海默症时,他的学生们为了唤起他的记忆,不辞辛苦地再现了当年最后一课的情形。这一情节便激起了观众基于亲身经历的个人经验怀旧。

　　@聋狸:"不知道是不是因为职业的关系,最让我感动的是《最后一课》,范伟演的老教师让我特别有感触。一日为师,终身为父,村子里那群孩子为了报答老师的感恩之情,也很让人感动。我想起我一年级时候的老师也是同时教几门课,她还是我爸妈的老师,真的影响了好几代人。现在我也从事着这一份很普通又伟大的职业,不知道十年、二十年以后我的孩子们会不会记得我。不管怎么样,教书育人这个过程我很开心。"

　　观众在影评中表达了对影片中所呈现的师生情的触动,并通过影片中的老师角色回想起曾经教过自己和父母的老师,由此感慨这位老师的不易;感慨老师的教育深刻影响着几代人,并移情到自己当下也从事老师这一职业,以及对未来自己的学生如何怀想自己进行展望。

　　又如《回乡之路》这一篇,故事发生在陕西的毛乌素沙漠,一个曾经寸草不生,如今已绿树葱葱的地方。闫妮饰演的闫飞燕就是在这一片黄沙满天飞的环境中长大的。当她长大后在城市成为"带货女王",衣锦还乡回到母校参加校庆时,发现曾经的黄沙漫天已变成一排排绿色的植物。这一故事致敬了一直默默坚守的治沙英雄,同时也触动着那些从小在黄沙里长大的观众。

　　@MethodHY:"每个西北人都有刻进骨子里的关于黄沙的记忆。只能说每个镜头都会戳我的泪点,只因为我也是生活在那片土地的人。我深知那片土地上的人有多努力、有多不易。每次黄沙吹过来,那种感觉就像闫妮开始说的'满口沙子'。一个以前只有黄色的大地,现在已开始穿上绿色的新衣。"

　　观众通过影片中的情景再现回想到了自己曾经亲身经历过的场景,并由过去"黄色的大地"移情到现在"绿色的新衣"。通过观看影片中所呈现的主人公及家乡在过去与现在的对比时,观众将自身的历时性故事带入到回忆的场景,通过将当下的影像、符号和场景与过去相连接,大众影视作品使得社会的现在、过去乃至未来通过集体记忆的连续叙事得以整合,"乡愁"之感被逐渐唤起。

（二）源于亲密关系的人际情感怀旧

根据 Holak 和 Havlena(1992)的研究,人际怀旧是指基于人际接触的间接经历,其本质是属于个人而非集体的。而本章所指的人际怀旧则是基于个人直接经历的、通过与他人接触产生的怀旧情感。通过对文本的分析发现,观众产生了对过去拥有亲密关系的人的思念之情,这种怀念多源于与有血缘关系的长辈之间的情感。

> @感动一次就够了:"家乡,这亘古不变的话题,我的家乡正在发展。我小时候关于家乡的记忆停留在爷爷走的那一年,好久没回去了,好想你啊!"

乡土性作为中国文化的起源和隐喻性的精神存在,是人们心理结构中发生强烈情感认同之处,涵盖着丰富的自然和社会人文背景,体现为个人具有感受生活意义和使命感的地方。在影片故事主题的裹藏下,推动剧情发展并引发观众共鸣的,是中国乡土特色的情感内核。影片中最能激起观众这种人际情感怀旧的部分是《最后一课》这一单元,其讲述了由范伟扮演的范老师在青年时期作为乡村教师在一个小村庄支教,而后移民到国外教书。当他患阿尔兹海默症时,尽管身在异国他乡,心中惦念的仍是当年支教的那个乡村、怀揣着梦想的孩子和他未完成的最后一课。在那片土地上、那间教室里,范老师和孩子们之间的交往互动使得师生情转化为一种基于地缘的类亲情的情感。对这些孩子们来说,范老师不仅是他们的老师,更是他们的"亲人"。

> @嘎嘎纠结的小心情:"最爱故事是《最后一课》,范伟老师一出场我就想哭了,他的记忆停留在几十年前,像极了我姥爷糊涂时候的样子,说着一些听不懂的话。我会想,那大概也是他最深的记忆,但我没办法帮他拼好图……"

@洛思思 luoss:"真正让我感动的是范老师在连自己儿子都不记得的情况下还心心念念他曾经工作过的那个乡村小学,惦记着有梦想的孩子们。他清清楚楚地记得每一个孩子的家庭情况。这让我想起去世已久的奶奶,在她得癌症的弥留之际,只要我去看她,她总会把自己认为好的东西给我。即便她当时已经开始神志不清了,还是惦记着我。"

影片作为媒介文本意在传递怀乡之情,而家乡不仅是一个地方、一个城市,更是一个发生社会交往的空间。在这片故土上有令观众挂念的那些从小到大亲密接触的、血浓于水的亲人。或许可以说,这些亲密的亲人已经成了一个用以指代家乡的符号。影片所传递的这种基于地缘关系和社会交往所产生的人际情感使观众产生了对自己老去的亲人的思念之情,而亲人作为象征家乡的符号,继而勾起了观众的怀乡之情。正如观众在影评中所写到的怀念姥爷、爷爷和去世已久的奶奶等文本,都暗含着其深深的故土情结。

(三)抒发怀乡情感的社会文化怀旧

在以往的研究中,有学者认为文化怀旧源于个人的直接经历,以共同象征意义为基础,反映的是个人与社会其他成员的联系。而现代的文化怀旧可以说是个人与过去生存的社会空间相联系的一种社会文化怀旧,具体表现为个人对过去的生存空间和共同空间的文化怀念(赵静蓉,2005)。在影片中,无论是作为地方的家乡,还是亲切的乡音,抑或是在那片土地上发生的故事都成了代表家乡的文化符号,而影片的叙事过程也正是利用这种文化符号唤起观众的怀旧情感。

《最后一课》所触动观众的,是我国传统文化中"一日为师,终身为父"的师生之情。

@冬月初三啊:"《我和我的家乡》里的《最后一课》是让我最感动的……电影里最后一课的那个老师,他忘记了所有,甚至忘记了自己的儿子,却忘不了自己所教的最后一课和他以前的那些学生。数十年前的点点滴滴一直留在他的脑海里。师者,传师授道解惑也。"

《回乡之路》中邓超饰演的乔树林作为治沙代表，始终扎根生养自己的家乡，学有所成后坚持在沙地荒漠中带领村民勤劳致富。正是因为他对家乡的一草一木足够热爱，才促使他放弃大城市的机会，一直默默地坚守在为家乡治沙致富的道路上。

@冬月初三啊："其次比较难忘的是《回乡之路》。他忘不了养他长大的百家饭，他时时刻刻记着自己的家乡，愿意为了家乡付出很多。"

@泡虎、Vampire："《回乡之路》给我最大的感受就是震撼、感动，乔树林（邓超饰）是一个活泼，对生活富有情感，对未来充满希望的青年。为了自己的家乡，为了自己的老师，他毅然决然回到黄土高坡建设自己的家乡，放弃大城市的高薪，传达给我们一代的青年无限的正能量……"

家乡是一个既属于私人又与他人发生社会关系的共通空间，在这样的空间中，个人形成了独特的社会记忆和集体记忆，而社会记忆作为一种文化符号暗含在影片的内容中。影片一方面通过时空对比将观众拉回到了过去，另一方面通过这种自古以来根植在中华民族骨子里的文化符号使观众产生了怀旧之感。在现代社会钢铁林立的都市中，过去基于地缘、血缘的阡陌交通之间的淳朴情感逐渐消逝，这种朴素的情感却深深地扎根于从每一个乡土社会中成长起来的中华儿女的心中。作为一种具有现代性的心理症结，观众的怀旧情感在这些社会文化符号的再现下被唤醒，产生了对故土人情和返本归乡的向往和追忆。与此同时，在社会文化怀旧这一过程中，人们可以根据自己所属的那一类"乡土文化"，将自己归属于某一群体，并不断重构自己的身份，进而获得身份认同感。

@陈卓璇的姐姐："对于家乡，真的是每个人心底最柔软的一块地方吧。即使相隔千里万里，家乡都是我挂念的地方。大学毕业后往南走，一走就是 6 年，每年回武汉的次数屈指可数。现在定居广东，家乡变成了故乡。但是跟人介绍时我还是自豪地说'我老家在武汉，在黄陂！'我前 20 年的人生的一切都跟它相关，偶尔回忆起，记忆里的人和事都是那么清晰！谢谢家乡，谢谢那群参与过我人生的最亲爱的人们！因为有你们，我才变成了更好的我！"

@阿努努:"对于故土的感情是深入骨髓和血管的,家乡的一草一木,家乡的一水一土,家乡的味道,还有那独特的乡音,都化成了浓浓的乡情。"

或许可以说,个体的怀旧也是群体的怀旧。"过去"对个体来说是记忆,对集体来说是历史。"怀旧主体同时穿梭于过去和现在这一双重的叙事空间结构里,不断以过去的历史经验来比照现今的社会生活,呈现出今昔时态的二元对立和时空凝缩的情感聚焦。"(储双月,2012)观众正是借助影片中的社会文化符号,将自己的经历与文本相连结,完成了与自我过去身份的联结与当下身份所属的重新确认,并由此产生归属感和怀旧之情。

二、中国社会语境下的怀旧取向与媒介怀旧

在影片内容上,《我和我的家乡》通过对时间和空间的变迁的平行式呈现,铺垫出主人公怀旧、产生乡愁之感的背景书写。以往的研究中认为,怀旧热潮出现的根本原因是个人在成长的过程中发生了时间和空间上的断裂,个人在原子化的世界里逐渐丧失了家园的归属感并产生焦虑,导致自身产生生理上和心理上的不适。而现代化的进程加速了人们原子化的分裂。可以说,怀旧伴随着现代化产生并加剧,它已不可避免地成为一个现代性问题(赵静蓉,2005)。

(一)中西方语境下的怀旧内涵变迁

在过去西方学者对怀旧的研究中,大多数学者认为人们从情感倾向上产生怀旧心理是因为认为过去优于现在,因此想要通过回到过去那个熟悉且充满家园感的世界来延续个人自身发展的连续性。怀旧心理的产生不仅与现代性密不可分,它已渐渐成为一个"现代问题"。舍勒认为,现代现象中的根本事件是传统的人的理念被根本动摇,以至于"在历史上没有任何一个时代像当前这样,人对于自身如此地困惑不解"。在现代化的进程中,个人的属性被不断放大,人类作为共同体的社会心理被逐渐摧毁,自我归属感的缺失使得人们试图在反思过去、追溯回忆的过程中重建记忆中的熟悉感和家园感。也正是在当下与过去的对比中,人们重拾了对过去的熟悉感和亲近感,进而完成了对自我身份的认同。可以说,西方的怀旧理论侧重于确保个人的身心发展处于共

时性之中，具体指向为人们在怀旧的过程中汲取力量，使怀旧成为个人抵抗时代变迁洪流的中流砥柱，通过怀旧心理的生成应对碎片化的世界，拼凑出完整的个体来保持自身发展的连续性。

当下中国语境下的现代怀旧则与西方不同（见图8-1）。从上述的文本分析可以看出，观众经由电影文本产生的怀旧之情大多来自个人的直接经验，这种怀旧表现为在思念过去的过程中感叹过去到现在的时代变迁，怀旧情感的产生基于个人历时性的亲身经历。然而在这样的怀旧过程中，人们不再因为觉得过去优于现在而产生怀旧情感，反而认为正是由于过去的"苦难"成就了现在的"辉煌"，在怀旧的心理上存在"忆苦思甜"的文化内涵。

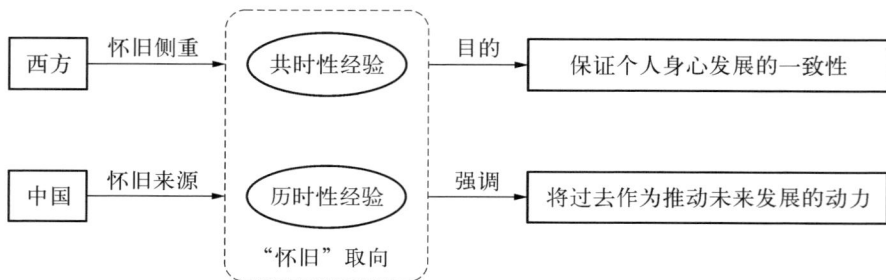

图8-1　中西方怀旧路径差异

关于中西方怀旧取向的不同，究其原因是由于我国是一个乡土社会国家，对于中华儿女来说，乡土是永远的根之所在，乡土文化也塑造了中华民族的传统。在中华民族的精神认同上，无论走多远，家乡都是其生长的根，发展家乡就是热爱家乡。

> @努力大力再努力Kk："家乡的味道是什么？对于我来说，是味蕾上的跳跃，是酸辣滑过舌尖，是熟悉的气息。想家了，是真的想回家了……月圆月缺，阴晴不定，仿若人生，雾里看花，镜中望月……异乡人，常回家看看吧。努力吧，为了家乡更好的明天……"

此外，人们在怀念过去的同时也用发展的眼光来看待过去和未来。观众通过对影片中所呈现的乡村振兴和乡村发展，发出为家乡而自豪的感叹。

@梦巴黎梦261:"乡土乡情是刻在我们骨子里的,无法割舍,就像我看到我的家乡变得更好时,我有一种强烈的自豪感。"

(二)现代媒介怀旧的建构与国家认同形塑

随着社会进步与科技发展,人类的媒介使用习惯发生了改变。不同于过去人们依赖于报纸、广播等传统媒体的媒介接触行为,互联网的使用给人们带来了现代价值的多元与异化。同时,人类主体的异质性不断增强,原本依附于共同体而存在的个体,在现代性的进程中经历了一个"脱域"的过程,变得不安全、不确定、不可靠,认同危机由此产生。这种"脱域"触发了群体对家园归属感的渴望,由此,家园成了人们怀旧行为的一个意象,而电影和互联网作为媒介则成了人们进行媒介怀旧的中介。

当代社会,大众影视作品借助于现代传播媒介和商业化运作机制,不仅在事实上已不容置疑地成为当代社会文化的主潮,而且深刻地影响了人们的生活方式与闲暇活动本身,改变了当代社会的结构和文化的走向(陈旭光,2013)。电影作为大众媒介之一,自产生以来就带有传递意识形态的作用。以《我和我的家乡》为例,影片通过故事的呈现唤起了观众的怀旧情感,而互联网则为观众提供了一个互相交流、抒发观影感受的媒介平台,并助推了国家认同的凝聚。观众通过电影和互联网的双媒介渠道完成了对影片内容的接收、内化以及反馈的过程,即电影对影片内容进行编码,观众依照个人的理解对影片文本进行解码并发表影评。至此,影片内容与影评文本形成互文,共同构成了影片的意义空间(见图8-2)。

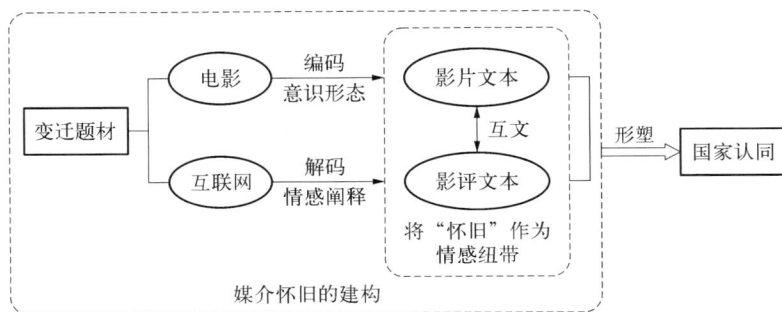

图8-2 媒介怀旧的建构与国家认同形塑

费斯克强调媒介文本的开放性、多义性、互文性以及媒介受众在媒介文本解读过程中的主体性、能动性和创造性。传统媒体时代，观众只是沉默被动地接收大众文化，而现代社会互联网的发展则使观众有了更多的话语权。该电影通过对家乡、祖国的变化以及真实的案例进行呈现，映射出人们在现实生活中所经历的沧桑变化，体现出影片内容与受众自身的关联性。此外，尽管新主流电影作为大众文化传递着一定的主流意识形态，但互联网给予了用户在网上针对其发表影评的自由度，这在一定程度上也改变了影片意义生成的方式，使得网络空间的影评文本有了一定的开放性。这种开放性也意味着作为媒介文本的影片同时具有多义性。受众通过影片不同的解读方式找到了自己与主流意识形态有关的部分，并基于对媒介文本的体验表达各自的怀旧情绪，将自己的怀旧情感与家国情怀相联结，形塑了受众的国家认同。

> @小浪："这场观影勾起我关于宁夏国情考察之旅的回忆，回忆像走马灯一样闪回，是现实照进了影片，也是影片呼应了现实。这种情绪升腾得太快，身心共情，于是泪奔。2020年是脱贫攻坚收官年、乡村振兴加速年。前者是过程KPI，后者是结果KPI。愿我中华儿女都能过上更好的日子。"
>
> @迷茫的贾健呀："故事里讲的都是我们身边的小人物，但是他们做的事情都是伟大的，让人敬佩的。正是一个个小人物汇聚成了一股强大的中国力量！这部电影故事里有家人，也有异乡异客，有你有我。从离开家乡到回到家乡，再建设家乡，我们每一代人要接过先辈们的接力棒。建设我们可爱的家园，靠我们的双手不懈的奋斗，我们的家乡一定会更加美好！"

此外，文本的意义并不是被单独创造出来的，而是在与其他媒介文本的相互关系中产生的。《我和我的家乡》中每一故事单元本身就映射着现实中小人物的平凡故事，这使观众在观影过程中能够基于现实解读出更为深刻的意义。例如影片中的《回乡之路》就是基于毛乌素治沙这一真实故事改编而成，影片内容的呈现与现实文本相呼应，增强了观众的情感认同。

> @泡虎、Vampire："故事的结局首先是感人，其次是感慨，对乔树林（邓超饰）的所做所为感动，对于祖国几十年来的发展感慨，感慨以往的艰

难岁月……影片故事取材于陕西榆林人在毛乌素治沙的真实故事。影片最后有为毛乌素治沙而努力的英雄的名字,有的已经不在人世,但他们的精神仍然鼓舞着我们,我们应该铭记他们的名字!"

基于电影和互联网的双媒介渠道互动,影片中的主流意识形态得到传达并与观众的个人怀旧经历相结合,使得影片产生了新的意义空间,家国一体的概念得到形塑,进一步凝聚了观众的国家认同。

第三节　从怀旧情感到家国记忆的认同形塑机制

一、作为"社会记忆"的符号再现

以往的怀旧影片中,导演大多通过拼贴式的符号营造怀旧氛围,例如通过对某一年代的物件、标志性的歌曲或穿搭进行堆砌,在视觉和氛围上营造怀旧感,使观众通过感官体验认为自己被拉回到了当时的情景中,进而产生怀旧之情。在电影《我和我的家乡》中,影片不仅通过场景、物件等意象来打造一种怀旧的氛围感,更是借助"社会记忆"唤醒观众对中国城乡统筹发展的记忆,并以怀乡之情来凝聚公众的国家认同。

荣格在其原型理论中将文化的"记忆痕迹"(Engramme),即具有引发记忆能量,能在不同时空环境释放出来的文化符号,称为"社会记忆"(曾庆香等,2020)。认为原型是一种来自祖先的、先天的认知模式与行为倾向,能以类似于本能的形式存在于后来的人们的认知活动中:"原型即是人的意识库中的族类规定,以一种潜能的纯形式性,潜藏于大脑的族类结构中,这种大脑中的族类结构,既是思维活动的方式,又是情感的发生模式,它是'情感—思维'混沌一体的原生物。"(劳承万,1991:245-246)社会记忆强调过去的某些符号、形象或事件再现于当今,即立足过去审视现在,在怀旧电影中,符号也是影片叙事过程中唤起观众怀旧情感的契机。

如前文所述,以往的怀旧类主旋律影片大多以典型的英雄人物为主人公,而《我和我的家乡》则通过将生活中的普通人描绘成建设祖国大好河山的"无名英雄"的隐喻来唤醒群众的怀乡之情。经过对影评文本的分析发现，电影中的每个故事主题或是通过对造福百姓的国家体制的呈现，又或是通过为人民服务的职业隐喻来凝聚观众的国家认同（见表 8 - 1）。

表 8 - 1 《我和我的家乡》电影中的主题和隐喻

故 事 主 题	符 号 表 征	隐 喻 内 涵
《北京好人》	医保制度	造福于人民利益的国家体制机制
《天上掉下来个 UFO》	小镇发明家	科技进步拉动乡村经济增长
《最后一课》	乡村教师	远赴山村支教，教书育人的园丁；国家栋梁的引路人
《回乡之路》	治沙英雄	为建设祖国大好河山默默付出的无名英雄
《神笔马亮》	第一书记	下基层为人民服务的公务员

每个人物分别对应着人们生活中可见的平凡岗位上不平凡的人，这些人物扎根并成长于中国大地，具有鲜明的中国特色。影片利用这些文化符号激起了观众的"社会记忆"，唤起了观众作为中华儿女共同的情感共鸣，使观众想到了那些在中华大地上辛勤耕耘、默默奉献的普通人，正是他们过去的坚持付出才成就了现在的中国，进而凝聚了观众的国家认同。

二、文化乡愁凝聚国家认同的主题叙事

电影作为一种大众文化产业，已成为一种与公众进行沟通与交流的手段，其通过具体的故事、图景和文本传达其背后暗含的主旨和意识形态，而观众作为信息接收者在共同的意义空间中，基于自己的个人经验和理解对影片内容进行个性化的解码，进而生成不同的意义解读，并通过影评的形式进行情感抒发和表达。安德森认为，"正是大众媒介通过图像和语言的重复生产了民族主义所必需的团结。在事先精心统筹好的时间与空间里，大众媒介甚至在民族成形之前就生产了一个想象的民族共同体。"（Anderson，1991）新主流电影作

为商业化的主流电影,天然带有一种目的性的宣传意识形态的效用。汤普森在《意识形态与现代文化》中认为:意识形态是服务于权力的意义,是象征形式的社会运用,关注的是象征形式是否、以何种程度以及如何在它们制作、传输和接受的社会背景下被用于建立和支持统治关系(汤普森,2005)。从这个意义上说,主旋律电影明显具有主流意识形态传播乃至国家形象建构的职能。"集体记忆所包含的关于国家的体验和情感是国家认同基础的一部分,同时国家认同所包含的成员身份信息和承诺因素也是与国家相关的集体记忆得以形成的要素之一。"(管健,郭倩琳,2020)

《我和我的家乡》作为一部传递主流价值观念的新主流电影,在篇章的主题选择上围绕公众记忆的内容展开(见表8-2)。可以看出,影片的主题选择不仅涵盖了中国现代化发展进程中的重大事件,还与人民群众的生活切实相关,进而在怀旧这一心理机制产生的背后,凝聚起家国一体的情感号召,从而增强观众的国家认同感。这种国家认同感的凝聚与产生源自两方面:一方面,源于中国特色的怀旧心理,即人们回首过去的苦难但仍旧保持着积极乐观的心态,将过往的苦难作为向前发展的动力并展望未来;另一方面,则与中华传统文化中的社会记忆相联系,并与吃苦耐劳、先苦后甜的社会心理相印证,即认为国家的发展离不开每一位中华儿女的默默付出。观众将影片内容与自身经验结合起来进行意义解读,通过将现在与过去进行对比,激发出对国家蓬勃发展、人民生活水平提高的自豪感,增强其作为中华民族一员的国家认同感。

表8-2　《我和我的家乡》电影中的叙事主题

故 事 主 题	呈现的公众记忆内容
《北京好人》	医疗改革促进城镇农村医保建设
《天上掉下来个UFO》	科技扶贫建设乡村,打造旅游城市
《最后一课》	农村教育发展的新面貌
《回乡之路》	从治沙到网络助农直播带货,回报家乡致富
《神笔马良》	基层干部下乡扶贫

纪念影片作为一种大众文化产业,将其所传递的怀乡情感以及背后的乡

土文化作为"乡愁"的符号表征，重塑了观众的怀旧记忆，使观众在当下与过去的碰撞中重新确认自己的身份，弥合了时代变迁中自我认同的罅隙。此外，通过对东西南北中五个地区的宏观空间叙述，融合了国家层面上"个体—国家"的共同记忆；借由五个小人物的怀乡故事进行微观表达，强化了个人层面上由家乡记忆到国家认同的建构。

在分析观众的影评文本时发现，怀旧作为一个由西方发展而来的描述人的心理情感的概念，在当下的中国已发生了较大程度的变化。与过去的研究者所提出的观点相似的是，怀旧都是以现在为时间基点对过去进行怀思，目的都是从过去汲取能量以推动当下及未来的发展。不同的是，过去西方的怀旧指向为怀旧者希望通过怀旧这一行为回到过去的美好时光，目的是获得共时性经验。而基于中国特色的文化传统和现实语境来看，中国人的怀旧往往不具有这种引导向过去的倾向，而是希望通过怀旧指导未来，在怀旧中获得指引未来发展的经验，强调的是一种历时性经验。或许可以说，中国人的怀旧是一种具备积极向上的能量、推动事物发展前进的文化乡愁。

在社会发展进程中，国民对自己国家的认同感是国家发展稳定的重要心理基础。如何使国民形成并确立对自己国家牢固的想象，在现代化和全球化的时代背景下不仅是个体自主选择的问题，更是一种社会层面的建构（管健，郭倩琳，2019）。可以看到，该影片深入地洞察了现代人的怀旧心理，将个人经历与国家的发展脉络相融合并通过艺术形式加以呈现，使观众能够在观影的过程中产生怀旧情感并代入自己的亲身经历，进而产生一种基于亲身体验的国家认同感，这也是影片能够获得成功的重要原因之一。

近年来，除了《我和我的家乡》这部影片，《我和我的祖国》等新主流电影也取得了不俗的反响，实现经由怀旧和文化乡愁的心理机制与公众认知相融合的主流化叙事方式。这表明，通过电影这种大众文化产业进行家国情怀的建构在当下的政治传播中不失为一种与民众沟通的有效的文化策略。此外，随着科技的不断发展，大众媒介和新媒体的表现形式渐趋多样，如何在集体无意识的情况下利用媒介进行政治传播也是不可忽视的一环。同样，我们需要意识到，目前新主流电影在叙事结构上过于单一，内容流于表面，如何能够推陈出新并创造出喜闻乐见的影视作品，巧妙地唤起公众的社会记忆和国家认同，还需在未来不断探索和创新。

第九章

全球化时代企业改革发展的
影像记忆实践

改革开放这一以经济发展为主线的宏大历史事件是一代国人的共同记忆,许多重要的公司、企业伴随中国经济改革的巨浪应运而生,逐渐发展壮大,在普遍规律与现实国情中探索出一条中国式现代化道路。与此同时,20世纪末以来的全球化进程,不仅为企业带来了与世界进行广泛经贸交流的机会,也使企业面临国际市场跨文化沟通的挑战。就传播技术而言,新媒体平台的兴起促进了各国间的传播和互动,公众在全球化语境下全面审视企业的发展变迁,在新媒体空间追忆伴随改革开放和全球化的企业历史。

B站作为当前中国重要的亚文化聚合与创作视频平台,涌现了许多反映时代主题的视频作品。这些作品一方面以其独特的创作风格形塑了重要事件的历史影像;另一方面,基于平台的弹幕文化和评论机制形成了历史题材书写和公众记忆唤起的"数字记忆场"。"激荡四十年"作为B站人文知识区博主以吴晓波的《激荡四十年》为蓝本创作的历史回顾类节目,讲述了改革开放40年以来每一年的历史大事件,以企业人物的视角书写了当时的企业改革发展历程。该系列视频自2020年6月22日首期节目发布开始就引起了广泛关注。截至2023年7月20日,该系列视频的累计播放量为5 789.6万次,弹幕量总计达70.8万条。

本章以该节目所建构的改革开放企业(华为、可口可乐、万向)的影像内容为主要片段,试图对该视频中企业形象的影像表征、评论区网民的相关评论以及弹幕讨论进行话语分析,以全球化时代网民对改革发展进程中不同类型企业的认知为切入口,探究网民在面对他国和本国企业的改革发展历程时面向不同文化的数字记忆实践过程,考察网民身份认同和记忆唤起的动态建构过程。具体而言,研究问题如下。

第一,三个企业的形象在 B 站"激荡四十年"系列视频中如何被表征? 影像表征的相似之处和差异之处是什么? 第二,在该系列视频创造的数字记忆场域内,网民对三个企业的情感表达与认知差异背后的原因是什么? 体现出怎样的身份意识? 第三,该案例中网民基于影像表征和个体记忆展开数字记忆实践,记忆实践的形成机制是怎样的? 在全球化语境下,本案例对理解"自我"与"他者"的身份认同和记忆唤起有何启示?

第一节　数字记忆实践、民族身份与跨国企业

一、新媒体语境下的记忆实践

新媒体技术提供了数字化和跨时空的技术载体,使原有的记忆建构方式发生更新和变革(周海燕,2014)。范·迪克(Van Dijck)和奈格(Neiger)等是数字记忆研究的国际领军学者,他们在著作中均指出,留存于相片和日记等介质中的材料逐渐成为个体认同形成与传播的载体,而数字时代技术也深刻影响着记忆的塑造过程(Dijck,2007;Neiger,2011)。近年来,国内外涌现出一系列互联网影响记忆实践的相关研究。泰萨·莫里斯-铃木(Tessa Morris-Suzuki)对互联网、流行小说乃至漫画等当代传媒在记忆重塑中的作用进行了探讨,认为以互联网为代表的媒介聚集与重塑了许多著名历史事件与典故(Morris-Suzuki,2005)。Hemard 基于维基百科中的"编辑之战"对苏联历史话语书写权的争夺,讨论了记忆如何在社交媒体中被反复建构(Hemard,2006)。

国内学者刘于思(2015)对互联网时代网民集体记忆变迁进行了定量分析,该研究指出互联网为集体记忆的个人书写提供了可能性,进而与官方记忆展开争夺与协商。李红涛、黄顺铭(2017)则对南京三家媒体机构推出的线上

公祭空间进行了考察,揭示了记忆生产在线上空间生成所依循的逻辑。席妍和罗建军(2022)则将社交媒体评论区视为一个哀悼空间,网民通过在其中进行日常化表达,从而对哀悼意义进行协商,在该场域内生成民间记忆与官方记忆相融合的新的记忆秩序。可见,媒介的演化在不断重塑记忆实践方式,在新媒体语境下,数字记忆实践已成为当前的研究热点。在本章中,新媒体语境下图像和视觉影像对记忆的重构和公众记忆实践是值得探究的议题。

二、全球化、数字记忆与身份认同

随着集体记忆不断被媒介重塑,民族身份与认同的研究也开始呈现传播和媒介的特征。学者多伊奇(1996)在《民族主义与社会沟通》一书中对民族认同、集体记忆和大众媒介之间的互动关系进行批判和思考。安德森(1991)则指出,在民族主义认同形成与记忆分享过程中,大众媒介处于核心位置,正是大众媒介通过图像和语言生产了民族主义所需的团结。Billig(1995)又在此基础上指出,在已成形的民族国家中,民族的地位是不断下降的,他用日常民族主义(Bannal Nationalism)来涵盖那些在西方国家中不被察觉的例行公事的实践、意识形态价值观和记忆。还有学者引入世界主义的概念来加深对于记忆与身份认同的理解和认识(Lindell,2014)。

在数字时代,分析数字记忆空间内的个体感知与情感实践,并探索其如何与集体记忆相连接,最终走向民族身份认同仍显得十分必要(李红涛,杨蕊馨,2022)。当下,可以将中国的民族主义理解为一种动态的过程。这种过程不仅包含了中国在不同历史阶段如何去理解自身,也包含了中国如何去理解自我和他者(尤其是西方)之间的关系,即"我们所谓的民族主义实际上是一种不断变化的自我和他者的关系"(李红梅,2016),而这种不断变化的关系不停地重塑自身的身份认同。全球化与数字化语境下,原本的国家边界被打破,有学者引入世界主义的概念来对民族身份的生成进行补充,认为世界主义是一种与民族主义既相互竞争、冲突,又相互融合、混杂的理念(单波,2010)。

国内外学者纷纷对二者的关系进行了讨论。外国学者基里亚基德斯(Kyriakidou)(2009)认为世界主义和民族主义指涉理解世界以及个体在世界中的位置的特定方式,并指出两者不是并列的,而是交替的。国内学者袁光锋

(2018)在其研究中把两个概念界定为"谈论世界、个体在世界中的位置，以及'我们'与'他们'之道德关系的特定方式和讨论框架"，亦即两者都是关于"我们"以什么方式来想象与"他们"的关系。

三、企业作为记忆对象的研究

尽管记忆研究在新闻传播领域引起高度关注，但目前以公司、企业为记忆对象的研究相对较少，传播学领域的较多研究聚焦企业形象建构和策略，而非从社会记忆角度切入进行分析。过去有关企业形象尤其是跨国企业形象的研究集中于影响研究和策略研究，学者们致力于通过量化的方式呈现媒体在跨文化传播实践中对于企业形象的建构，以及如何制定企业的跨文化传播策略，发挥其在地化优势。陈欧阳通过对 599 位美国公民的调查，揭示了外媒新闻报道和公众的直接经验对中国企业在美形象认知的共同作用机制，为中美博弈背景下中国企业海外形象传播实践提供了参考（2021）。关家莉（2008）则从公关策略中分析跨国企业在不同文化中的生存之本，其研究指出企业的全球化程度、企业文化与企业的决策模式，对于其拟定的全球公关策略有相当大的影响。同时，成熟的跨国企业并不会强力地影响当地社会，相反，运作良好的跨国企业往往兼顾地方的特性。

而真正将企业作为记忆对象的研究，当前多集中在历史学、档案学。例如崔晓强（2019）运用口述史的方法考察安徽某钢厂企业下岗工人的社区记忆，同时将同一时区企业在媒介上展现出的集体记忆与之对比，探究二者之间的差异，研究国企工人在不同阶段的身份认同。赵安和刘琪（2021）则从档案记忆观的视角出发，针对企业档案资源建设的现状和不足，提出应采取多层次企业档案资源管理的模式，紧跟大数据发展步伐，为构建和维护社会记忆发挥更大的作用和价值。

综上所述，以往的集体记忆和数字记忆实践研究大多从大众传播和网络互动的视角进行考察，较少从全球化时代的民族身份和公众记忆唤起的视角进行研究。本章以网民对具有不同民族—世界属性的本国企业和跨国企业的认知和数字记忆唤起为考察对象，揭示数字记忆实践在跨文化和全球化背景下的复杂性。

第二节　改革题材影像中企业
发展的影像表征

一、数据来源与研究方法

为服务于本章的研究问题,选取改革开放时期并在"激荡四十年"系列视频中具有代表性的若干家企业,选取的标准涉及:视频中表现出在改革开放这个关键节点做出贡献、体现出社会责任感的企业;延续至今仍具有一定市场占有率的、经历了时代考验的企业;在视频书写框架内体现出"民族性"的企业;在视频书写框架内体现出"国际化"的企业;在企业形象方面,受众的解读框架与视频书写框架产生差异的企业;企业形象在弹幕与评论区有一定讨论度的企业;有"跨国经历"的企业。

根据研究问题以及以上七条企业的选取标准,通过对视频内容和弹幕、评论内容进行粗筛,本章选取符合其中三条及以上的企业进行进一步分析,最终确定华为公司、可口可乐公司、万向公司为具体研究对象。这三个企业的类型分别为:外国跨国企业(可口可乐)、中国跨国企业(华为)、本土民族企业(万向)。三个企业的形象之间的性质各有差异,同时通过两两对比可对不同的跨国企业类型进行探究。

数据采集方面,本章爬取、清洗、整理了 1978 年—1996 年共 19 期"激荡四十年"系列视频评论区的 34 075 条评论、34 万余条弹幕。为服务于研究主题——企业形象,本章将所选的三个企业相关视频下的数据进行了整理。经合并整理后,视频数据为 1978 年、1980 年、1981 年、1982 年、1983 年、1984 年、1986 年、1987 年、1988 年、1991 年、1992 年、1994 年 12 期,共 17 538 条评论、21 万余条弹幕。此外,本章还采用话语分析的方法,对"激荡四十年"系列视频中企业形象书写部分的视频内容进行视觉话语分析,对弹幕及评论区有关企业形象的相关讨论进行批评性话语分析,并探究网民对企业形象的差异性解读背后的原因。

为了避免过于主观地选择话语进行分析,在具体的研究过程中,研究者先整体阅读了这些评论与弹幕资料，获取对网民话语的整体认知，在此基础上对代表性的话语进行分析，尽力呈现网民话语的复杂性。将网民弹幕与评论文本进行汇总后，利用 Python 自定义编程，有目标地搜集与华为、可口可乐、万向三个企业相关的话语素材，爬取得到相关语句共 20 058 条，并进行数据清洗，最终得到有效数据 12 980 条。将数据进行初步词频分析（见图 9-1），并将讨论度高的词语进行主题分类，得到网民对三个企业的整体讨论度排序。词频分析显示，网民对三个企业的讨论度排序由高到低为华为、可口可乐、万向。

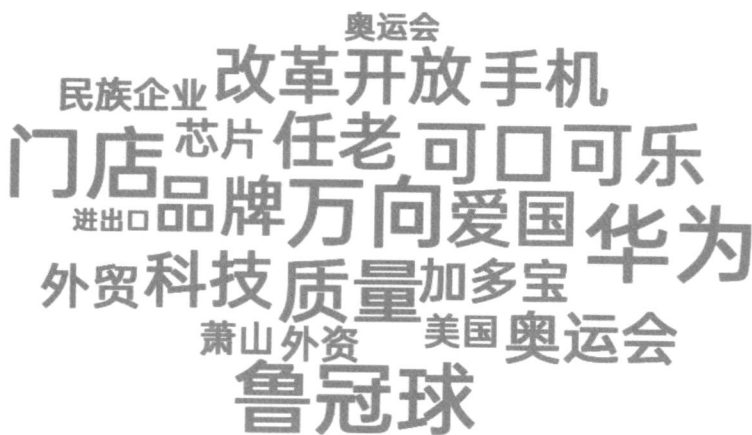

图 9-1　网民对三个企业讨论的文本词云

对于评论文本的情感倾向，本章采用台湾大学 NTUSD 极性词典对文本进行情绪词识别与标注，选取积极情绪词和消极情绪词，结合案例具体文本添加和调整部分自定义词汇，取两类情绪中命中次数最多的作为一条文本的情绪类别，将均无命中的标为中性情绪。将以上与三个企业相关的讨论文本分别进行情感分析（情感分数值在 0～1），当结果大于 0.5，则说明文本的情感较为积极；当结果小于 0.5，则说明文本的情感较为消极。将三个企业相关的评论进行情感打分，得到最终的平均值，其中华为、可口可乐和万向的文本情感平均值分别为 0.433、0.578 和 0.746。可见，对于视频中的企业情感和接受程度排序与三个企业的讨论度相反，由高到低依次为万向、可口可乐、华为。

同时通过词云可以观测到，网民对于三个企业的讨论并不局限于企业本身,而是自发联想到与该企业有关的其他企业和历史事件,自身记忆与视频内容形成呼应。除了视频中书写的形象内容,网民对万向的认知途径大多来源于"典型报道"以及生活在萧山地区的区域性记忆,而对华为和可口可乐两家企业的认知途径则更为丰富,来源于多种媒体报道、生活购买经历与工作经历等。

二、系列视频中企业改革发展的影像表征

框架理论最早由美国社会学家欧文·戈夫曼提出,他认为框架是人们或组织对事件的主观解释和思考结构,是将社会真实转换为主观思想的重要依据(Goffman,1974)。学者臧国仁(1999)从传播者的角度对框架及其建构功能进行研究。他将框架的内在结构划分为三个层次,用以界定事件主题或媒介文本的总体基模的高层结构框架,植入媒介事件中的情节归因、背景和评价的中层结构框架,潜藏在文本中的微观叙事符号的底层结构框架。本章从传播者的角度对"激荡四十年"系列视频中企业形象的影像表征进行分析,即采用臧国仁提出的形象框架进行分析。根据本章的具体主题,本章又将高层结构框架归纳为历史主题(改革开放时期企业的贡献程度),将中层结构框架归纳为时代政策(与该时期政策的契合程度),将底层结构框架归纳为民族符号(视频书写中企业民族性与全球性的体现程度)。能够展示企业形象的符号可以是一个故事,亦可以是一个人物。从视频中的具体内容来看,中国企业以其创始人为主要符号展开故事线,外国企业则是以其发展轨迹为主要符号展开叙述。

(一)万向企业形象表征:乡镇楷模

在万向企业的形象表征中,首先,在视觉画面上采用其创始人鲁冠球的获奖照片,美国《商业周刊》对企业的评价图片,《乡土奇葩》《半月谈》文章中的图片和视频素材刻画其光辉时刻。其次,在文案描述中,当时的国家和媒体通过对其获得丰厚奖项的描述以及面对奖项时行为的刻画,将鲁冠球的形象再现为一个"冷静且有大局观的乡镇企业领导"。

1985年，美国的《商业周刊》就以《中国新时代的英雄》为题报道了鲁冠球和他的万向节厂……1987年，他当选中共十三大代表，在会议期间，作为唯一的企业界代表出席中外记者招待会，并接受采访。

跟其他改革典型不同的是，面对鲜花、荣誉，这个修车匠出身的中年人从来没有头脑发热过。他拒绝把工厂的总部搬进杭州城……从"企业利益共同体"这个概念出发，鲁冠球进而提出了"花钱买不管"。

鲁冠球将自己应得的25万元承包收入全部捐献给了企业，他还参与建设了乡里的中学大楼、农贸市场和饲料加工厂。因为万向的发达，其所在的乡还修起了贯穿全乡的大马路。

——"激荡四十年"（1988年）

该文案塑造中的用词情感倾向多为正面，"英雄""典型""鲜花""荣誉"等词不仅体现了视频对其形象的正面塑造，还暗示改革开放大背景下国家和主流媒体对鲁冠球本人及其企业的支持。在发展的关键节点，他冷静地在自己声誉的顶峰期完成对企业属性的界定，与当时的国家政策相契合，没有丧失集体企业的性质，为日后企业转型奠定基础。

在视频建构的高层结构框架下，塑造万向的成功是历史需要的架构——改革开放时期的中国迫切需要一个"乡镇典型"。政府树立了一个成功发展的乡镇企业形象，并通过这一形象向人们传达政府有能力并且支持鼓励创办民族企业的信息。政府在保障这些企业富起来的同时，承担起了带动周边百姓实现创收的责任和义务。而在中层结构框架中，该时代背景下，万向企业的发展十分契合当时的政策轨迹，并展现其"民族企业"的身份。最终，在历史的推动与高度的政策契合之下，在底层结构框架中，鲁冠球"民族企业家"的身份形象得到了充分的表征。

（二）华为企业形象表征：科创代表

在华为企业形象的塑造方面，系列视频表征框架异曲同工。与对万向企业鲁冠球的表征相似，华为企业的视频画面包括任正非参加全国科学大会的照片、任正非个人纪录片的画面、华为线下门店视频等，以创始人的创业故事为线索。画面从视觉上展示出华为的迅猛发展与任正非的个人创业故事，其中既有光辉的时刻,又有发展受阻的艰难瞬间,在正反对比中更能引起网民对其发展浮沉的共鸣。文案显示,华为企业成长的关键转机来源于其突出的科技贡献和成功的战略转型。

> 华为自主研发的大型交换机终于在这年(1992 年)研制成功,当时国内的城市通信设备市场已经被阿尔卡特、朗讯和西门子等跨国公司把持,很喜欢读《毛泽东选集》的任正非想起了"农村包围城市"的战略,以低价和城镇市场为突破点,到年底,华为的销售额超过了 1 亿元。
>
> ——"激荡四十年"(1992 年)

从"大型交换机"和"战略转型"两个关键词,以及"参加全国科学大会""华为至今仍占有巨大市场份额"等短句可以看出,视频塑造了一个"以科技为第一生产力,同时灵活变通"的通信公司。其与政策的契合程度虽不如万向高,却也抓住了自身的发展点,实现了企业的迅猛发展。在高层结构框架下,华为的企业贡献显然突出体现在其科技发展上,在电信行业与研发上的高投入占比,展示出该企业的科创决心。

> 20 世纪 90 年代开始,华为已经在此时的电信行业露出了"锋利的钢爪";华为在过去的十年坚持投入销售收入的 10% 以上用于研发,有超过 2.5 万名员工从事研发事业。
>
> ——"激荡四十年"(1997 年)

从该段可以看出"科技先锋"就是当时时代背景下华为的企业定位,利用交换机生产和通信设备研发,华为的业务收入一度从 4 000 万元上涨到 5 亿元,做出了突出的经济贡献。但在经济迅猛发展的背后,其与当时的政策契合程度却远不如万向。

> 在电信行业,只要是能给华为带来业务的,他都来者不拒,亲自接待。华为的合资模式受到同行的攻击,被质疑是不正当竞争。在一个转型的时代,法制的滞后以及对灰色行为的宽容让无数企业家获得了超越式的

成长和惊人的利益。而这中间隐藏的种种毒素同样让这些人无法从这种非正常的商业逻辑中挣脱出来。

——"激荡四十年"（1997 年）

从"来者不拒""受到同行的攻击""不正当竞争""灰色行为""毒素"等用词可以看出，中层结构框架内存在着对企业负面形象的建构。视频中事关该时期国家政策的契合层面，华为做出了一种模糊的选择。这种在其企业转型过程中的选择无可厚非，却成为其公众形象的争议点，在一定程度上削弱了其发展的民族性。当然，视频通过底层结构框架，试图对企业家任正非和华为企业的形象进行补救。

与同时代的企业家相比，任正非的超人之处是，在从事不无争议的原始积累的同时，他也正在进行一场坚定的自我救赎。他聘用中国人民大学的吴春波教授等人起草了《华为基本法》······日后被认为是改革开放以来，中国企业制定的第一部企业管理大纲。

——"激荡四十年"（1997 年）

尽管资本的原始积累过程存在灰色地带，但任正非的个人形象依靠《华为基本法》的出台回归正面。在"超人之处""自我救赎""第一部企业管理大纲"等类似的叙述中，任正非果敢、创新的形象和《华为基本法》的历史贡献得到了凸显。视频中企业形象表征的民族性也最终在摇摆中回归与彰显。

（三）可口可乐企业形象表征：外资引进

可口可乐企业的视频形象表征框架与以上两个中国企业的主要区别在于，底层结构框架中不再是以企业人物为线索，而是以改革开放时期外国企业入驻中国的可口可乐与其他中国企业，尤其是以主要竞品健力宝之间的竞争为线索，因此其整体的叙述框架也与以上两个企业略有差异。

在视觉画面上，视频中不仅有各种可口可乐的产品图片、广告视频出现，还在展示其企业符号，如 LOGO 等元素时，会与百事可乐、健力宝等竞品共同出现,凸显改革开放时期外国企业在中国发展的环境十分严峻,即不仅要与他国竞品进入同一场域内争夺市场,还要面临本地民族企业的挑战。这一对比奠定了其在中国市场发展初期阻碍较大的基调。

而在文本建构上,视频的解说词指出,可口可乐入驻中国体现了当时社会背景下一个重要的历史事件,即早在1972年,中美贸易就已经恢复正常。也就是说,可口可乐之所以能够快速进入中国市场,是因为其适应了当时中国的对外政策和国际经贸环境。

> 可口可乐公司很早就将它的临时办事机构设置在了王府井街口的北京饭店里。亨达与中国粮油集团签订了第一份合同,获准向中国出售第一批瓶装的可口可乐。西方国家刚刚从经济萧条中走出,急需扩大海外市场……邓小平尝试用"巨额资本密集投入"的方式来迅速拯救中国经济……外资引进的热潮在全国掀起。
>
> ——"激荡四十年"(1994年)
>
> 体育干部出身的李经纬在街边买了一瓶可口可乐,喝了一口之后萌发了做饮料的念头。他想到了运动饮料,并想出了一个朗朗上口的名字——健力宝。随着可口可乐在中心城市的风靡,一些小型的饮料工厂也冒了出来,有些甚至直接冠上了可乐的名号。四川成都的天府可乐、河南的少林可乐、杭州的西湖可乐纷纷涌现。每当周末,可口可乐的职员就举着标有"可口可乐"商标的彩色气球在北京各大卖场进行促销……这是中国现代市场上第一次卖场促销活动。
>
> ——"激荡四十年"(1984年)

从上述话语可以看出,无论是从历史要求上,还是从政策制定上,可口可乐作为跨国企业都抓住了发展机会。不仅如此,视频中可口可乐的贡献还突出体现在对他国企业的刺激和营销手段的创新上。可口可乐进入中国市场,以其美式速度与营销方式刺激着中国饮料行业的整体发展,除了投资带来的直接经济增长的贡献,也在间接的行业竞争中形成了对中国本土企业的"倒逼",使健力宝一类的民营企业焕发活力。

作为他国企业,视频对可口可乐形象的刻画并不直接体现在企业发展的描述中，在该视频场域内，创作者更为关注的仍然是其对中国改革开放的历史贡献和时代价值，以及侧面对中国企业的刺激和激励。其书写的线索仍是沿着改革开放的发展主线，在民族性的框架内对该时期的企业进行形象建构和表征。

三个企业在"激荡四十年"系列视频中的形象书写框架大体类似且书写篇幅相当，都续写改革开放时期的企业故事，文案与画面也都重点突出其在改革开放过程中的贡献与高光时刻。但在其策略选择上略有差异，重点突出其与改革开放时期政策的契合程度和企业民族性呈现的差异。从表9-1中可以看出，在该视频场域内，企业的国家身份属性被削弱，视频表征的形象也与其在改革开放背景下对经济发展做出的贡献相关联，从而反映出不同企业的类型特征和形象表征的差异。

表9-1 "激荡四十年"系列视频中企业形象表征的框架

	高层：历史主题	中层：政策背景	底层：叙事符号
万向	乡镇楷模	由乡镇企业承担农村社会服务体系	突出重围：鲁冠球
华为	科创代表	华为基本法	科技强国：任正非
可口可乐	外资引进	走向外贸拉动型道路	与健力宝的争夺

第三节 全球化背景下企业影像的数字记忆实践机制

通过对弹幕和评论的整体梳理可以发现，网民对三个企业的评价与讨论度均有较大差异，整体态度与情感倾向排序由高到低为万向、可口可乐、华为。这与视频表征的企业形象有所差异，网民话语呈现多样化的表达特征。为探究以上现象的成因，本章提取网民弹幕和评论材料后进行文本和话语分析。

一、企业改革发展影像表征的网民认知与情感差异

（一）网民对万向企业的认知

在视频刻画与改革开放时期的各类报道中,鲁冠球与万向企业始终保持"民营之光"的形象,在网民的认知中,他们对该企业的描述也与视频内建构的形象基本一致。从网民的表述中可以发现,除了借助媒体传播获得间接经验之外,个人经历也作为直接获取环境信息的方式而产生影响。在有关万向企业的讨论中,网友往往会提及自身的经历、身份信息和地域特征。

　　亲戚曾经在万向上班,是萧山的光荣,当时工资就已经高出了一大截。(苦橙 TiAmo,2020 年 7 月 26 日)

　　(我是)浙江人,小时候经常看到这个企业的报道,印象很深。鲁冠球也算是我父母那个时代的偶像了,全浙江都以他为榜样。(聂鲁达新一,2020 年 7 月 27 日)

　　虽然没买过万向节,但浙江人基本上都听说过鲁冠球。什么是万向节？我听我爸说工厂叫万向。(七海逆行,2020 年 7 月 27 日)

网民对于万向企业的主要情感倾向来自国人的称赞与内心的自豪感,其背后的原因有以下几个方面。一是由于在视频场域内外,万向与鲁冠球都是被民族性包裹的企业典型,不管在改革开放过程中对经济层面的营收,还是社会层面的示范,其时代贡献和民族性程度都得到了网友的高度认可。二是在企业性质上,相较于可口可乐与华为,网友们并未直接与万向企业的产品打交道,更多的是通过媒体形塑和周边人的描述而对该企业留下印象或进行相关补充。而无论是前文分析的视频对万向企业形象的建构,还是当时媒体报道对万向企业形象的建构都是正面的。与此同时,在改革开放的历史发展过程中,万向始终没有进行外资引进,而是开创扎实地走民营发展的道路,展现出一个纯粹的中国企业、民族企业的形象,因此网民对其认知框架与视频内建构的形象基本一致。

同时，从上述话语中可以看出，该企业同源地或者有家人、朋友等熟人曾在该企业任职的群体会更乐于参与与万向企业形象相关的讨论。在国人身份的基础上，作为"萧山人""浙江人"的身份进一步被展现。作为浙江的企业，万向更多唤起的是该地域群体的社会历史记忆，作为"浙江之光"的万向企业天然带有唤起本地人自豪感与称赞情感的属性，这是一种地域身份认同的体现。学者塞缪尔·亨廷顿（2005）将人们的社会身份特性分为六类：归属性的、文化性的、地域性的、政治性的、经济性的、社会性的。其中，地域性是指所在街区、村庄、城镇、省份、国别、地理区域、州和半球等。地域身份认同正是在地域定位的过程中完成的自我建构。在网民的讨论中可以清晰地观察到这一特点，有关万向企业形象的讨论向地域议题偏移，在有关浙江的地域定位中确立自己"浙江人""萧山人"的身份定位。可见，该数字记忆场域内的"浙江人"共享改革发展时期万向企业蓬勃发展的成果，依托该系列视频进行回忆、反思和互动，从而生成共享的意义框架和价值认知，实现该群体的地域身份认同。

（二）网民对华为企业的认知

对于华为企业的认知，网民话语整体呈现对创始人的创业经历及其科研精神的称赞与认可，但也表达对其企业发展方向与选择的抵触和不满。网民在弹幕评论中呈现的情感与记忆书写类型主要分为两种。第一种是对华为企业科研能力的称赞，唤起作为中国人的民族自豪感，并通过个人记忆书写对其"中国科研先锋"的形象进行补充。

华为的科研能力是中国的骄傲。（封印的幽灵，2021年11月26日）

回头看发现任老真是有远见，改革开放时期就投入大笔资金到科研产业，怪不得人家科技能力世界领先。（观察小破站，2021年11月26日）

华为是中国科研龙头企业，没有华为，哪来的5G。（Kobe2nd，2021年11月26日）

只要中国一天有华为，通讯就不至于被美国碾压。（大肚王的黄，2021年11月27日）

华为的企业形象与其世界顶尖的科技研发技术密不可分,其科研能力始终扛起了企业形象的大旗,树立起"中国科研先锋"的形象。从多位网友的话语中可以看到,当提起"科研能力""5G"等展示华为企业核心竞争力的词语时,他们首先表现出的情感是肯定与赞许,认为其当前的发展与世界地位是毋庸置疑的,"怪不得""没有······哪来"都显现出较为强烈的情感意向。随后,这种对科研和企业能力的赞许,自然地与国家、民族话语关联起来,强化了网民作为"中国人"的情感表达和身份认同。在系列视频场域内,影像文本置于"中国改革开放"这一特定历史和情境,网民在观看视频时基于特定的文化系统唤起情感与记忆。"中国的骄傲""改革开放""中国科研龙头"等表述,背后是网民在数字记忆实践中自发地对企业民族性的情感表达与身份认同的确立。

第二种表现为与此前科技话题讨论时截然相反的态度。网民对华为企业在发展过程中的政策选择提出异议,认为其作为科技龙头企业却在发展中削弱民族性,因而自发地表达购买华为产品或接触华为企业的个人经验,并且利用这些经历表现抵触与排斥的情感。比如多数网民表达了对当前华为企业营销手段、商品质量、政策选择的不满。

　　老产品还可以,新型号越来越像交智商税;打着民族旗号,赚着民族的钱,今夜我们都是冤大头;营销太多了,高价低配,还不如买苹果或者小米。(彼岸焚花,2021 年 11 月 25 日)

　　我知道交换机,以前在电信局上班都用华为的交换机,一个传奇的开始,居然是康力的马仔。(iniesta68,2021 年 11 月 25 日)

　　原来从那时候开始就投机取巧,怪不得产品有越做越差的趋势。(科壳可磕,2021 年 11 月 25 日)

视频表征的框架中,华为企业在发展过程中曾一度为了生存,成为外企康力集团的代加工工厂。这种企业行为与网民弹幕评论的不满相互呼应,一方面体现出华为企业的举动不符合其在网民心中科研龙头应采取的做法,另一方面也体现出网民认为这是其作为民族企业对外企的妥协。当企业的历史选择与时代潮流发生错位,企业的民族性被大大削弱会引起网民的抵触情感。但值得关注的是,网民将华为的企业身份微妙地与民族主义解绑。这种"主动解绑"的举动暗含着网民在全球化时代对于跨国企业的包容性理解，同时间接展示出对本国价值观的维护与对自身民族立场的身份认同。比如网民"打着民族旗号"的此类表述体现出网民关注的只是华为企业自身的经历或者产品问题，而不会认为这种问题是民族和国家身份导致的。

抵触情感在数字记忆场域中经过唤起和碰撞，使网民对企业在全球化背景下的生存和发展产生了更加全面的理解和认识。这类企业的"特殊"表现不会持续网民的反感，但会削弱对企业的认同感，并进而在网民的积极反思中加强对国家的认同感。可见，在面对企业发展变革的历史时，网民的情感和身份认同建构路径是十分复杂的。当然，在日常生活中，网民与华为企业的商品接触更多，网民的自身经验与企业接触在弹幕评论的情感生成中占主导地位，而受视频表征框架叙事的影响则相对较弱。

（三）网民对可口可乐企业的认知

在对可口可乐企业的认知中，网民讨论的主要话题既有产品的口味，也有将可口可乐与民族企业产品健力宝、西湖可乐等进行对比，还有特殊历史时期的对外贸易政策。其外企身份在改革开放时期曾被视为"资产阶级身份象征"，但在全球化时代，公众会自发对这种认识进行反驳，这一举动彰显出当前全球化时代公众在数字记忆实践中的多元文化认同感和全球化思维的提升。

对其产品的评价，网民的话语呈现以下形式。

可口可乐 yyds，百事不行。（skylover007，2021 年 5 月 18 日）

如果你喜欢可口可乐，我们就是朋友。（一口袋币，2021 年 5 月 18 日）

可口党集合！（我会吃烤鱼，2021 年 5 月 17 日）

弹幕评论表明，在跨国企业中，可口可乐成功地以其超高的市场占有率和优质的产品获得了大部分网民的认可，尽管其营销手段、加工模式、企业风格都与传统的中国企业大相径庭，但在记忆书写的过程中，网民仍自发对其表示称赞。"yyds""可口党"等网络用语被频繁使用，可口可乐的企业形象在调侃式的话语表征下更加贴近网民的生活，网民将生活体验转化为生动的话语形式,在数字记忆场域中对可口可乐企业展开广泛讨论。

　　而在对可口可乐时代贡献的讨论上,网民的关注点并不局限于可口可乐企业本身,而是将重点转移到其竞品,如国产的健力宝或国产可乐之上。

　　当时确实觉得健力宝比可乐好喝。(上公大没问题,2021 年 5 月 17 日)
　　也就是说,当时没有可乐就没有健力宝。(雨田雷哥,2021 年 5 月 18 日)
　　我也喝过西湖可乐,味道还不错。(Cantique,2021 年 9 月 3 日)

　　以上话语展现出网民往往将改革开放过程中的可口可乐企业与当时的民族企业进行对比,并同时进行个人记忆书写。"没有可乐就没有健力宝"这一表达,一方面,展现出网民对民族品牌的重视,即在提到外企可口可乐时唤起了对国产健力宝的相关记忆;另一方面,展现出网民对可口可乐这一外企做出的社会贡献的肯定。"没有……就……"展示出强烈的情感倾向,这种强烈的肯定性评价在一定程度上是对"他者"的包容,以及全球化思维的体现。网民对于可口可乐在改革开放时期对民族企业的刺激和促进作用表示十分认可,这种刺激和促进作用有助于进行自主品牌的发展探索。网民通过可口可乐的企业案例,直观感受到本土文化如何经由企业之间的协作发生重构,健力宝与可口可乐的竞争发展过程中,既有本土对外部特殊性的抵触,也有本土对外部普遍性的补充,最终在适应外部影响和环境变动的基础上,在产品定位与营销策略方面都受到了外资企业不同程度的启发。

　　讨论话语中也有公众对于改革开放时期对外贸易政策的反思。1978 年 12 月,中美双方发表《中美建交联合公报》,建立大使级外交关系的第二天,第一批可口可乐敲开了中国大门。站在当前节点回望历史,会对当时可口可乐一类外企的发展速度表示惊叹,网民的弹幕评论体现的是对外企的包容态度和经济全球化的支持。

　　市场的自由水流,缺口一旦打开便肆无忌惮地流通,给双方提供市场不是对本土企业的不自信,反而是引进技术,不这样做,中国的经济实力

还会落后几十年。（青星不言，2021 年 5 月 16 日）

贸易全球化是大势所趋。（神盾局扫地工，2021 年 5 月 17 日）

想当年，中粮引进可口可乐还被报刊指责说是引进腐朽没落的资产阶级生活方式，是卖国主义，现在看来这种思想才真是腐朽。（行走在乡间的路上，2021 年 5 月 17 日）

可见，在当前经济全球化的大背景下，网民对 20 世纪 80 年代外企引入的这段历史持更加包容的态度。网民在数字记忆实践中审视顽固的"异域"思维，并反思过往的社会观念和文化偏见可能带来的弊端。可以看出，网民透过影像看到了改革开放时期国家的历史选择，并在历史回望中进行了反思。对外国企业的引入并不必然导致对民族身份认同感的削弱，相反，亦有可能强化对民族与国家的认同感。网民对改革开放时期可口可乐企业做出的社会贡献的肯定，体现出全球化时代网民在民族主义立场之外，对跨国企业选择性的包容意识和对多元文化的认同感，在"自我"与"他者"的碰撞和理解中进一步推进自身国民身份意识和国家认同感的强化。

二、全球化背景下数字记忆实践机制与身份认同

在该系列视频场域内，影像文本被置于"中国改革开放"这一特定历史和情境中，与网民的生命经验形成碰撞与交互，为公众提供共享和书写历史的场所与空间，形成跨时空的数字记忆实践。B 站"激荡四十年"系列视频的影像表征和网民的弹幕评论构成了网民对改革开放时期中国企业发展沉浮的共同追忆和时代想象。网民个人化的记忆与改革开放宏大叙事相补充的场域，形塑起关于改革开放时期中国重要企业的"数字记忆社群"。

在该系列视频场域内（见图 9-2），网民所共享的主线事件仍是改革开放这一历史事件本身。在记忆实践中，企业的时代贡献串联起了网民记忆的主线，不同企业始终被认可和称赞的部分就是它们在改革开放时期的贡献；网民的自豪情感大体没有变化，并在观看视频和个人记忆书写实践中进行了强化。不论是国企的华为，抑或是外企的可口可乐，只要这些企业在当时的时代环境下做出贡献，网民就会呈现总体认可的态度，即在全球化时代，公众日益具有

跨越国家身份的全球视野,不论国别和企业的属性,只要为世界特别是为本国的发展创造出价值,对网民来说都是值得尊敬和认可的。

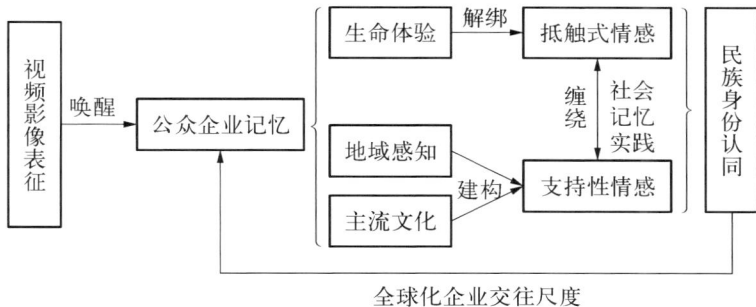

图 9 - 2　视频影像表征驱动下网民企业改革的数字记忆实践模式

当然,在数字化和全球化时代,中外跨国企业的改革发展历程与公众的民族情感和社会记忆有着密不可分的关系。网民通过"激荡四十年"系列视频了解企业的发展历程并通过记忆实践进行反思,从而加深了对"自我"与"他者"关系的理解。尽管每个民族共同体都有自己共享的民族和价值理念,但在全球化的语境下,不同文化的交融和经贸往来使国与国之间的边界变得日益模糊,公众日益在自身民族身份属性的前提下,对其他民族和跨国企业予以包容性理解。

在本案例中,网民对华为与可口可乐公司进行记忆书写实践的过程中,"民族""时代贡献"的标签被网民以记忆的方式随时标注和摘下,可见在全球化时代,公众对企业身份的定义和建构是动态和摇摆的。中国网民保持着对自身民族身份的认同与强化,同时在对不同企业的认知中加深了对"他者"的理解。企业的贡献程度、商品质量等要素使网民在个体记忆书写过程中形成了对别国文化的某种包容性理解。这种理解基于企业发展和历史进程,使网民脱离了民族中心主义的思维特征;他者以经济活动对象的形式出现,不是异己的对立者,也不是同一的他者,而是在经济活动中平等的他者。改革开放时期的本国企业正是通过与外企的互动实现了自我升级与转型,这一事实让网民们清晰地了解到他者也是主体建构自我意义的必备要素。网民评论中呈现了基于事实出发的包容性理解,并且通过弹幕互动与记忆书写得到强化,实现不同企业间对话协商的可能性。即全球化时代"我们"和"他者"并不是完全对立的,数字记忆实践重塑了网民对于跨文化交往"边界"的认知和想象,不再认为中国企业属于固定的"我们",而跨国企业和外企是永恒的"他者"。

本章将数字记忆实践与跨文化认知相结合,考察记忆实践与身份认同、国家认同的关联,并展开对具有跨文化属性的跨国企业与民族企业的比较研究,一方面,显现出记忆实践在全球化时代所面临的复杂性;另一方面,则从跨文化沟通的视角反观公众的国家认同和记忆唤起的动态建构过程,推进跨文化传播和记忆研究的结合与反思。本章表明,公众展开的跨文化数字记忆实践是自身民族身份在记忆场域中的生成,并在全球化和数字化语境下进行跨文化的反思。总体而言,当影像表征、个人生命经验与企业社会贡献重合时,外企同乡镇企业、跨国企业一样,能够收获支持性情感。当然,当企业影像表征的形象与个人经验和社会记忆发生冲突时,公众会放大与企业有关的产品属性和民族特征,并在新媒体平台以数字记忆书写的形式凸显出来。

值得关注的是,数字记忆实践中对跨国企业和外企部分行为的认可并不必然导致对本国民族身份和国家认同感的削弱。同样,对本国企业的差异化或抵触性情感也并不一定会削弱公众自身的国家认同感,公众在全面理解和积极反思中加强对本国价值观的维护,从而强化了自身的国家认同感。透过影像表征与数字记忆实践,可以看到企业国际化的操作尺度与潜在张力,而公众正是在对历史关键节点上企业交往尺度的全面审视中展开数字记忆实践的,既关注不同企业在时代洪流中的位置和重要性,又加深对跨文化"他者"的理解,在积极的反思中加强对自身身份和全球化时代国家认同的认识。

第十章

红色记忆实践培育青年国家认同的
形成机制与优化策略

以上第二到九章已就数字时代红色文化实践的四种类型进行了详细论述和案例剖析,尽管线下/线上、世俗/神圣的红色记忆实践类型在具体实践中存在差异和多样性,但青年群体在建党百年背景和红色文化元素的各类形式之下展开情感实践、唤起历史记忆,提升群体的国家认同却有着共同之处。

总体而言,本书将红色文化确立为中国革命年代和社会主义现代化进程中的宝贵物质和精神财富,并试图在发展和反思中深化对红色文化的理解;同时,更为重要的是把改革开放时期和新时代青年文化实践中不断延伸和发展的重要议题作为继往开来、继续奋进的动力,以此作为顺应历史潮流、敢于开拓进取、推进国家认同的历史文化资源。本书最后将总结归纳青年红色记忆实践提升青年国家认同的形成机制,并就当前数字时代红色文化实践和记忆生产提出优化的路径和策略。

第一节　红色记忆实践提升青年
国家认同的形成机制

一、重大纪念时刻红色文化的大众化传播

红色文化是基于中国共产党和中国革命进程建立起来的心理映像和意象

展现，是植根于中国本土的历史文化和社会情境的现实认同来源（梁银湘，2010；龙柏林，潘丽文，2018）。建党百年来的发展离不开红色文化的根基和革命血脉，而作为一种先进的革命文化，红色文化在不同历史时期被赋予特定的时代内涵、展现出不同的历史面貌，红色文化在革命、建设、改革和新时代都发挥着重要作用，对凝聚公民国家认同发挥重要作用，也成为建构国家认同的重要资源。2021年是中国共产党成立100周年，百年作为重大纪念时刻是极其重要的历史节点，全国和全党上下庆祝建党百年华诞，既是不忘历史、践行初心、担当使命的重要体现，也是发扬伟大建党精神、推进广大青年国家认同的重要契机。

与建党百年背景形成呼应的是中国共产党人带领中国人民"抛头颅、洒热血"，夺取中国革命胜利的红色文化和民族精神，为当下新时代中国特色社会主义发展提供重要的精神支撑和历史来源。对于青年群体而言，尽管红色文化和社会主义核心价值观在思政课堂学习、党建活动、重要讲话学习中均有不同程度的渗透，但基于建党百年的背景下，全国上下大规模的红色文化大众化传播，为大力开展红色文化教育和传播实践提供了重要的契机。前述章节涉及的红色英烈主题教育、建党短视频翻拍和《觉醒年代》同人文社群历史书写等红色文化实践的展开，是基于建党百年纪念的历史时刻，而主流电视剧《大江大河》、电影《我和我的家乡》和B站"激荡四十年"系列视频的上映时间也贯穿于改革开放40周年前后，反映出改革开放四十余年来的社会变迁，宏观的时代背景和历史时刻是红色主流文化传播的重要契机，成为青年网民情感唤起和记忆实践的外部因素。

此外，开展的红色主题教育、传媒庆祝活动和红色革命历史剧播映，全国和全党机关、学校、媒体开展形式多样的主题宣传、氛围烘托和献礼剧展映，为在建党纪念日和重要历史时刻做好组织动员、主题策划和公众参与提供必要的准备保障。值得关注的是，相关红色建党主题的数字化传播并未由于数字空间的部分虚拟性而失去影响力，不仅在点赞量、评论数和分享量方面有突出的传播影响力，在数字空间铺天盖地地"刷屏"、弹幕互动、算法推送中也引发了社会广泛的关注，各地各部门调动所属基层单位、学校以及新媒体用户共同参与建党纪念和影视观影活动，营造出重大历史事件的热烈庆祝氛围。

钱力成等学者曾在梳理国内外集体记忆研究时归纳出中国记忆研究的

"国家权力"视角(钱力成,张翮翾,2015),红色文化的数字化实践和具身实践都是基于国家权力和"国家在场"之下的记忆实践,这种自上而下的红色主题教育和阶段性的记忆建构具有中国本土化的特色,既是区别于其他集体记忆研究的显著特征,又是本书研究中数字时代红色文化实践多种表现形式的社会背景和先导性来源。同时,本书也从某种程度上,区别于西方记忆研究的创伤范式,有助于推进文化记忆研究的中国自主知识体系建设。

二、提升国家认同的红色记忆实践方式

建党百年来,红色文化蕴含中国共产党人在革命年代创造的政治追求、爱国情愫、价值准绳和道德规范,记录着中国共产党人排除万难、艰苦卓绝的奋斗历史,集中体现中国共产党人的优良作风和中华民族的宝贵品格。改革开放以来的社会主义发展时期,以及新时代中国特色社会主义发展时期,红色文化依然成为时代发展的精神动力和信念支撑。当然,当代红色文化的宣扬和传播并不是与青年群体和公众脱节的,而是具体地体现在主题教育、社会生活和数字媒介实践中。

(一) 红色文化的具身化实践

尽管红色英烈主题教育在本书中与其他形式的红色文化实践和数字媒介实践相比,显得更加主流化、传统化,但英烈画像主题活动改变了以往红色文化教育借助教科书或是传统媒体的传播形式,以别具一格的形式进入到思政教育的课堂,以主题教育模式创新联动红色文化活动,即让青年学生通过烈士家属寻访、英雄故事搜集、画像绘制等专业领域的学习和延伸,加强革命文化和英烈精神的熏陶,并通过参加"百位烈士画像"大型公益活动,在英烈纪念仪式中沉浸式参与英烈事迹的追忆,具身化地投入仪式现场,身临其境地感受英雄事迹和红色文化的洗礼。这种红色英烈主题教育活动不仅是当前高校思政教育和红色文化传播的有效尝试,也使广大青年群体切实触动参与者的红色情结,通过具身参与,加深对传统教科书和主题教育内容的理解,唤起革命年代的历史记忆,从而形成与红色文化的情感联结,促使社会—学校—学生之间的有效互动与勾连,从而升华到对革命英雄先驱的热爱和对国家的认同。

此外，红色消费空间也是另一种具身化实践的载体。"黑白电视"作为特殊的媒介空间，使政治、经济和文化资本重叠于日常化的消费空间之中，经营者巧妙地调用象征自身地域特色的符号和文化物件进行包装，湖湘文化、毛主席的纪念物件、古朴的店面和改革初期的老物件等均装点出红色怀旧的风格，形塑起在地化的消费空间。青年消费群体因新奇或被推荐进入消费空间，复古怀旧的文化氛围进一步将刻板印象与现实消费环境相结合，引发消费者的情感实践与文化认同，并基于线上线下的消费反馈，形成沉浸式的情感体验。该消费空间被赋予的红色文化符号和政治资本，削弱了消费空间的资本属性，促使空间生产的正当化运作和经济效益的提升。青年消费群体在就餐过程中能动地与空间产生关联，过往红色历史教育的素材在空间场景中嵌入、改革开放的社会变迁与生命体验相勾连，消费者既能品尝湖南的特色美食，又具身地受到红色文化的熏陶，潜移默化地感知到以红色文化为核心的政治内容，唤起的历史记忆有助于青年认同感的提升。

（二）红色文化的数字媒介实践

数字时代红色文化实践的重要表现为红色文化在各类数字空间的文化实践和运用，既有基于建党百年背景的《少年》短视频翻拍、革命历史剧《觉醒年代》同人文社群的历史书写创作，又有红军长征的弹幕社群互动。建党短视频翻拍以《人民日报》的《少年》短视频传播为开端，在翻拍过程中青年群体对建党历史知识的认知和本组织机构历史的了解，进一步唤起参与群体的历史记忆，间接地践行了纪念题材的社会再生产和历史传承，使公众和翻拍参与者自然而然地感受建党纪念的宏大主题，是一种新型的政治传播形式。在数字时代，短视频作为一种简易的视频制作形式，发挥了用户和机构的能动性，也是用户运用视觉符号进行数字媒介实践和文化展演的方式；通过专业化和组织化的运作，建党《少年》短视频将自身对建党纪念主题的理解表征到视频的创作中，在新媒体展演中营造国家认同感，不断凝聚用户情感和唤起记忆，达到建党百年纪念宣传的效果。

革命历史剧《觉醒年代》同人文社群的历史书写创作是对数字平台LOFTER上同人文《奢愿》的考察，该案例中的同人文创作者往往是青年女性群体，同人文实践以二次创作的方式提供了一种弥合主流红色话语和亚文化的方式,即情感倾注于历史文本的构筑之中,同人文"时空重组"将个人体验融入宏大叙事,"代入式"想象使得她们在想象中模拟和体会历史人物的际遇,以对历史人物的"萌化"深化对革命先烈的喜爱之情,发展出类似粉丝与偶像的想象性亲密关系。这种红色亚文化二次创作方式为青年群体参与历史提供了一条合适的路径,即以正史为基础,又能在一定的限度内通过自行阐释满足参与历史的渴望;同时,结合同人作者在其书写文本中时常出现的家国叙事,凝聚情感,上升为具有较为强烈的国家认同感,这也是以往传统精英化的历史教育无法达成的。

此外,数字 B 站空间红军长征视频的弹幕互动又是另一种红色文化数字化实践的典型体现。青年群体在长征沙盘视频的数字媒介实践,摆脱了传统历史教育和红色文化教育的灌输状态,数字媒介连接着青年个体与虚拟空间、亚文化与历史教育、网络空间与爱国主义,个体能够在数字媒介提供的教育资源中改变对传统教科书中红军长征的认识和情感,反思历史知识和历史教育本身,展开对"红军长征"这一红色历史事件的集体追忆,背后关联的是革命历史和民族国家的认同话题。与此同时,数字媒介和红军长征视频的弹幕实践也为传统历史教育者提供了一个反思和改进历史教育的实践空间,为数字时代的青年群体提供了加强历史教育和数字化互动的新途径。

而涉及改革开放时期的红色文化题材,主流电视剧《大江大河》在改革开放四十周年的背景下播出,形塑了改革开放的主流叙事,而在网络微博空间,形成了主流媒体官微、机构官微、网络意见领袖和普通网民相互交织的网络舆论场,主流话语和民间话语、网络新生代群体和传统的网民群体呈现叠加和多元化的状况。影视剧《我和我的家乡》将中国城镇化进程的主旋律与公众的怀旧心理相结合,以艺术的形式加以呈现,网民在网络空间表达观影感想,个体的情感抒发与主流叙事相交织,进而产生基于用户体验的文化乡愁和家国认同感。此外,B 站中伴随改革开放和全球化而来的、反映本土和跨国企业发展的影像节目,成为青年网民追忆和讨论的热门话题。网民在数字记忆实践中对不同企业在改革开放进程中的作用处于既支持又抵触的纠结情感状态,并在全面理解和积极反思中加强对本国价值观的维护。

三、数字时代红色记忆实践的形塑机制

本书以红色英烈主题教育、红色怀旧空间实践、红军长征视频弹幕实践、建党短视频翻拍、《觉醒年代》同人文社群历史书写、主流影视剧《大江大河》和《我和我的家乡》用户评论和B站"激荡四十年"弹幕互动等数字时代的红色文化实践方式为研究对象，充分反映建党百年前后各地各部门、传媒影视界和新媒体平台开展的一系列纪念活动和公众红色文化实践行为。本部分将总结和归纳数字时代红色记忆实践和记忆共同体形塑的社会机制，揭示红色文化传播实践和公民国家认同感凝聚提升的深层机理。

（一）国家认同培育的文化实践路径

现代国家认同的建构与维系包含公民身份和国族身份两方面的源头，不仅涉及政治共同体的强制性制度规范形式，还涉及历史共同体的文化内化与渗透过程，而政治—法律身份的赞同性国家认同与文化心理身份的归属性国家认同两个层面同等重要，且是公民与国家政权长期互动的结果。因而，国家认同的提升和培育也既要从制度和现实利益予以保障，又要从历史记忆、价值观念和话语体系等方面进行建构和维系。

本书所考察的数字时代的红色文化实践，强调国家认同建构的文化策略，以象征符号和文化整合维系民族国家的凝聚和认同建构。特别是对于中国社会而言，红色文化是建党百年来一切发展的前提和血脉根基，是中国共产党人和中国公民凝聚力的可靠来源和精神财富，通过中国本土文化资源进行国家认同的建构有着天然的优势和正当性保障。此外，数字时代为红色文化提供了创新实践的平台，使传统的红色文化传播由文本符号的表征向用户文化实践的转变，双向互动、用户身体与交往情境等多重要素耦合，用户嵌入于数字媒介之中，能动地与红色文化进行互动和对话，与红色对象物展开深层次的红色记忆实践。

（二）庆典与日常时间相结合的红色文化塑造

本书主要以红色文化为研究的基本范畴，并基于建党百年和改革开放周

年纪念的重要背景展开研究,并在深入研究中发现红色文化的塑造,既包括重大纪念日的神圣庆典时刻,又包括日常化时间的红色主题延伸和多样化形式呈现。一方面,2021年建党百年、2018年改革开放40周年纪念这些重大历史事件的时间节点,自然是党和国家、各地各部门开展红色文化教育、举行纪念庆典仪式的重要契机。本书中全党机关、学校和主流媒体开展的红色主题教育、传媒庆祝活动和红色革命历史剧播映,营造出重大历史纪念时刻热烈庆祝的氛围,便是红色文化在神圣时刻的充分体现。

另一方面,红色文化的塑造和实践不应忽视日常时间的空间陈设、文化展示和新媒体互动。红色文化作为先进文化和精神驱动力,已经渗透于历史教育、纪念空间和日常化的场景中,特别是数字时代背景下,数字媒介形态趋于多样,光靠传统、单一的主流媒体和组织动员来烘托红色主题显得势单力薄,数字空间建构出丰富而多元的纪念主题和记忆叙事。新媒体平台具有传播范围广、随时互动的特征,将红色历史植入短视频、B站空间的弹幕互动等形式可扩大历史教育和红色文化传播的影响面,提高红色议题的参与感和话题热度,加强青年群体感知和参与红色历史的积极性和普遍性。此外,将与历史事件、纪念议题有关的话题适当地延伸到日常化的场景中,如在红色打卡地的宣传、周边文创产品的开发,使红色文化元素有机融入青年群体和公众的日常生活之中,有助于进一步推进红色文化的大众化。

（三）加强红色资源与商业资本的结合

按以往的思维惯性,红色文化应保持高度的严肃性和权威性,商业资本将侵蚀红色文化的传播和实践,然而,笔者在本书中发现,除传统的红色主题教育体现出纯粹的政治主导和主旋律特征且未添加商业元素外,在日常化的红色文化实践过程中,红色资源与商业资本的结合成为当前普遍的现象。比如"黑白电视"吃货铺作为红色怀旧消费空间,本身是以消费空间作为主要功能,而红色革命元素在消费空间的运用使其成为青年群体"打卡"、尝鲜的地方,这种政治资本换取经济资本的模式,可以实现对政治资本的调用和转化,消费主义对政治元素的包裹使政治话语在消费空间内的表达正当化。此外,以往亚文化元素与红色文化几乎绝缘,数字时代网络亚文化突破了原来传统的文化边界,《觉醒年代》的同人文群体创作实现了红色历史题材与青年亚文化的有机结合，一方面，使同人社群内长期同质议题得到拓展，加强了亚文化实践的多元性和公共性，能吸引到更多娱乐领域之外的用户流量；另一方面，也使红色历史题材能自然而然地渗透到青年群体之中，确立平台自身的商业运作和平台所承载的公共价值的双重使命性，使青年群体能感受革命历史、接纳主流价值观，促成青年群体在亚文化领域的情感生产和红色记忆唤起。

（四）互联网治理之下的数字文化实践

近年来，国家在互联网领域多次展开"清朗""净网"行动，不仅对网络低俗炒作、不良有害信息进行清理，还对网络中"历史虚无主义"现象进行互联网治理。在这一政策背景之下，亚文化数字平台要想持续获得更多的商业利益，在主流红色历史题材作为可调用的政治文化资源的同时，也要谨慎地对待数字空间和网络平台上可能触碰底线的话题，对青年群体在数字空间的历史讨论尺度进行必要的审查和规训。比如，《觉醒年代》的同人文群体创作实践中，平台设置了相应的审查机制，这可能会束缚部分同人作者创作的自由空间，但从长远看，正是这种博弈和限制防止了历史题材同人创作因发挥尺度过大而招致的风险，确保了同人创作的可持续进行以及 LOFTER 平台的良性运作。此外，红军弹幕、"激荡四十年"系列视频的互动案例中，目前 B 站建立起了人机协同的审查和监控机制，带有政治色彩、多种立场的内容会被打上敏感词的标签，一旦出现异常内容，会在传播的各个环节受到拦截，从某种程度上也设置了弹幕空间历史互动和社群的基本规范，便于开展健康向上、不偏离主流价值观的数字文化实践。可见，数字空间的网络治理规范促使有限制的积极网络自由，在正确价值观的熏陶和感染之下，能重塑青年群体对红色文化的认识，树立起正确的历史观，间接地助力国家认同感的培育。

（五）调动公众情感，展开红色记忆实践

打破固有的红色文化灌输和宣扬的思路，注重关注情感维度在红色文化实践和记忆唤起中的作用，加强纪念主题、记忆媒介和社会空间的情感实践，引发公众对纪念议题的生活体验、社会想象和红色记忆。通过本书也发现，青年群体认知中的"红色文化"不是一个抽象的标签，也不是一个不变的象征符号，而是与自身经历、日常体验息息相关的精神力量。因而，合理调用中国宝贵的红色文化资源,形成国家权力、商业资本、文化资源和数字技术多元交织的社会场域,可为红色文化建构提供社会再生产和情感维系的方式,为纪念议题和主流叙事提供可能的嵌入路径。当前,历史主题教育和日常消费空间的塑造、数字时代红色文化的数字化表现,有助于不断推进青年群体对中国革命和社会主义现代化事业的理解,激发出青年群体对红色历史元素的追忆和怀旧情绪,唤起公众对中国历史和文化的集体认同,推动青年群体"想象共同体"的建构和国家认同感的形成。

第二节　红色记忆实践培育青年
国家认同的对策

在数字时代红色记忆实践形塑机制分析的基础上,本部分将基于"制度—观念—技术"的实施架构,提出优化青年国家认同培育的具体对策。

一、推进红色文化教育的制度体系建设

推进国家认同教育的制度体系建设,不仅是实现国家稳定和公众认同的坚实基础,也是顺应青年群体身心发展规律的主体基础,更是推进红色文化和红色记忆实践的重要保证。

首先,加强各级党委对国家认同教育的指导。高校、社会组织等应正确认识到各地党委对数字时代国家认同教育的指导和引领作用,确保党对青年历史教育和国家认同教育的绝对领导权,发挥各级党组织对认同教育工作的全方位领导,筑牢政治安全风险防范的机制,加强红色文化在国家认同教育中的核心地位和思想引领,推进政策法规、组织机制的贯彻落实,构建起党委领导、部门协同和高效全面的国家认同制度机制。

其次,拓展高校教学路径,完善多元教育机制。学校虽是接受红色教育最主要的场所,但仅仅囿于校园内开展红色教育远远不够。除了要组建专业的数字化政治认同教育队伍,还需要把握重大革命纪念日等关键时间节点,结合博物馆、纪念馆等红色历史场所,为青年学生开启红色教育的第二课堂,开展

红色记忆实践，实现隐性红色教育。高校领导应建立健全相关制度体系，严密制定相关校园仪式活动的规章制度，确保在制度保障下各项认同教育仪式活动能够有条不紊地开展，让广大青年得以走出教室，走进实体纪念空间及纪念仪式营造的多元课堂，感受红色教育带来的参与感与获得感。

最后，健全红色教育评价的数字化体系。在数字时代，要在提升高校国家认同教育教学质量、完善课程设置机制的同时，建立科学全面的数字化教育评价体系，以数字化制度评价体系促进红色文化教育制度化、有序化。传统的思政教育和红色历史教育主要以书面考试为主要考核方式，通过划分核心知识点、设置考题评价学生对知识的掌握程度。这种教育评价方式虽然标准统一，但反馈结果单一，无法科学地评判教育的落实程度。数字化评价体系的建立有助于通过智能化的数据采集、分析、反馈，使教育者适应和运用数字化技术，形成对新时代青年学生群体长效的科学评价模式，注重红色教育评价的智能化、多元化，精准掌握受教育者的学习成效，确保客观地评价青年学生接受红色教育的深度与广度，更加全面地反映其接受红色教育和国家认同教育的实际情况。

二、转变青年国家认同培育的观念

红色文化作为青年个体与国家的精神纽带，既是中国共产党先进历史的重要体现，又是推动中国社会主义现代化建设和发展的力量源泉。而当今世界正处于百年未有之大变局，青年国家认同的培育正受到西方负面思潮和全球化进程带来的冲击，转变青年国家认同培育的观念需要根据新形势做出相应的策略调整。

首先，以文化建设为核心奠定国家认同培育的思想根基。文化作为建立认同意识的核心层面，对青年群体起着潜移默化、滋养人心的作用。要把我国红色文化和中华优秀传统文化作为固本铸魂的基础资源，结合数字技术进行创造性转化，深度挖掘其中具有时代价值的英雄文化、红色文化等文化人物和文化故事，让青年群体感悟红色革命文化和中华文化的精髓和魅力，以先进文化的凝聚力量助力青年群体抵御西方消极思潮的侵袭，形塑起对国家的强烈认同感。

其次,多主体协同形成国家认同培育的合力。转变并培育青年国家认同的观念,不能仅仅依靠学校或社会某一主体的力量,社会全员参与、多方配合是必要的基础,需要家庭、社会和高校有效协调,形成互补优势,共同承担起青年国家认同教育的使命。家庭需要进行良好家风营造和家教建设,为国家认同教育做好基础把关,高校需要利用思政教育相关课程、活动为国家认同教育深度护航,社会更要通过博物馆、纪念仪式等为国家认同教育提供氛围的熏陶。同时,在数字时代,数字空间和网络平台也成为国家认同培育和互联网治理的间接协同对象,加强青年群体在数字技术运用过程中的历史价值观教育,遵守网络空间公约,间接营造良好的网络舆论氛围,促进红色文化的健康发展。

最后,批判和整顿负面思潮,加强马克思主义的思想引领。帮助青年群体认清网络媒体中抹黑历史、玷污英烈的行为,杜绝历史虚无主义、民粹主义、"普世主义"等反马克思主义思潮,剖析这些带有明显政治意图的典型案例,使青年群体认清这些言论的险恶本质,引导广大青年坚决批判并抵制负面思潮。强化马克思主义的指导地位,对于西方个人主义、自由主义等违背社会主义核心价值观的极端思潮要加以驳斥,以正确的价值观和核心思想武装青年学生。加强中国共产党革命史、社会主义现代化建设史和改革开放史的教育,助力形成正确的党史观,推进国家认同感的形成。

三、加强红色文化的日常化渗透

青年群体热衷于个性化的新鲜事物,不喜欢拘泥于传统的方式,由于青年群体从小接触智能终端设备,长期生活在数字信息技术影响的氛围中,对外界的数字技术变化有着天然的适应能力,因此,应准确把握青年群体的喜好和接受心理,探寻符合青年群体特征的红色文化教育新模式。

首先,利用红色主题包装景点,开发沉浸式教育基地。在保护好红色旅游资源的基础上,深入挖掘红色文化资源,积极修缮和恢复红色革命遗址,用好、用活红色资源。因地制宜制定红色旅游精品路线,壮大当地红色研学产业。比如,湖南韶山重点打造了"缅怀伟人教学线路"等 8 条红培精品线路,每年超30 万名青少年来到韶山接受红色教育。各革命历史胜地要将国家认同教育和红色主题教育日常化、生活化,使红色旅游与党建研学深度融合,在旅游"打卡"中强化革命历史胜地作为中国红色文化"记忆之场"的定位。

其次,联动新鲜血液,赋能红色文化作品再生产。青年受众热衷娱乐文化产业,以往图文形式的红色教育较为老套且枯燥乏味,可以基于红色人物和红色故事原型,经合理程度的艺术改编,设计视觉化的情感符号,邀请时下受欢迎的影视明星出演相关影视作品,以吸引青年群体的注意。当前在艺术剧本营造的情境下,将红色文化自身的感召力与明星的热度结合,打造出诸如《觉醒年代》《我们的法兰西岁月》《大江大河》《我和我的家乡》等优秀的红色影视作品,吸引受众在观看影视作品的过程中自发接受红色文化的熏陶,实现对红色文化的再生产与循环利用,使红色文化在新时代再次焕发新的活力与生机。

最后,打造红色创意产品,加强红色文化的数字升级。积极做好红色文化与亚文化元素的结合,当前在网络亚文化的熏陶下,青年群体热衷于各种IP及其延伸出的联名产物,相关产业主体可以参照此种形式,将红色文化与各类日常用品相结合,制作出具有革命年代感的红色文创产品,赋予其鲜活的红色印记;同时,加强红色文化的数字化和虚拟化改造,运用数字技术使青年群体在数字虚拟化空间中进行沉浸式体验,加强红色文化的数字化升级,凸显出红色文化资源的现代性和立体感,从而使青年群体在消费和体验过程中潜移默化地学习并感悟红色文化。

四、推进红色文化的数字赋能

数字技术具备广泛传播信息、传递多元观念和沉浸式体验的功能,能有效推进红色文化的数字化转型,增加青年群体的用户体验,加强数字技术的优化创新对运用数字技术赋能国家认同的提升有着积极意义。

首先,加强国家认同教育的数字化建设。积极用好人工智能、大数据、区块链等先进数字技术,加强历史教育的数字化平台、数字资源库等新型教育基础设施的建设。加强国家认同教育资源的数字化采集与数据库建设,推进红色资源、历史教育素材的开放共享。目前,已有相关部门正在开展"革命文物大数据库"的建设工作,数字化形式可以使教育资源更加方便地被存储、管理、利用、分享,使红色文化通过数字化、数据化建设,积极长远地为子孙后代提供丰富的历史资源。

其次，加速数字化产品的创新与迭代。根据新时代认同教育的实际需要，要不断发掘历史教育和红色文化产品的时代价值，推进数字技术与相关教育产业的协同创新。一方面，可以利用数字技术开发新型学习场景，通过 VR、AR 等技术建设虚拟红色情境世界，为青年群体提供历史"在场感"，创新传播过程的参与性和体验感，有效提升国家认同教育的互动性和吸引力；另一方面，通过扶植技术高超的数字化产品创作团队，吸收多方资源，给予产品创作者以物质与精神方面的激励，形成适应于数字时代青年群体国家认同培育的产业环境，激发主流化元素的市场开发潜力。

最后，重视红色文化的数字化展示，实施精准传播。关注大数据技术的分发和推送能力，运用数字技术提升红色文化的传播效果，充分发挥数字媒介传播速度快、传播范围广、精准分发的特性，把有关国家认同教育和蕴含主流价值的内容、作品展示和传播给更多的人，使国家认同教育内容广泛覆盖社会的方方面面，提高公众的关注度和认知度，在数字产品使用和消费过程中唤起红色记忆，潜移默化地提升青年群体的国家认同。

总之，数字时代加强青年国家认同教育的培育，需要从推进红色文化的制度体系建设、转变青年国家认同培育的观念、加强红色文化的日常化渗透和推进红色文化的数字赋能等方面进行努力，赓续历史记忆，运用红色文化的历史资源展开红色记忆实践，从而提高青年群体的国家认同。

参考文献

一、中文文献

［1］阿兰·S. 马尔库斯,托马斯·H. 莱文,郑茜文,等.博物馆"奇妙日":探讨历史学习在博物馆的展开[J].历史教学问题,2020(06):160-163.

［2］安珊珊.网络舆论生成中的要素及其互动影响机制——基于四个中文BBS论坛的探索性研究[J].新闻与传播研究,2012,19(05):56-67.

［3］蔡骐.网络虚拟社区中的趣缘文化传播[J].新闻与传播研究,2014,21(09):5-23.

［4］蔡晓梅,刘晨,朱竑.大学的怀旧意象及其空间性建构——以中山大学为例[J].地理科学,2013,33(06):710-717.

［5］曹冉.同人粉丝:对一种网络亚文化群体的分析[D].苏州:苏州大学,2013.

［6］曹书文,吴澧波.怀旧情结与王蒙的小说创作[J].当代文坛,1998(02):19-23.

［7］常轶军.政治认同的四大支柱:历史记忆、现实利益、价值观念与话语体系[J].新视野,2014(06):84-87.

［8］陈呈,何志武.修复与想象:《南京日报》里的"民国镜像"(2000—2019)[J].新闻大学,2022(03):45-60+118-119.

［9］陈楚洁.媒体记忆中的边界区分,职业怀旧与文化权威——以央视原台长杨伟光逝世的纪念话语为例[J].国际新闻界,2015,37(12):26-45.

［10］陈华.全球化时代国家认同的三种边界形态与功能[J].教学与研究,2017(05):14-21.

[11] 陈婧.《人民日报》建构"慰安妇"集体记忆探析(1995—2018)[J]. 东南传播,2019(01)：93 - 95.

[12] 陈乃林,孙孔懿. 终身学习论略[J]. 江苏高教,1997(06)：5 - 11.

[13] 陈欧阳. 中国企业在美形象的影响因素研究[J]. 新闻与传播评论,2021,74(03)：118 - 128.

[14] 陈犀禾,王艳云. 怀旧电影与上海文化身份的重构[J]. 上海大学学报(社会科学版),2006(03)：39 - 44.

[15] 陈新. "公众史学"的理论基础与学科框架[J]. 学术月刊,2012,44(03)：117 - 123.

[16] 陈新. 自媒体时代的公众史学[J]. 天津社会科学,2013(03)：137 - 141.

[17] 陈信凌,廖勇勇,周声柱. 论《红色中华》报的报道重心及特色[J]. 南昌大学学报(人文社会科学版),2007(06)：141 - 145.

[18] 陈旭光. 大众、大众文化与电影的"大众文化化"——当下中国电影生态的"大众文化"视角审视[J]. 艺术百家,2013,29(03)：35 - 40.

[19] 陈彧. 从"看"到"炫"——粉丝再生性文本中的自我展演与认同建构[J]. 现代传播(中国传媒大学学报),2013,35(11)：155 - 156.

[20] 褚凰羽,洪芳. 红色文化传播的影响因素分析研究[J]. 兰台世界,2011,322(03)：72 - 73.

[21] 储双月. 转型期中国怀旧电影的再现策略[J]. 内蒙古大学艺术学院学报,2012,9(02)：132 - 136.

[22] 邓鹏. 红色文化网络育人的话语转型探赜[J]. 思想教育研究,2020(11)：148 - 152.

[23] 邓显超,邓海霞. 十年来国内红色文化概念研究述评[J]. 井冈山大学学报(社会科学版),2016,37(01)：29 - 39.

[24] 丁汉青,杨立奇,余冰玥. 赠礼与回礼："up主-粉丝"间的礼物交换机制研究[J]. 新闻春秋,2022(01)：66 - 74.

[25] 丁迈,罗佳. 心理应激影响下突发性公共危机事件的公众舆论流变：以"昆明暴恐"事件为例[J]. 现代传播(中国传媒大学学报),2015,37(2)：50 - 53.

[26] 董晋骞. 场域、惯习与实践活动的"双向模糊关系"——关于布迪厄的实

践活动理论[J].社会科学辑刊,2013(04)：25-28.

[27] 杜嘉慧.新媒体时代的历史书写——从《明朝那些事儿》到公众号铲史官[J].传媒论坛,2021,4(03)：22-24.

[28] 段文斌,张文,刘大勇.从高速增长到高质量发展——中国改革开放40年回顾与前瞻[J].学术界,2018(04)：35-51.

[29] 段祎.从《伪装者》谈主旋律电视剧对核心价值观的有效传播[J].中国广播电视学刊,2016,299(02)：100-101.

[30] 范文翔,赵瑞斌.具身认知的知识观、学习观与教学观[J].电化教育研究,2020,41(07)：21-27.

[31] 范文翔,赵瑞斌.数字学习环境新进展：混合现实学习环境的兴起与应用[J].电化教育研究,2019,40(10)：40-46.

[32] 费小冬.扎根理论研究方法论：要素、研究程序和评判标准[J].公共行政评论,2008(03)：23-43+197.

[33] 冯建华,周林刚.西方集体行动理论的四种取向[J].国外社会科学,2008(04)：48-53.

[34] 付小颖,王志立.视觉重构：数字化传媒时代红色文化传播的困境与突破[J].新闻爱好者,2020(07)：75-77.

[35] 甘莅豪.媒介话语分析的认知途径：中美报道南海问题的隐喻建构[J].国际新闻界,2011,33(08)：83-90.

[36] 高进.国家仪式与共同体认同[J].浙江学刊,2021(01)：36-43.

[37] 高权,钱俊希."情感转向"视角下地方性重构研究——以广州猎德村为例[J].人文地理,2016,31(04)：33-41.

[38] 高蕊.记忆中的伤痛：阶级建构逻辑下的集体认同与抗战叙事[J].社会,2015,35(03)：67-94.

[39] 高翔.充分认识红色文化的深刻内涵[J].红旗文稿,2019(11)：40.

[40] 高月,翟光勇.纪念空间的转型对红色记忆的书写与传承影响[J].广西社会科学,2020(06)：131-136.

[41] 关家莉.跨国企业类型与其全球公关策略关联的实证研究[J].新闻大学,2008(04)：108-114.

[42] 管健,郭倩琳.共享、重塑与认同：集体记忆传递的社会心理逻辑[J].南

京师大学报(社会科学版),2020(05):69-79.

[43] 管健,郭倩琳.国家认同概念边界与结构维度的心理学路径[J].西南民族大学学报(人文社科版),2019,40(03):214-221.

[44] 葛玉良,张晓娜.历史虚无主义对大学生思想政治教育的影响和对策[J].思想理论教育导刊,2014(06):73-75.

[45] 郭恩强.多元阐释的"话语社群":《大公报》与当代中国新闻界集体记忆:以2002年《大公报》百年纪念活动为讨论中心[J].新闻大学,2014(03):18-25.

[46] 郭剑敏.后革命时代对"红色经典"的解码式阅读[J].内蒙古师范大学学报(哲学社会科学版),2006(02):69-72.

[47] 郭艳.全球化时代的后发展国家:国家认同遭遇"去中心化"[J].社会观察,2004(10):59.

[48] 郭于华.心灵的集体化:陕北骥村农业合作化的女性记忆[J].中国社会科学,2003(04):79-92+205-206.

[49] 郭峥.B站影响下青年学生行为倾向及调适策略:基于媒介情境论的视域[J].思想理论教育,2021(03):94-99.

[50] 韩震.论国家认同、民族认同及文化认同:一种基于历史哲学的分析与思考[J].北京师范大学学报,2010(1).

[51] 郝拓德,安德鲁·罗斯,柳思思.情感转向:情感的类型及其国际关系影响[J].外交评论(外交学院学报),2011,28(04):40-56.

[52] 郝宇青.当下中国政治仪式的去神圣化及其应对策略[J].探索与争鸣,2018(02):54-57.

[53] 何旻.论中国互联网媒介中的文学生产、筛选与批评:以"J家闲情论坛"同人文为对象[J].河南社会科学,2017,25(05):91-95.

[54] 何威,李玥.戏假情真:《王者荣耀》如何影响玩家对历史人物的态度与认知[J].国际新闻界,2020,42(07):49-73.

[55] 何威.从御宅到二次元:关于一种青少年亚文化的学术图景和知识考古[J].新闻与传播研究,2018,25(10):40-59+127.

[56] 贺建平,王永芬,马灵燕.受难与国耻建构:"重庆大轰炸"集体记忆的媒介话语策略[J].国际新闻界,2015,37(12):89-104.

[57] 贺金瑞,燕继荣.论从民族认同到国家认同[J].中央民族大学学报,2008 (03)：5-12.

[58] 贺小荣,徐海超,任迪川,等.场景理论下怀旧消费空间的建构与感知研究：以"长沙超级文和友"为例[J].世界地理研究,2023,32(10)：147-160.

[59] 洪芳,王政,褚凰羽.红色文化传播中的受众研究[J].新闻界,2011(02)：19-21.

[60] 胡百精.互联网与集体记忆构建[J].中国高校社会科学,2014(03)：98-106.

[61] 胡岑岑.网络社区、狂热消费与免费劳动：近期粉丝文化研究的趋势[J].中国青年研究,2018(06)：5-12.

[62] 胡建,唐菁爽.长征精神与当代中国政治认同的构建[J].华北水利水电大学学报(社会科学版),2017,33(05)：58-60.

[63] 胡疆锋,陆道夫.抵抗·风格·收编：英国伯明翰学派亚文化理论关键词解读[J].南京社会科学,2006(04)：87-92.

[64] 胡铁强.怀旧情结与红色经典改编[J].长沙大学学报,2010,24(01)：82-84.

[65] 胡翼青,杨馨.媒介化社会理论的缘起：传播学视野中的"第二个芝加哥学派"[J].新闻大学,2017(06)：96-103.

[66] 黄楚新,王丹丹.产消融合中的内容生产新机制[J].新闻与写作,2018 (10)：13-18.

[67] 黄典林,马靓辉.身体问题的传播研究路径刍议[J].新闻与写作,2020 (11)：12-19.

[68] 黄典林.在文化与结构之间：斯图亚特·霍尔传播观的范式整合[J].南京社会科学,2020(10)：110-118.

[69] 黄顺铭,李红涛.在线集体记忆的协作性书写：中文维基百科"南京大屠杀"条目(2004—2014)的个案研究[J].新闻与传播研究,2015,22(01)：5-23.

[70] 黄小熳.二次元网络传播的兴起及其对青年学生的影响——基于《那年那兔那些事儿》的文本分析[J].科教文汇(上旬刊),2017,391(07)：

161－162.

[71] 黄新辉,徐盈,宋子昀等."数字中国"背景下基础教育数字化转型的历史回溯与未来走向[J].教育评论,2023(04)：3－13.

[72] 黄永林,喻发胜,王晓红.中国社会转型期网络舆论的生成原因[J].华中师范大学学报(人文社会科学版),2010,49(03)：49－57.

[73] 季松.消费时代城市空间的生产与消费[J].城市规划,2010,34(07)：17－22.

[74] 蒋兆雷,叶兵.关于都市"萌文化"现象的研究[J].中国青年研究,2010(03)：75－77.

[75] 金太军,姚虎.国家认同：全球化视野下的结构性分析[J].中国社会科学,2014(06)：4－23.

[76] 景军.知识、组织与象征资本——中国北方两座孔庙之实地考察[J].社会学研究,1998(01)：7－24.

[77] 旷新年."上海怀旧"与1930年代的左翼文学[J].艺术评论,2010(05)：22－29＋21.

[78] 赖宏,刘浩林.论红色文化建设[J].南昌航空工业学院学报(社会科学版),2006(04)：66－69.

[79] 雷扬,荣翌,王灿发.网络舆论场中舆论势力的博弈及治理路径[J].新闻爱好者,2015(05)：48－51.

[80] 李安,余俊雯.从生活展示到产业的转型：短视频在乡村振兴中的产业价值[J].现代传播(中国传媒大学学报),2020,42(04)：134－139.

[81] 李彪.社会舆情生态的新特点及网络社会治理对策研究[J].新闻记者,2017(06)：66－71.

[82] 李斌,马红宇,李爱梅,等.怀旧的触发、研究范式及测量[J].心理科学进展,2015,23(07)：1289－1298.

[83] 李凡,杨蓉,黄丽萍.怀旧消费空间地方建构的比较研究——以广州怀旧餐厅为例[J].地理科学进展,2015,34(04)：505－516.

[84] 李红梅.如何理解中国的民族主义：帝吧出征事件分析[J].国际新闻界,2016,38(11)：91－113.

[85] 李红涛,黄顺铭."耻化"叙事与文化创伤的建构：《人民日报》南京大屠

杀纪念文章(1949 – 2012)的内容分析[J]. 新闻与传播研究,2014,21(01)：37 – 54.

[86] 李红涛,黄顺铭. 新闻生产即记忆实践——媒体记忆领域的边界与批判性议题[J]. 新闻记者,2015(07)：36 – 45.

[87] 李红涛,黄顺铭. 一个线上公祭空间的生成——南京大屠杀纪念与数字记忆的个案考察[J]. 新闻与传播研究,2017,24(01)：5 – 266.

[88] 李红涛,杨蕊馨. 把个人带回来：数字媒介、社会实践与记忆研究的想象力[J]. 新闻与写作,2022(02)：5 – 15.

[89] 李红岩. 如何应对"人人都是历史学家"的时代[J]. 探索与争鸣,2020(09)：36 – 38.

[90] 李华君,窦聪颖,滕姗姗. 抗战胜利 70 周年阅兵仪式的象征符号、阈限和国家认同建构[J]. 新闻大学,2016,136(02)：93 – 99.

[91] 李剑. 数字化时代的国家认同演进趋势刍议[J]. 云南大学学报,2022(04)：127 – 134.

[92] 李开. 表征·意指·接合——斯图亚特·霍尔的意识形态批判初探[J]. 新闻与传播研究,2017,24(03)：5 – 19.

[93] 李康平. 红色资源研究与高校思想政治教育[J]. 高校理论战线,2007(06)：43 – 45.

[94] 李礼. 网络亚文化的后现代逻辑——对"屌丝"现象的解读[J]. 青年研究,2013(02)：69 – 81.

[95] 李里峰. 个体记忆何以可能：建构论之反思[J]. 江海学刊,2012(04)：171 – 176.

[96] 李路曲. 社群与国家认同的产生、构建及变迁[J]. 学习与探索,2012(03)：49 – 54.

[97] 李娜. 美国模式之公众史学在中国是否可行——中国公众史学的学科建构[J]. 江海学刊,2014(02)：149 – 156＋239.

[98] 李强. 红色文化的本质、特征及传播路径[J]. 社会科学家,2020,279(07)：153 – 156.

[99] 李全生. 布迪厄场域理论简析[J]. 烟台大学学报(哲学社会科学版),2002(02)：146 – 150.

[100] 李莎.互动仪式中的情感传播与认同建构：以网络动漫剧《那年那兔那些事儿》为例[J].青年记者,2016,532(20)：34－35.

[101] 李实.准确认识"红色资源"的丰富内涵[J].政工学刊,2005(12)：23.

[102] 李水弟,傅小清,杨艳春.历史与现实：红色文化的传承价值探析[J].江西社会科学,2008,259(06)：159－162.

[103] 李水弟.红色文化：党的先进性建设资源的动力支持[J].求实,2007,320(12)：24－27.

[104] 李稚勇.论史料教学的价值——兼论中学历史教学发展趋势[J].课程.教材.教法,2006(09)：61－66.

[105] 李宗洋.融合文化视域下的同人社群文化研究[D].兰州：兰州大学,2021.

[106] 理查德·鲍曼.美国民俗学和人类学领域中的"表演"观[J].民族文学研究,2005(03)：1.

[107] 梁悦悦,罗碧.主流融媒体平台政治传播效果与优化路径——基于"学习强国"答题板块的考察[J].中国出版,2021(21)：26－31.

[108] 林品.青年亚文化与官方意识形态的"双向破壁"——"二次元民族主义"的兴起[J].探索与争鸣,2016(02)：69－72.

[109] 林尚立.现代国家认同建构的政治逻辑[J].中国社会科学.2013(08)：22－46.

[110] 刘波亚.红色文化认同的政治逻辑[J].甘肃社会科学,2016(04)：168－172.

[111] 刘东辉,钟涨宝.中国乡镇企业的兴衰与社会资本[J].湖北社会科学,2005(01)：77－78.

[112] 刘海龙.像爱护爱豆一样爱国：新媒体与"粉丝民族主义"的诞生[J].现代传播(中国传媒大学学报),2017,39(04)：27－36.

[113] 刘琨.红色文化的经济价值和品牌效益研究[J].人民论坛,2012(05)：78－79.

[114] 刘胜枝.商业资本推动下直播、短视频中的青年秀文化及其背后的社会心态[J].中国青年研究,2018(12)：5－12.

[115] 刘寿礼.苏区"红色文化"对中华民族精神的丰富和发展研究[J].求实,

2004(07)：33 - 34.

[116] 刘书亮,朱巧倩.论二次元文化的概念流变及其文化消费特征[J].现代传播(中国传媒大学学报),2020,42(08)：22 - 26.

[117] 刘亚秋.从集体记忆到个体记忆 对社会记忆研究的一个反思[J].社会,2010,30(05)：217 - 242.

[118] 刘亚秋.记忆的微光的社会学分析：兼评阿莱达·阿斯曼的文化记忆理论[J].社会发展研究,2017,4(04)：1 - 27.

[119] 刘燕.国家认同建构的现实途径：大众媒介与"想象社群"的形成[J].浙江学刊,2009(06)：195 - 199.

[120] 刘燕军.南京大屠杀的历史记忆(1937—1985)[J].抗日战争研究,2009(04)：5 - 22.

[121] 刘于思.民族主义、国家认同与数字化时代中国网民的集体记忆[J].全球传媒学刊,2015,2(04)：60 - 83.

[122] 马静.红色文化教育话语转换的实践进路[J].人民论坛,2019(26)：136 - 137.

[123] 马强.德育视角下的红色文化内涵与价值利用——以皖西红色文化为主体透视[J].皖西学院学报,2008,24(06)：66 - 68.

[124] 孟钟捷.从德国范式看公众史学争议的起因、进程与影响[J].江海学刊,2014(02)：157 - 161.

[125] 潘丽文.青年政治认同建构的红色记忆路径[J].思想理论教育,2018(10)：53 - 59.

[126] 彭兰.表情包：密码、标签与面具[J].西安交通大学学报(社会科学版),2019,39(01)：104 - 110.

[127] 彭兆荣.人类学仪式研究评述[J].民族研究,2002(02)：88 - 96.

[128] 彭正德,江桑榆.论红色基因及其在新时代的传承[J].湖南社会科学,2021(01)：12 - 20.

[129] 钱力成,张翮翾.社会记忆研究：西方脉络、中国图景与方法实践[J].社会学研究,2015,30(06)：215 - 237.

[130] 曲春景,张天一.网络时代文化的断裂性和连续性："B站"传统题材作品的"爆款"现象研究[J].现代传播(中国传媒大学学报),2018,40

（09）：86 － 92.

[131] 渠长根,梁艳华. 邓小平南方谈话文本传播 20 年历程研究[J]. 学习论坛,2013,29(02)：15 － 19.

[132] 曲飞帆,杜骏飞. 复杂系统论：中国网络舆论研究的范式转向[J]. 南京社会科学,2017(11)：107 － 114.

[133] 任剑涛. 从家国到国家：中华帝国的民族国家转向[J]. 社会科学战线,2022(04)：192 － 208.

[134] 荣开明. 关于"红色文化"的几点思考[J]. 湖北经济学院学报,2012,10(04)：88 － 93.

[135] 邵鹏,王晟. 抵制历史虚无主义：网络空间中英雄记忆的解构风险与强化路径[J]. 中国出版,2023(01)：22 － 27.

[136] 沈成飞,连文妹. 论红色文化的内涵、特征及其当代价值[J]. 教学与研究,2018(01)：97 － 104.

[137] 施惠玲,杜欣. 政治传播与主流意识形态构建[J]. 社会科学战线,2016(09)：158 － 164.

[138] 石书臣,张朋林. 习近平关于红色文化重要论述的德育思考[J]. 思想政治教育研究,2019(05)：1 － 6.

[139] 宋家玲. 主旋律电影的危机与活路[J]. 电影艺术,2006(01)：53 － 55.

[140] 宋少鹏. 媒体中的"慰安妇"话语——符号化的"慰安妇"和"慰安妇"叙事中的记忆/忘却机制[J]. 开放时代,2016(03)：137 － 156.

[141] 孙艳丽. 传承红色基因凝聚前进力量——中国共产党建党百年献礼之"初心——山东革命历史文物展"[J]. 文物天地,2020(12)：52 － 55.

[142] 谭雪芳. 弹幕、场景和社会角色的改变[J]. 福建论坛（人文社会科学版）,2015(12)：139 － 145.

[143] 汤红兵. 从文化生态学视角看湘鄂西红色文化的形成原因[J]. 党史文苑,2006(24)：14 － 17.

[144] 汤天甜,温曼露. 互动式隐喻：主流融媒体平台知识服务创新路径探析：以"学习强国"的知识生产与传播情境为例[J]. 中国出版,2021(07)：36 － 40.

[145] 陶东风. 后革命时代的革命文化[J]. 当代文坛,2006(03)：7 － 13.

[146] 陶庆梅. 史观重建：从"主旋律"到"新主流"[J]. 文化纵横,2022(03)：88-96.

[147] 陶一桃. 从"先行先试"到"先行示范"——经济特区的新使命[J]. 特区实践与理论,2019(06)：59-67.

[148] 王春霞. 论红色文化资源在大学生思想政治教育中的功能定位及实现路径[J]. 思想理论教育导刊,2018(05)：132-135.

[149] 王春晓. 可参观性：消费主义下红色文化空间的生产[J]. 贵州社会科学,2020(04)：107-113.

[150] 王国华,肖林,汪娟,等. 论舆论场及其分化问题[J]. 情报杂志,2012,31(08)：1-4.

[151] 王海洲. 政治仪式的权力策略——基于象征理论与实践的政治学分析[J]. 浙江社会科学,2009(07)：38-43+126.

[152] 王海洲. 作为媒介景观的政治仪式：国庆阅兵(1949—2009)的政治传播学研究[J]. 新闻与传播研究,2009,16(04)：53-60.

[153] 王汉生,刘亚秋. 社会记忆及其建构一项关于知青集体记忆的研究[J]. 社会,2006(03)：46-68.

[154] 王洪喆,李思闽,吴靖. 从"迷妹"到"小粉红"：新媒介商业文化环境下的国族身份生产和动员机制研究[J]. 国际新闻界,2016,38(11)：33-53.

[155] 王会亭. 从"离身"到"具身"：课堂有效教学的"身体"转向[J]. 课程. 教材. 教法,2015,35(12)：57-63.

[156] 王靖,陈卫东. 具身认知理论及其对教学设计与技术的应用启示[J]. 远程教育杂志,2012,30(03)：88-93.

[157] 王敏芝. 走出亚文化理论的迷思——基于数字时代网络亚文化的探讨[J]. 文化研究,2020(04)：50-62.

[158] 王明珂. 历史事实、历史记忆与历史心性[J]. 历史研究,2001(05)：136-147.

[159] 王铭铭. 传媒果代与社会人类学[J]. 新闻与传播研究,1996(04)：45-51.

[160] 王铭霄,王闯. 新华社B站官方账号党史故事的宣传策略分析[J]. 新闻

研究导刊,2022,13(02):73-75.

[161] 王晴佳.为什么情感史研究是当代史学的一个新方向?[J].史学月刊,
2018(04):5-10.

[162] 王润,吴飞.从"御宅族"到"正气少年":弹幕互动中的亚文化资本汇集
与认同构建[J].现代传播(中国传媒大学学报),2020,42(02):86-90.

[163] 王润.媒介与怀旧:媒介记忆研究的新方向与实践进路[J].新闻与写
作,2022(02):25-35.

[164] 王朔.从《那年那兔那些事儿》看红色动画对二次元文化的"拿来主义"
[J].视听,2020(01):115-116.

[165] 王希.西方学术与政治语境下的公共史学——兼论公共史学在中国发
展的可行性[J].天津社会科学,2013(03):131-136.

[166] 王欣.个人创伤和集体创伤——《国王的人马》中的历史叙事研究[J].
国外文学,2013,33(02):89-97.

[167] 王雪梅,李依溪.西柏坡红色文化的网络传播[J].青年记者,2016,527
(15):74-75.

[168] 王亚丽.乡土、革命与道德怀旧[J].小说评论,2014(06):89-92.

[169] 王艳玲,何颖芳.论网络舆论生成的三要素[J].现代传播(中国传媒大
学学报),2011(04):138-139.

[170] 王艳勤.民间写史与学院史学:对立中的共谋[J].人文杂志,2013(02):
77-82.

[171] 王以第."红色文化"的价值内涵[J].理论界,2007,401(08):149-150.

[172] 王玉玮,阳志标."以歌爱国"活动中的"青春"展演及其国家想象——基
于教育部政务新媒体"微言教育"的358个视频[J].现代传播(中国传
媒大学学报),2020,42(09):86-92.

[173] 王昀,陈先红.迈向全球治理语境的国家叙事:"讲好中国故事"的互文
叙事模型[J].新闻与传播研究,2019,26(07):17-32、126.

[174] 王昀,杨寒情.社交媒体语境中虚假新闻的治理探索[J].青年记者,
2019(28):34-35.

[175] 王喆."今晚我们都是帝吧人":作为情感化游戏的网络民族主义[J].国
际新闻界,2016,38(11):75-90.

[176] 王振杰,张贵星. 构建"红色记忆"传承的常态化机制[J]. 人民论坛,2018(08)：134－135.

[177] 王卓君,何华玲. 全球化时代的国家认同：危机与重构[J]. 中国社会科学,2013(09).

[178] 文新良."两个舆论场"的融合路径探析[J]. 新闻界,2018(07)：82－86.

[179] 翁冰莹. 欧洲哲学的"空间转向"与布尔迪厄的"场域"存在论[J]. 东南学术,2015(04)：30－35＋246.

[180] 翁秀琪. 集体记忆与认同建构——以美丽岛事件为例[J]. 新闻学研究,2011(68).

[181] 吴畅畅. 视频网站与国家权力的"内卷化"[J]. 开放时代,2021(06)：186－201.

[182] 吴舫."何以为家"？商业数字平台中的同人文写作实践研究[J]. 中国青年研究,2020(12)：30－37.

[183] 吴飞. 共情传播的理论基础与实践路径探索[J]. 新闻与传播研究,2019,26(05)：59－76.

[184] 吴娜. 红色文化记忆与国家认同[J]. 新疆社会科学,2017(03)：131－135.

[185] 吴思. 从记忆与遗忘理论看乡村振兴与乡村记忆的关系——以湖北三乡镇为例[J]. 新闻前哨,2019(03)：88－89.

[186] 吴太宇. 网络空间红色文化资源传播的理论价值与实践路径[J]. 郑州大学学报(哲学社会科学版),2018,51(01)：142－145.

[187] 吴莹. 共青团中央在哔哩哔哩网站上的传播经验分析：基于框架理论的视角[J]. 传播力研究,2019,3(17)：259－260.

[188] 吴玉军,顾豪迈. 国家认同建构中的历史记忆问题[J]. 中国特色社会主义研究,2018(03)：69－76.

[189] 吴玥,王江楠,刘艺萱. 她们为何在同人社群自愿创作：以群体认同与情感付出为视角[J]. 新闻与传播研究,2021,28(S1)：108－125＋128.

[190] 吴志文. 抵抗与收编："屌丝"恶搞的文化归路[J]. 吉首大学学报(社会科学版),2014,35(01)：111－115.

[191] 吴志远. 离散的认同：网络社会中现代认同重构的技术逻辑[J]. 国际新

闻界,2018,40(11):112-134.

[192] 席妍,罗建军.社交媒体哀悼空间中的记忆书写与话语实践——基于@xiaolwl 微博评论的分析[J].新闻界,2022(02):40-48.

[193] 席志武.新媒介语境下的政治萌化景观:主流话语与青年亚文化的互动与互构[J].西南民族大学学报(人文社会科学版),2022,43(04):162-168.

[194] 肖滨.两种公民身份与国家认同的双元结构[J].武汉大学学报,2010(1).

[195] 肖发生.论红色资源在马克思主义大众化中的价值和运用[J].井冈山大学学报(社会科学版),2012,33(04):15-20.

[196] 肖发生.定位与提升:"红色资源"的再认识[J].井冈山学院学报,2009,30(01):19-23.

[197] 谢耘耕,荣婷.微博舆论生成演变机制和舆论引导策略[J].现代传播(中国传媒大学学报),2011(05):70-74.

[198] 谢金林.情感与网络抗争动员——基于湖北"石首事件"的个案分析[J].公共管理学报,2012,9(01):80-93+126-127.

[199] 幸元源.改革开放以来我国乡镇企业的发展历程和展望[J].改革与开放,2009(11):99.

[200] 徐朝亮,周琰培.利用红色文化提升大学生思想政治教育成效[J].继续教育研究,2009(07):98-100.

[201] 徐芳,杨扬.红色文化网络传播的特征、问题及对策[J].党史文苑,2009,276(10):66-67.

[202] 徐赣丽.当代都市消费空间中的民俗主义——以上海田子坊为例[J].民俗研究,2019(01):122-135.

[203] 徐克帅.红色旅游和社会记忆[J].旅游学刊,2016,31(03):35-42.

[204] 徐明华,李丹妮.互动仪式空间下当代青年的情感价值与国家认同建构:基于 B 站弹幕爱国话语的探讨[J].中州学刊,2020(08):166-172.

[205] 徐永健,李盼.试论红色文化资源与大学生思想政治教育的内在关联[J].思想教育研究,2016(12):84-88.

[206] 许纪霖.现代中国的民族国家认同[J].世界经济与政治论坛,2005 (06)：92-94.

[207] 许亚锋.新媒体接触行为与国家认同——基于少数民族大学生的实证 研究[J].西南民族大学学报(人文社科版),2017,38(07)：202-208.

[208] 薛婧,黄希庭.怀旧心理研究述评[J].心理科学进展,2011,19(04)： 608-616.

[209] 闫伊默,张瀚.“圈层与破壁”：基于网络社群的红色文化传播——以 “哔哩哔哩”(B站)社交媒体平台为例[J].河南科技大学学报(社会科学 版),2023,41(02)：18-24.

[210] 杨国辉.网络短视频对大学生思想政治教育的影响分析[J].思想理论 教育导刊,2020(12)：133-136.

[211] 杨丽娟,曹磊.创新传播模式讲好党的故事——人民日报新媒体《建党 百年主题MV〈少年〉》热播背后[J].新闻战线,2021(10)：74-76.

[212] 杨蓉,黄丽萍,李凡.怀旧消费空间的地方建构——以广州西餐老字号 太平馆为例[J].热带地理,2014,34(04)：463-472.

[213] 杨晓平.正式学习与非正式学习之概念辨析[J].贵州师范学院学报, 2015,31(05)：80-83.

[214] 叶浩生.“具身”涵义的理论辨析[J].心理学报,2014,46(07)：1032- 1042.

[215] 叶浩生.具身认知：认知心理学的新取向[J].心理科学进展,2010,18 (05)：705-710.

[216] 叶浩生.身体与学习：具身认知及其对传统教育观的挑战[J].教育研 究,2015,36(04)：104-114.

[217] 叶小力.盛典何以成为提升国家认同的媒介事件——对新中国成立70 周年国庆庆典直播的个案分析[J].传媒观察,2019(12)：24-31.

[218] 殷冬水.国家认同建构的文化逻辑——基于国家象征视角的政治学分 析[J].学习与探索,2016(08)：74-81.

[219] 尹鸿,梁君健.新主流电影论：主流价值与主流市场的合流[J].现代传 播(中国传媒大学学报),2018,40(07)：82-87.

[220] 尹鸿,杨慧.历史与美学的统一：重大历史题材创作方法论探索——以

《觉醒年代》为例[J].中国电视,2021(06):6-12.

[221] 尤学工,汪高鑫,郭蔚然等.融媒体背景下的历史教育[J].河南师范大学学报(哲学社会科学版),2021,48(04):102-118.

[222] 余凤龙,陆林.红色旅游开发的问题诊断及对策——兼论井冈山红色旅游开发的启示[J].旅游学刊,2005(04):56-61.

[223] 喻国明.构建社会舆情总体判断的大数据方法——以百度海量搜索数据的处理为例[J].新闻与写作,2013(07):67-69.

[224] 袁娥.民族认同与国家认同研究述评[J].民族研究,2011(01):91-103.

[225] 袁光锋."国家"的位置:"远处的苦难""国家"与中国网民的"同情"话语[J].国际新闻界,2018,40(07):16-36.

[226] 袁靖华,郝文琦.基于数据挖掘分析的电视节目社交融合传播研究——以《奔跑吧兄弟》为案例[J].浙江传媒学院学报,2015,22(05):13-21.

[227] 袁梦倩.讲述家庭故事:媒介记忆实践、界定仪式与传播赋权——基于"族印"口述历史纪录片计划的个案研究[J].南京社会科学,2020(09):112-119.

[228] 曾凡斌.百度指数对议程设置理论的检验及"两个舆论场"的关系——基于2013—2016年75个网络热点舆情事件的分析[J].新闻记者,2018(11):66-74.

[229] 曾繁旭,黄广生.网络意见领袖社区的构成、联动及其政策影响:以微博为例[J].开放时代,2012(04):115-131.

[230] 曾楠.政治仪式建构国家认同的理论诠释与实践图景——以改革开放40周年纪念活动为例[J].探索,2019.

[231] 曾鹏,罗观翠.集体行动何以可能?——关于集体行动动力机制的文献综述[J].开放时代,2006(01):110-123+160.

[232] 曾庆香,李秀莉,吴晓虹.永恒故事:社会记忆对新闻框架和舆论爆点的形塑:以"江歌案"为例[J].新闻与传播研究,2020,27(01):21-37.

[233] 曾喜云.红色文化资源开发利用中存在的问题、原因及对策[D].武汉:华中师范大学,2008.

[234] 曾一果.从"圈地自萌"到"文化出圈"——社交媒介环境下"饭圈"文化

的自我突破[J].人民论坛·学术前沿,2020(19):6-13.

[235] 曾悦宁,寇麟渊,柴玮等.新媒体时代青少年党史教育方式创新研究[J].新闻研究导刊,2023,14(09):150-152.

[236] 曾振华.红色文化的传播价值和传播策略[J].当代传播,2008(06):97-99.

[237] 詹小美,康立芳.集体记忆到政治认同的演进机制[J].哲学研究,2015(01):114-118.

[238] 张斌.新主流电影的产业动力与文化逻辑[J].编辑之友,2020(05):64-72.

[239] 张宏邦."怀旧文化"的哲学反思与批判[J].中国社会科学院研究生院学报,2014(04):116-120.

[240] 张磊.新时代献礼剧的情感召唤和价值认同——以《觉醒年代》为例[J].中国广播电视学刊,2021(10):89-91.

[241] 张露,尚俊杰.基于学习体验视角的游戏化学习理论研究[J].电化教育研究,2018,39(06):11-20.

[242] 张萌.从规训到控制:算法社会的技术幽灵与底层战术[J].国际新闻界,2022,44(01):156-173.

[243] 张荣军,刘金.思想政治教育内化过程中的情感意蕴[J].学校党建与思想教育,2019(05):31-35.

[244] 张绍荣.新媒体环境下红色文化传播研究[J].中国青年研究,2011(12):76-78.

[245] 张首先.红色文化的价值资源与当代大学生的文化认同[J].思想政治教育研究,2011,27(03):77-79.

[246] 张曙光.红色文明视角下的中国红色文化——实质、地位与使命[J].理论月刊,2020(04).

[247] 张文青."自嗨"的同人:詹金斯媒介文化理论视角下的 LOFTER 同人粉丝文化研究[D].兰州:兰州大学,2021.

[248] 张铮,刘钰潭.记忆的弥散:延安纪念场馆中红色文化的空间生成[J].南京社会科学,2023(07):142-150.

[249] 章震,尹子伊.政务抖音号的情感传播研究——以 13 家中央级单位政

务抖音号为例[J].新闻界,2019(09):61-69.

[250] 张志安,汤敏.新新闻生态系统:中国新闻业的新行动者与结构重塑[J].新闻与写作,2018(03):56-65.

[251] 张志安,晏齐宏.感知、互动、认同与表征——舆论形成研究的社会心理分析传统[J].湖南师范大学社会科学学报,2019,48(01):137-146.

[252] 张志安,晏齐宏.网络舆论的概念认知、分析层次与引导策略[J].新闻与传播研究,2016,23(05):20-29+126.

[253] 赵安,刘琪.档案记忆观视角下企业档案资源开发探究[J].机电兵船档案,2021(05):68-70.

[254] 赵超,青觉.象征的再生产:形塑中华民族共同体意识的一个文化路径[J].中央社会主义学院学报,2018(06):103-109.

[255] 赵静蓉.现代人的认同危机与怀旧情结[J].暨南学报(哲学社会科学版),2006(05):31-36+175.

[256] 赵静蓉.想象的文化记忆——论怀旧的审美心理[J].山西师大学报(社会科学版),2005(02):54-57.

[257] 赵立兵.走向"边缘":阅读过程的实践现象学[J].国际新闻界,2023(04).

[258] 赵丽涛."后真相"时代青年网络爱国主义教育的挑战与应对[J].中国青年研究,2019(05):11-16.

[259] 赵亚夫.追寻历史教育的本义——兼论历史课程标准的功能[J].课程.教材.教法,2004(03):59-65.

[260] 赵志超.毛泽东趣释人名[J].档案时空,2018(03):11-12.

[261] 郑继借,何华龙.整合乡土历史资源开发历史校本课程——以福清一中历史校本课程开发为例[J].福建基础教育研究,2012(10):27-44.

[262] 郑雯,桂勇,黄荣贵.论争与演进:作为一种网络社会思潮的改革开放——以2013—2018年2.75亿条微博为分析样本[J].新闻记者,2019(01):51-62.

[263] 郑旭东.从博物馆教育到场馆学习的演进:历史与逻辑[J].现代教育技术,2015,25(02):5-11.

[264] 周海燕.媒介与集体记忆研究:检讨与反思[J].新闻与传播研究,

2014(09).

[265] 周海燕.见证历史,也建构历史:口述史中的社会建构[J].南京社会科学,2020(06):6.

[266] 周平.民族国家认同构建的逻辑[J].政治学研究,2017(02):2-13.

[267] 周宿峰.红色文化基本问题研究[D].长春:吉林大学,2014.

[268] 周雪光.西方社会学关于中国组织与制度变迁研究状况述评[J].社会学研究,1999(04):28-45.

[269] 周玉.历史虚无主义网络传播的新特点及对策[J].马克思主义研究,2020(07):115-123.

[270] 朱竑,高权.西方地理学"情感转向"与情感地理学研究述评[J].地理研究,2015,34(07):1394-1406.

[271] 朱凌飞,孙信茹.文化表演:传媒语境中的理解与阐释[J].广西民族研究,2005(01):58-63.

[272] 朱永生.多模态话语分析的理论基础与研究方法[J].外语学刊,2007(05):82-86.

[273] 庄友刚.空间生产的当代发展与资本的生态逻辑[J].马克思主义与现实,2014(03):53-59.

[274] 宗晓莲.布迪厄文化再生产理论对文化变迁研究的意义——以旅游开发背景下的民族文化变迁研究为例[J].广西民族学院学报(哲学社会科学版),2002(02):22-25.

[275] 邹军.试论网络舆论的概念澄清和研究取向[J].新闻大学,2008(02):135-139.

[276] 张铮,刘钰潭.记忆的弥散:延安纪念场馆中红色文化的空间生成[J].南京社会科学,2023(7):142-150.

[277] [德]托比亚斯·贝克."怀旧"意义的谱系学考察及其批评[J].马妮译,江海学刊,2021(2):58-60.

[278] 钟怡.改革开放40年社会变与舆论[M].上海:上海人民出版社,2018.

[279] 包亚明.文化资本与社会炼金术——布尔迪厄访谈录[M].北京:商务印书馆,1997.

[280] 曹普.改革开放史研究中的若干重大问题[M].福州:福建人民出版社,

2014.

[281] 常轶军. 现代化与政治认同[M]. 北京：中国社会科学出版社，2020.

[282] 陈霖等. 粉丝媒体：越界与展演的空间[M]. 苏州：苏州大学出版社，2012.

[283] 段义孚. 人文主义地理学[M]. 上海：上海译文出版社，2020.

[284] 葛进平等. 中国影视产品网络满意度研究（2019）[M]. 北京：中国社会科学出版社，2020.

[285] 葛凯. 制造中国——消费文化与民族国家的创造[M]. 北京：北京大学出版社，2007.

[286] 韩延明. 红色文化与社会主义核心价值观[M]. 北京：人民出版社，2013.

[287] 江宜桦. 自由主义、民族主义与国家认同[M]. 台北：扬智文化事业股份有限公司，1998.

[288] 劳承万. 审美的文化选择[M]. 上海：上海文艺出版社，1991.

[289] 李红涛，黄顺铭. 记忆的纹理：媒介、创伤与南京大屠杀[M]. 北京：中国人民大学出版社，2017.

[290] 李娜. 公众史学研究入门[M]. 北京：北京大学出版社，2019.

[291] 李水弟. 红色文化与传承[M]. 南昌：江西人民出版社，2009.

[292] 刘基，苏星鸿. 网络境遇中当代中国马克思主义大众化传播问题研究[M]. 北京：中国文史出版社，2014.

[293] 马中红. 无法忽视的另一种力量：新媒介与青年亚文化研究[M]. 北京：清华大学出版社，2015.

[294] 毛泽东. 毛泽东选集（第 2 卷）[M]. 北京：人民出版社，1951.

[295] 钱茂伟. 中国公众史学通论[M]. 北京：中国社会科学出版社，2015.

[296] 单波. 跨文化传播的问题与可能性[M]. 武汉：武汉大学出版社，2010.

[297] 邵鹏. 媒介记忆理论：人类一切研究的核心与纽带[M]. 杭州：浙江大学出版社，2016.

[298] 王柯. 从"天下"国家到民族国家[M]. 上海：上海人民出版社，2020.

[299] 王明柯. 反思史学与史学反思：文本与表征分析[M]. 上海：上海人民出版社，2016.

[300] 余红,李瑞芳.互联网时代网络舆论发生机制研究[M].武汉：华中科技大学出版社,2016.

[301] 臧国仁.新闻媒体与消息来源：媒介框架与真实建构之论述[M].台北：三民书局,1999.

[302] 张立,金新亮等.红色基因传承机制变迁与当代建构[M].北京：人民出版社,2020.

[303] 张文.媒介融合背景下的红色文化大众化研究[M].北京：中国社会出版社,2020.

[304] 赵静蓉.怀旧：永恒的文化乡愁[M].北京：商务印书馆,2009.

[305] 中国社会科学院.改革开放简史[M].北京：人民出版社,2021.

[306] 周雪光.国家与生活机遇：中国城市中的再分配与分层(1949—1994)[M].北京：中国人民大学出版社,2015.

[307] [德]阿莱达·阿斯曼.回忆空间：文化记忆的形式和变迁[M].潘璐译,北京：北京大学出版社,2016.

[308] [德]伍多·库卡茨.质性文本分析：方法、实践与软件使用指南[M].朱志勇、范晓慧译,重庆：重庆大学出版社,2017.

[309] [德]扬·阿斯曼.集体记忆与文化身份[M].北京：社会科学文献出版社,2011.

[310] [法]阿诺尔德·范热内普.过渡仪式[M].张举文译,北京：商务印书馆,2010.

[311] [法]列斐伏尔.空间与政治[M].李春译,上海：上海人民出版社,2008.

[312] [法]莫里斯·哈布瓦赫.论集体记忆[M].毕然,郭金华译,上海：上海人民出版社,2002.

[313] [法]皮埃尔·布迪厄.实践感(新编版)[M].南京：译林出版社,2012.

[314] [法]皮埃尔·诺拉.记忆之场：法国国民意识的文化社会史[M].黄艳红等译,南京：南京大学出版社,2017.

[315] [加]玛格丽特·麦克米伦.历史的运用与滥用[M].孙唯瀚译,桂林：广西师范大学出版社,2021.

[316] [美]保罗·康纳顿.社会如何记忆[M].纳日碧力戈译,上海：上海人

民出版社,2000.

[317] [美] 本尼迪克特·安德森. 想象的共同体:民族主义的起源与散布[M]. 吴睿人译,上海:上海人民出版社,2003.

[318] [美] 大卫·科泽. 仪式、政治与权力[M]. 王海洲译,南京:江苏人民出版社,2015.

[319] [美] 丹尼尔·戴扬,伊莱休·卡茨. 媒介事件:历史的现场直播[M]. 北京:北京广播学院出版社,2000.

[320] [美] 段义孚. 空间与地方:经验的视角[M]. 王志标译,北京:中国人民大学出版社,2017.

[321] [美] 菲利克斯·格罗斯. 公民与国家——民族、部族和族属身份[M]. 王建娥,魏强译,北京:新华出版社,2003.

[322] [美] 亨利·詹金斯. 文本盗猎者:电视粉丝与参与式文化[M]. 郑熙青译,北京:北京大学出版社,2016.

[323] [美] 兰德尔·柯林斯. 互动仪式链[M]. 林聚任,王鹏,宋丽译,北京:商务印书馆,2012.

[324] [美] 罗兰·罗伯森. 全球化社会理论和全球文化[M]. 梁光严译,上海:上海人民出版社,2003.

[325] [美] 罗兰·罗伯森. 全球化与怀乡范式,载全球化:社会理论与全球文化[M]. 梁光严译,上海:上海人民出版社,2000.

[326] [美] 曼纽尔·卡斯特. 网络社会的崛起[M]. 夏铸九译,北京:社会科学文献出版社,2003.

[327] [美] 曼纽尔·卡斯特. 认同的力量(第二版)[M]. 曹荣湘译,北京:社会科学文献出版社,2006.

[328] [美] 乔纳森·弗里德曼. 文化认同与全球性过程[M]. 郭健如译,北京:商务印书馆,2004.

[329] [美] 乔治·莱考夫,[美] 马克·约翰逊. 我们赖以生存的隐喻[M]. 何文忠译,杭州:浙江大学出版社,2015.

[330] [美] 塞缪尔·亨廷顿. 我们是谁:美国国家特性面临的挑战[M]. 程克雄译,北京:新华出版社,2005.

[331] [美] 斯维特兰娜·博伊姆. 怀旧的未来[M]. 杨德友译,南京:译林出

版社,2010.

[332] [美]西奥多·夏兹金,[美]卡林·诺尔-塞蒂纳,[德]埃克·冯·萨维尼.当代理论的实践转向[M].柯文、石诚译,苏州：苏州大学出版社,2010.

[333] [美]亚瑟·乔位米卡利.共情力：你压力大是因为没有共情能力[M].耿沫译,北京：北京联合出版公司,2017.

[334] [美]詹明信.晚期资本主义的文化逻辑[M].陈桥清等译,北京：生活·读书·新知三联书店,1997.

[335] [美]詹姆斯·凯瑞.作为文化的传播[M].丁未译,北京：中国人民大学出版社：2019.

[336] [英]埃里克·霍布斯鲍姆,[英]特伦斯·兰杰.传统的发明[M].顾杭,庞冠群译,南京：译林出版社,2022.

[337] [英]安迪·班尼特.亚文化之后：对于当代青年文化的批判研究[M].北京：中国青年出版社,2012.

[338] [英]安东尼·史密斯.民族主义：理论,意识形态,历史[M].叶江译,上海：上海世纪出版集团：2006.

[339] [英]安东尼·史密斯.全球化时代的民族与民族主义[M].郭忠华译,北京：中央编译出版社,2002.

[340] [英]戴维·莫利.认同的空间：全球媒介电子世界景观与文化边界[M].南京：南京大学出版社,2001.

[341] [英]霍布斯鲍姆.传统的发明[M].顾杭,庞冠群译,南京：译林出版社,2004.

[342] [英]杰弗里·丘比特.历史与记忆[M].王晨风译,南京：译林出版社,2021.

[343] [英]迈克·费瑟斯通.消解文化：全球化、后现代主义与认同[M].北京：北京大学出版社,2009.

[344] [英]尼克·库尔德利.媒介、社会和世界：社会理论与数字媒介实践[M].何道宽译,上海：复旦大学出版社,2016.

[345] [英]诺曼·费尔克拉夫.话语与社会变迁[M].毕然,殷晓蓉译,北京：华夏出版社,2003.

［346］〔英〕齐格蒙特·鲍曼.怀旧的乌托邦［M］.姚伟等译,北京:中国人民大学出版社,2018.

［347］〔英〕乔纳森·波特,〔英〕玛格丽特·韦斯雷尔.话语和社会心理学:超越态度与行为［M］.肖文明等译,北京:中国人民大学出版社,2006.

［348］〔英〕斯图亚特·霍尔,〔英〕托尼·杰斐逊.通过仪式抵抗:战后英国的青年亚文化［M］.孟登迎等译,北京:中国青年出版社,2015.

［349］〔英〕汤普森.意识形态与现代文化［M］.高铦等译,南京:译林出版社,2005.

二、英文文献

［1］ Alfaro, M. J. M. Intertextuality: Origins and development of the concept［J］. Atlantis, 1996.

［2］ Andrew, H. Nostalgia is not what it used to be: heritage films, nostalgia websites and contemporary consumers［J］. Consumption Markets & Culture, 2014.

［3］ Ashuri, T. Joint memory: ICT and the rise of moral mnemonic agents［J］. New Media & Society, 2011, 14(3), 104 – 113.

［4］ Barry, S. Social Change and Collective Memory: The Democratization of George Washington［J］. American Sociological Review, 1991, 56(2), 221 – 236.

［5］ Batcho, I. K. Nostalgia: the bittersweet history of a psychological concept［J］. History of Psychology, 2013. 16 (3), 165 – 176.

［6］ Beeman, W. O. The Anthropology of Theater and Spectacle［J］. Annual Review of Anthropology, 1993, 22: 369 – 393.

［7］ Bennett, W. Lance, and Regina G. Lawrence. News icons and the mainstreaming of social change［J］. Journal of Communication, 1995, 45(3), 20 – 39.

［8］ Bruner, M. L. Strategies of rememberance: the rhetorical dimensions of national identity construction［D］. University of South Carolina.

2002.

[9] Clark A. An embodied cognitive science? [J]. Trendsin Cognitive Sciences, 1999, 3(9), 345 - 351.

[10] Conard, R. The pragmatic roots of public history education in the United States[J]. The Public Historian, 2015: 37 (1), 105 - 120.

[11] Dunne, C. The place of the literature review in grounded theory research[J]. International journal of social research methodology, 2011, 14 (2), 111 - 124.

[12] Edy, J. A. Collective memory in a post-broadcast world [J]. Journalism and Memory, 2014, 66 - 79.

[13] Edy, J. A. Journalistic uses of collective memory[J]. Journal of Communication, 1999, 49 (2), 71 - 84.

[14] Foster, M. Online and plugged in? Public history and historians in the digtal age[M]. Public History Review, 2014 (21), 1 - 19.

[15] Gardner, J. B. Trust, risk and public history: A view from the United States[J]. Public History Review, 2010 (17), 52 - 61.

[16] Glassberg, D. & Gary, C. Consumed Nostalgia: Memory in the Age of Fast Capitalism. [J]. American Historical Review, 2016, 121 (3), 983 - 985.

[17] Glassberg, D. Public History and the Study of Memory, The Public Historian, 1996, 18 (2), 7 - 23.

[18] Grele, R. J. Whose public? Whose history? What is the goal of a public historian? [J]. The Public Historian, 1981 (3), 40 - 48.

[19] Heijden, V. & Tim. Technostalgia of the present: From technologies of memory to a memory of technologies[J]. Necsus European Journal of Media Studies, 2015, 4 (2), 103 - 121.

[20] Hemard, D. Design Issues Related to the Evaluation of Learner-computer Interaction in a Web-based Environment: Activities vs Tasks [J]. *Computer-Assisted Language Learning*, 2006, 19(2/3), 261 - 276.

[21] Holak, S. L. , & Havlena, W. J. (1992). Nostalgia: An Exploratory Study of Themes and Emotions in the Nostalgic Experience [J]. Advances in Consumer Research, 19, 380 - 387.

[22] Ho, S. Blogging as popular history making, blogs as public history: The Singapore case study[J]. Public History Review, 2007 (14), 64 - 79.

[23] Holbrook, M. B & Schindler, R. M. Some Exploratory Findings on the Development of Musical Tastes[J]. Journal of Consumer Research, 1989 (1), 119 - 124.

[24] Hoteit, A. Role of the Landscape in the Preservation of Collective Memory and the Enhancement of National Belonging[J]. Canadian Social Science, 2015, 11 (3), 42 - 49.

[25] Kalinina, E. What Do We Talk About When We Talk About Media and Nostalgia? [J]. Mediaen & Zeit, 2016 (4), 6 - 15.

[26] Kansteiner, W. Finding meaning in memory: a methodological critique of collective memory studies[J]. History & Theory, 2002, 41 (2), 179 - 197.

[27] Kelly, R. Public history: Its orgins, nature and prospects[J]. The Public Historian, 1978 (1), 16 - 28.

[28] Kitch, C. Anniversary journalism, collective memory, and the cultural authority to tell the story of the American past[J]. Journal of Popular Culture, 2002, 36(1), 44 - 67.

[29] Kyriakidou, M. Imagining Ourselves Beyond the Nation? Exploring Cosmopolitanism in Relation to Media Coverage of Distant Suffering, Studies in Ethnicity and Nationalism, 2009(3), 481 - 496.

[30] Lauzon, R. C. Memorial space and its mnemonic function [J]. Memory Studies, 2019.

[31] Qian Licheng. Consuming a difficult past unapproved: Chairman Mao as commodity[J]. Memory Studies, 2020, 39 - 44.

[32] Lowenthal, D. Past time, present place: landscape and memory[J].

Geographical Review，1975，65（1），1-36.

[33] Marsick，V. J. & Volpe，M. The nature and need for informal learning[J]. Advances in developing human resources，1999，1（3），1-9.

[34] Olick，J. K. & Robbins，J. Social memory studies：from "collective memory" to the historical sociological of mnemonic practices [J]. Annual Review of Sociology，1998，24（1），105-140.

[35] Pickering，M. & Keightley，E. The modalities of nostalgia[J]. Current Sociology，2006，54（6），919-941.

[36] Piper，H. Television，Memory and Nostalgia[J]. Screen，2011，53（3），321-323.

[37] Rauf，G. Collective memory and national identity in the globalization era[J]. The Caucasus & Globalization，2009，3（1）：104-113.

[38] Rigney，A. Plenitude，scarcity and the circulation of cultural memory [J]. Journal of European studies，2005，35(1)：11-28.

[39] Rosenwein，B. H. Worrying about emotions in history[J]. The American Historicaal Review，2002，107，（3），821-845.

[40] Schuman，H. & Scott，J. Generations and Collective memories[J]. American Sociological Review，54，359-381.

[41] Schwartz，B. Iconography and collective memory：Lincoln's Image in the American Mind[J]. the Sociological Quarterly，1999，32(3)，301-319.

[42] Sedikides，C.，Wildschut，T. & Arndt，J et al. Nostalgia Past，Present，and Future[J]. Current directions in psychological science：a journal of the American Psychological Society，2008（5），17.

[43] Smith，M.，Davidson J.，Cameron L.，& Bondi，L. Introduction Geography and Emotion - Emerging Constellations[J]. In Emotion，Place and Culture，2016，17-34.

[44] Somerstein，R. Newspapers commemorate 11 September：A cross-cultural investigation[J]. Journalism，2015，16（3），359-375.

［45］ Stauth, G. & Turner, B. S. Nostalgia, postmodernism and the critique of mass culture, theory, Culture & Society［J］. 1988（5）, 509 - 526.

［46］ Thelen, D. History after the enola gay controversy: an introduction ［J］. The Journal of American History, 1995, 82（3）, 1029 - 1035.

［47］ Walker, D. & Myrick, F. Grounded theory: An exploration of process and procedure［J］. Qualitative health research, 2006, 16（4）, 547 - 559.

［48］ Wildschut, T. , Sedikides, C. & Arndt, J. et al. Nostalgia: content, triggers, functions. ［J］. Journal of Personality & Social Psychology, 2006, 91（5）, 975 - 993.

［49］ Zelizer, B. Reading the past against the grain: the shape of memory studies［J］. Critical Studies in Mass Communication, 1995, 12（2）, 214 - 239.

［50］ Zelizer, B. Why Memory's Work on Journalism does not Reflect Journalism's Work on Memory［J］. Memory Studies, 1（1）, 2008, 79 - 87.

［51］ Abercrombie, B. Longhurst, Audiences: A Sociological Theory of Performance and Imagination［M］. London: Sage, 1998.

［52］ Anderson, B. Imagined Communities: Reflections on the Origin Spread of Nationalism［M］. London: Verso, 1991.

［53］ Austin, L. M. Nostalgia in Transition, 1780 - 1917［J］. Charlottesville, VA: University of Virginia Press. 2007.

［54］ Billig, M. Bannal Nationalism［M］. London: Sage, 1995.

［55］ Cathy, P. & Lester, J. (eds.). Tourism and visual culture［M］. UK: University of Brighton, 2010.

［56］ Davis, F. Yearning for yesterday : A Sociology of Nostalgia［M］. New York: Free Press, 1979.

［57］ Deutsch, K, W. Nationalism and social communication: an Inquiry into Foundation of Nationality［M］. Cambridge: MIT Press, 1966.

[58] Dijck, J. V. Mediated memories in a digital age[M]. Stanford, CA: Stanford University Press, 2007.

[59] Erll, A. Memory in culture[M]. London: Palgrave Macmillan, 2011.

[60] Frisch, M. A shared authority: Essays on the craft and meanings of oral andpublic history[M]. New York: State University of New York Press. 1990.

[61] Gardner, J. B. & Hamilton, P. The past and future of public history: developments and challenges[M]. in Gardner & Hamilton (ed). The Oxford handbook of public history, Oxford: Oxford University Press. 2017.

[62] Gellner, E. Nations and Nationalism[M]. Oxford: Blackwell, 1983.

[63] Glaser, B. & Strauss, A. The discovery of Grounded Theory: Strategies for qualitative research[M]. Chicago: Aldine, 1967.

[64] Goffman, E., Frame Analysis[M]. Cambridge: Harvard University Press, 1974.

[65] Grenn, T. Challenge or opportunity? Postcolonialism and the historian. In Maerker, A., Sleight, S. & Sutcliffe, A. (ed). History, memory and public life: The past in the present[M]. London and New York: Routledge. 2018.

[66] Groot, J. D. Consuming history: historicans and heritage in contemporary popular culture(second edition)[M]. Lonedon and New York: Routledge. 2009.

[67] Gunther Kress & Theovan Leeuwen. Readingimages: The grammar of visualdesign[M]. London and New York: Routledge, 2006.

[68] Hall, S. On postmodernism and ariculation: an interview with Stuart Hall, in Morley, D. & Kuan-Hsing, Chen (eds.). Critical Dialogues in Cultural Studies[M]. London: Routledge. 2005.

[69] Huyssen, A. Twilight memories making time in a culture of amnesia [M]. New York: Routledge. 1995.

[70] Jordanova, L. History in Practice [M]. London: Hodder Arnold.

2000.

[71] Kean, H. & Martin, P. The public history reader[M]. Oxford and New York: Routledge. 2013.

[72] Langellier, K. M. & Peterson, E. E., Narrative Performance Theory: Making Stories Doing Family[M]. In Braithwaite, D. O., Baxter, L. A. (Eds.). Emerging Theories in Familiy Communication. Routledge, 2017.

[73] Lizardi, R. Mediated nostalgia: individual memory in contemporary mass media[M]. Lanham, MD: Lexington Books. 2014.

[74] Mannheim, K. (1952). The Problem of Generations, in Essays on the Sociology of Knowledge, London: Routledge and Kegal Paul.

[75] Morris-Suzuki, T. The Past Within Us: Media, Memory, History [M]. New York: Verso, 2005.

[76] Neiger, M., Zandberg, E., & Meyers, O. On media memory: Collective memory in a new media age[M]. Palgrave Macmillan, 2012.

[77] Niemeyer, K. (eds.). Media and nostalgia: yearning for the past, present and future[M]. Basingstoke-NewYork: Palgrave Macmillan. 2014.

[78] Noiret, S. & Cauvin, T. Internationalizing public history[M]. in Gardner & Hamilton (ed). The Oxford handbook of public history, Oxford: Oxford University Press. 2017.

[79] Pennebaker, J. W., Paez, D. & Rime, B. Collective Memory of Political Events: Social Psychological Perspectives [M]. Lawrence Erlbaum Associates. 1997.

[80] Rosenzweig, R. & Cohen, D. Digital history: A guide to gthering, preserving and presenting the past on the web[M]. Phiadelphia: University of Phiadelphia Press. 2005.

[81] Schechner, R. Performance Studies: An Introduction[M]. London: Routledge, 2002.

[82] Singer, M. When a Great tradition modernizes [M]. New York:

Prceger. 1972.

[83] Schudson, M. Watergate in American Memory: How we Remember, Forget, and Reconstruct the past[J]. New York: Basic Books, 1992.

[84] Sturken, M. Tangled Memories: the Vietnam War, the AIDS Epidemic, and the Politics of Remembering[M]. Berkeley: University of California Press, 1997.

[85] Tyrrell, I. Historians in practice: The practice of American history, 1890 – 1970[M]. Chicago: University Of Chicago Press. 2005.

[86] Van Dijck, J. Mediated Memoriesinthe Digital Age[M]. CA: Stanford University Press, 2007.

[87] Van Dijk, T. A. Macrostructures: An Interdisciplinary Study of Global Structure in Discourse, interaction, and Cognition[M]. Hillsdale, NJ: Erlbaum, 1980.

[88] Weller, T. History in the Digital Age[M]. London: Routledge. 2013.

[89] Zelizer, B. Covering the Body: The Kennedy Assassination, the Media, and the Shaping of Collective Memory [M]. Chicago: University of Chicago Press, 1992.

后记

　　一本书到了写后记阶段,便意味着书稿即将付梓。这是我的第二本书,也是我第一个国家社科基金的成果,因而与第一本以博士论文为基础所出的书相比,可能更能代表我从教后的职业轨迹和心路历程。

　　曾经在读博期间想确立的新媒体与政治传播的"毕生"研究方向,还是在工作后的第一年暑假(2017年)发生了变化。因为一些偶然的机缘,我开始关注"高考记忆"而逐渐转型到集体记忆和文化记忆的研究,这一试水就是八年,今天想来仍然觉得有些不可思议。但有时,一些"所谓的原则"与"偶然的机遇"可能就在一念之间,因此"该坚持的要坚持,该放下的还得放下",不然则可能会成为内心的包袱。过去八年来,我尝试从研究高考记忆,拓展到改革开放记忆,再到建党百年的红色记忆,尽管主题在变,但视角始终不变,在此过程中,我边学边摸索,在理论与经验之间不断穿梭。随着思路的打开,2021年申报课题论证时我不禁感叹,记忆实践所要研究的国家认同不也是另一种政治传播?!因此,这本书可以说,是我在不断地尝试中,开拓视野、理论思考、学术精进的见证!我也十分享受这一"痛并快乐着"的过程,在此我由衷地感谢三年博士后期间浙大吴飞教授给予我的点拨,使我以更开阔的视野确立研究兴趣、调整研究方向。

　　还是回到这本书的成书过程,我至今记得课题开题时,现场有专家提出这个课题打算侧重思政还是传播学呢?尽管课题的学科属性是个不言自明的问题,但此课题的开展还确实需要处理好两者的关系。当然,我内心也希望在国家课题的规定动作之下,将这个红色文化的课题做得尽量活泼和有趣些。随后开题展开的近三年中,我确实发现也红色文化与青年文化、日常生活的结合可以生发出很多有意思的现象，把同人文、短视频、怀旧空间、弹幕等话题都与红色文化关联了起来，内容显得不那么枯燥了，从某种程度上也推进了记忆研究的创新。

这本书是"润门"小伙伴们集体的见证。在此，我要感谢我的研究生团队，尽管这群95后对于各种理论的提炼和运用还有些稚嫩，但他们对青年文化和新媒体热门话题的捕捉，可以称得上是我的"老师"，这也体现我时常说的一个观点"知识面前，人人平等"。尽管学生们一开始报来的选题在想象力和深度方面不太尽人如意，但有时我还是被Z世代们的选题所"惊讶"，原来还有这样的现象！过去这些年，我和研究生们在组会中阅读经典、谈热点、聊选题，互相碰撞、共同启迪，完成了一篇篇小文章、各类项目，虽然在过程中有的比较顺利，有的磕磕碰碰，但其实这都是很正常的，在校期间看着学生们的成长和进步，作为导师，我很为他们高兴。

借此机会也盘点一下我在浙传前后所带的5届14名研究生：于若琪、钱梦倩、张玮悦、于东林、南子健、侯明、湛城、杨雨丝、杨雅婷、莫海聪，毕业后他们有的攻读博士学位、考取公务员，有的从事传媒和新媒体工作，还有的在各自兴趣的领域发挥自己的专长，目前的在校生王丹、黄雨欣、陆超龙、邹韵，相信他们未来也会有美好的前程。感谢浙传多届的本科班学生，特别是我所担任班主任的16传播班和21新闻1班，以及周紫嫣、郑梦雯、姚灿和陈思思同学的科研协助。

本专著是国家社科基金青年项目"数字时代青年红色记忆实践中的国家认同培育路径研究"（21CXW022）的结项成果，感谢开题阶段的校内外专家对课题内容和选题设计的建议，以及结项过程中匿名专家提出的评审意见，书稿修改过程中也采纳了他们的部分建议。本书的部分内容曾发表于《国际新闻界》《现代传播》《新闻与写作》《情报杂志》《传播创新研究》等核心期刊，在此对各期刊、编辑及审稿人致以谢意！感谢媒介记忆学术共同体和学界同仁们的一路陪伴和支持！本书的出版还要特别感谢上海外国语大学新闻传播学院学科建设经费的资助，感谢上海交通大学出版社的李夕冉责编对全书的细致编辑和校对工作。

当然，我要感谢浙江传媒学院各级领导对我的包容和帮助。感谢韦路校长，当年我在浙江大学从事博士后研究时，他还是传媒学院的院长，现已成为浙传的校长,是我博士后阶段和教授评聘过程的见证者;感谢李良荣、李文冰、杨向荣、李欣、崔波、朱新江、黄鸣刚教授,你们在新闻学院任职期间,大力开展学科建设、组织学术会议、扶持年轻教师,营造起的良好学风院风,这些都使我备受鼓舞并逐渐明确自己的研究方向和教师使命。正是有学校和新闻与传播学院历任领导的关怀、支持和肯定才有我今天的成绩。与此同时,我要感谢我的家人,感谢我的父母为我创造的优越条件,使我有机会从事自己热爱的事业,感谢我的妻子默默地付出,使我能心若旁骛地思考和写作。有你们的支持是我在学术道路上奋勇向前的坚实依靠!

　　然而,人生没有不散的宴席,在此书出版之际,我即将离开任教了九年的浙江传媒学院,前往上海外国语大学开启新的征程。过去的九年是披荆斩棘的奋斗历程,也是开满鲜花的人生旅途,这些都将埋藏在我心底,化为继续前进的动力。"天高任鸟飞,海阔凭鱼跃",今后,我将抱着感恩之心,坚定地走好教学科研之路,不辜负浙传领导的嘱托,也不负上海外国语大学给予的信任,在新的人生舞台贡献智慧和力量。

王　润
2025 年 4 月 28 日于杭州月雅苑